AF566544

Vivian Liska
Prekäres Erbe

Vivian Liska

Prekäres Erbe

Deutsch-jüdisches Denken und sein Fortleben

WALLSTEIN VERLAG

Bibliografische Information der Deutschen Nationalbibliothek
Die Deutsche Nationalbibliothek verzeichnet diese Publikation in der Deutschen Nationalbibliografie; detaillierte bibliografische Daten sind im Internet über http://dnb.d-nb.de abrufbar.

German-Jewish Thought and Its Afterlife: A Tenuous Legacy by Vivian Liska

This German edition is licensed from the original English-language publisher, Indiana University Press

www.wallstein-verlag.de
Vom Verlag gesetzt aus der Stempel Garamond
Umschlaggestaltung: Susanne Gerhards, Düsseldorf,
unter Verwendung der Abbildung:
R.H. Quaytman חקק Chapter 29, 2015, Silkscreen ink, gesso on wood
24 × 24 × inches (62.9 × 62.9 × 1.9 cm)
Druck und Verarbeitung: Hubert & Co, Göttingen
ISBN 978-3-8353-5005-2

Inhalt

Einleitung

»Der Kaiser – so heißt es – hat dir, dem Einzelnen, dem jämmerlichen Untertanen, dem winzig vor der kaiserlichen Sonne in die fernste Ferne geflüchteten Schatten, gerade dir hat der Kaiser von seinem Sterbebett aus eine Botschaft gesendet.«[1] So beginnt Franz Kafkas kurzer Text *Eine kaiserliche Botschaft*, veröffentlicht 1919 in der Prager jüdischen Wochenzeitschrift *Selbstwehr*.

Obwohl die Erzählung den Inhalt der kaiserlichen Botschaft nicht offenlegt, dürfen wir annehmen, dass sie das Testament des sterbenden Kaisers enthält. Um Geringeres als die Bestimmung seines Erbes hätte der Kaiser wohl kaum so viel Aufhebens gemacht, hätte sich kaum abermals und vor der ehrwürdigsten Zeugenschaft des Reichs der Richtigkeit ihres Wortlauts versichert, als er auf dem erhabenen, freien Platz den Boten mit ihr losschickt. Dass dieser Unermüdliche niemals an den Ort seiner Bestimmung gelangt, ist nicht seiner mangelnden Beharrlichkeit zuzuschreiben, sondern der Tatsache, dass die Hindernisse zunehmend ins Maßlose wachsen. Treppen, Höfe, Paläste hat der Bote zu überwinden, »und wieder Treppen und Höfe; und wieder ein[en] Palast; und so weiter durch Jahrtausende; und stürzte er endlich aus dem äußersten Tor – aber niemals, niemals kann es geschehen –, liegt erst die Residenzstadt vor ihm, die Mitte der Welt, hochgeschüttet voll ihres Bodensatzes«.[2] Schließlich trägt der Bote wohl nur noch die letztwillige Verfügung eines Toten mit sich, doch deren Adressaten erreicht er nicht. Erwartungsvoll sitzt am Ende jener, für den die Botschaft bestimmt war, am Fenster und »erträumt sie [sich], wenn der Abend kommt«.[3]

Kafkas Parabel beschreibt das Schicksal der Tradition in der Moderne.[4] Jahrtausende, eine unüberbrückbare Distanz und unüberwindliche Hindernisse liegen zwischen dem modernen Individuum und dem Ursprung einer autoritativen, möglicherweise göttlichen Botschaft. Mit dem Tod des Kaisers kommt ihre schon im Prozess der Weitergabe zunehmend verhinderte Übermittlung endgültig zum

1 Franz Kafka: Eine kaiserliche Botschaft, S. 262.

2 Ebd., S. 263.

3 Ebd.

4 Man kann Kafkas Erzählung, und vor allem deren Ende, auch als eine Reflexion über die Rolle der Literatur als Surrogat für eine höhere Wahrheit lesen, die unzugänglich geworden ist. Vgl. Vivian Liska: When Kafka Says We, S. 207-8.

Stillstand. Anstelle der zwar immer schwächeren, aber dennoch kontinuierlichen Überlieferung der Botschaft von Generation zu Generation, schweift am Ende nur noch der sehnsüchtige Blick des am Fenster sitzenden Individuums über den Abgrund, der es von seinen Ursprüngen, vom Kaiser und seiner Botschaft, trennt. Dass es hier um die jüdische Tradition geht, sagt uns der Text nicht, auch identifiziert er den Adressaten nicht eindeutig mit dem modernen Individuum. Dennoch gibt es triftige Gründe, die Erzählung in diesem Licht zu lesen. Der mächtige Kaiser, der vor Jahrtausenden öffentlich eine für einen Einzelnen bestimmte Botschaft aussandte, legt es nahe, an die Offenbarung eines monotheistischen, personalen Gottes zu denken, eines Gottes, der zu Kafkas Zeit im Sterben lag oder vielleicht schon tot war. Der Nachdruck, den der Kaiser auf eine wortgetreue, mündliche Überlieferung setzt, könnte auf die Tora *she be'al peh*, die mündliche Tora, verweisen. Das Vermächtnis des Kaisers, das über die Jahrtausende und durch sich häufende Hindernisse gedrungen ist, bevor es im »Bodensatz« stecken bleibt, richtet sich an ein individuelles Subjekt, das in die entfernteste Distanz, die gottlose Moderne, geflüchtet ist und sich nunmehr im sowohl physischen als auch metaphysischen Exil vom Gottesreich befindet. Der Inhalt der kaiserlichen Botschaft bleibt unbekannt, sowohl dem betreffenden Individuum als auch uns, den Lesern von Kafkas Erzählung. Wir erfahren nur von ihrem Ursprung – und selbst dieser bleibt Gerücht –, von den zunehmenden Schwierigkeiten und dem letztendlichen Abbruch der Übermittlung, und dann nur noch von der hoffenden Erwartung der Botschaft seitens des Adressaten in der Abenddämmerung der Geschichte. Diese Erwartung selbst erscheint in der Erzählung als undurchdringliches Labyrinth, angefüllt mit einem »Bodensatz«, also als Ruine oder, in Walter Benjamins Worten, als trostloser »Trümmerhaufen«.

Eine Jahrtausende alte, von der höchsten Autorität an einen Einzelnen entsandte, unbestimmte Botschaft, die nicht mehr gehört werden kann und nur noch sehnsüchtig erwartet wird; ein Individuum, das in die fernste Ferne geflüchtet ist und sich in unüberwindlicher Distanz zu seinen Ursprüngen befindet, ein mündlicher, in aller Öffentlichkeit verlautbarter Text und seine Überlieferung: Erwählung, Exil und die Erwartung der Erlösung, all das lässt an Elemente der jüdischen Tradition denken, verstanden als Bestand von Texten, Themen und Motiven, die für das Judentum konstitutiv sind. Wie der Beginn des Textes – »so heißt es« – suggeriert, sind diese Elemente in der Moderne nur noch vom Hörensagen bekannt. Sie sind zu dem abgeklungen, was Walter Benjamin in einem Brief an Gershom Scholem über Kafka die »Gerüchte von den wahren Dingen«[5] nennt. Benjamins Oxymoron erfasst eine zentrale Ambiguität im Schlusssatz von Kafkas Erzählung: Es bleibt ungewiss, ob die kaiserliche Botschaft – die »wahren Dinge« – tatsächlich existiert, aber uns nicht mehr erreichen kann, oder ob selbst die Existenz der Botschaft nichts ist als ein Gerücht, eine erträumte Vision – oder eine literarische Fiktion.

Benjamins Beschreibung dieses Gerüchts als »eine Art von theologischer Flüsterzeitung, in der es um Verrufenes und Obsoletes geht«,[6] löst die Ungewissheit über die Existenz der ursprünglichen Botschaft nicht. Sie legt jedoch nahe, dass frühere theologische Gewissheiten, die ursprünglich Legenden gewesen sein mögen, der modernen Menschheit nur noch als Restbestand, als Fragmente von unbestimmtem Wert und fragwürdiger Authentizität erscheinen. Das Spiel der geflüsterten Gerüchte geht dennoch weiter, in Benjamins Zeit wie in unserer. Ausgehend von jenem geschichtlichen Moment, in dem Kafka seine Parabel geschrieben und Benjamin seine Metapher geprägt hat, setzt es sich mit exponentieller Unzuverlässigkeit fort. Die Ungewissheiten, die bei dieser unterbrochenen Überlieferung von Relikten der jüdischen Tradition generiert werden, erwecken nicht nur Sehnsucht, sondern sind auch Inspiration für die in der vorliegenden Studie behandelten deutsch-jüdischen Autoren der Moderne: Franz Kafka, Walter Benjamin, Gershom Scholem, Hannah Arendt und Paul Celan.[7] Sie geht der Frage nach, wie diese Denker und Autoren mit den Fragmenten der jüdischen Tradition umgehen, und untersucht die Rezeption ihres Versuchs, diese Reste zu retten, bei ihren jeweiligen Gesprächspartnern und Nachfolgern. Wenn diese Rezeption im Titel dieses Buches mit dem Benjamin'schen Begriff des »Fortlebens« (eher als dem von Benjamin zuweilen ebenfalls verwendeten »Nachleben«) bezeichnet wird, so beruht dies auf der Betonung der sich wandelnden Wirkung und der zentralen Frage des Weiterlebens dieser Werke und der in ihr vermittelten Tradition.

Das vorliegende Buch erforscht den Wandel der Formen, Schicksale und Funktionen einiger Schlüsselkonzepte der jüdischen Tradition – Gesetz, Messianismus, Exil, Auserwählung, Erinnerung sowie die Überlieferung der Tradition selbst – in drei zeitlichen und in-

5 Walter Benjamin: Briefe, S. 763.
6 Ebd.
7 »Deutsch-jüdisch« bezieht sich im Zusammenhang dieses Buches auf Autoren, die ihre Schriften auf Deutsch verfasst haben, also auch auf Kafka und Celan, die keine Deutschen waren.

tellektuellen Kontexten: in der deutsch-jüdischen Moderne, in der Postmoderne in ihrer dekonstruktivistischen Variante und in der Gegenwart, einer Periode, die bislang noch keinen Namen hat.[8] Das der Untersuchung zugrunde liegende Argument will zeigen, dass die jüdische Dimension in den Schriften der wichtigsten deutsch-jüdischen Autoren ihre jeweilige Auffassung der Moderne wesentlich mitbestimmt; dass diese Dimension sich in der Postmoderne wandelt, aber immer noch bedeutsam bleibt, schließlich jedoch von einigen der namhaftesten Philosophen zu Beginn des 21. Jahrhunderts vereinnahmt, abgewiesen oder geleugnet wird.

Kafka, Benjamin, Scholem, Arendt und Celan[9] gehören zu jener Gruppe von Denkern des 20. Jahrhunderts, die Stéphane Mosès in seiner Typologie jüdischer Philosophen der »kritischen Moderne« zuweist, die er von der »normativen Moderne« Hermann Cohens, Franz Rosenzweigs oder Emmanuel Levinas' abgrenzt.[10] Letzteren geht es Mosès zufolge darum, die Schriften des Judentums, die sie als autoritative Wahrheit anerkennen, in das Vokabular der Moderne zu übersetzen. Die in diesem Buch behandelten deutsch-jüdischen Autoren der »kritischen Moderne« hingegen betrachten die Moderne im Licht der jüdischen Tradition, einer Überlieferung, die sie gerade im Bewusstsein des Bruchs, den die Moderne darstellt, neu konstituieren. Für diese Autoren hat, so Mosès, die jüdische Tradition »ihre Gültigkeit verloren«. In einer »Welt ohne Gott« bleiben von ihr lediglich verstreute Splitter, »Textfragmente, Denkformen und Sensibilitäten«,[11] die in einem Spannungsverhältnis zu jenen modernen Werten und Ideen stehen, die sie selbst mitgestaltet haben.

Die deutsch-jüdischen Autoren im Zentrum dieses Buches sprechen alle von ihrer Zugehörigkeit zum Judentum als von einer Selbstverständlichkeit. In dem bekannten Briefwechsel mit Scholem schreibt Arendt: »Judesein gehört für mich zu den unbezweifelbaren Gegebenheiten meines Lebens und ich habe an solchen Faktizitäten niemals etwas ändern wollen.«[12] In einem Brief an den Zionis-

8 Vgl. Nicolas Birns: Theory after Theory, S. 291.

9 Benjamin, Scholem und Arendt kannten einander gut, und alle drei schrieben ausführlich über Kafka. Celan bezieht sich in seiner Dichtung häufig auf die Schriften von Benjamin, Kafka und Scholem.

10 Die einzige weitere Figur, die Stéphane Mosès der »kritischen Moderne« zuordnet, ist der französische neomystische Schriftsteller Edmond Jabès. Scholem ist für Mosès ein Grenzfall. Vgl. Stéphane Mosès: Le fil de la tradition est-il rompu?, S. 102-14.

11 Ebd., S. 102.

12 Hannah Arendt; Gershom Scholem: Der Briefwechsel 1939-1964, S. 439.

ten Ludwig Strauß erklärt Benjamin: »Das Jüdische versteht sich von selbst, so muß ich sagen. [...] Und alles Jüdische, was über das selbstverständlich Jüdische in mir hinausgeht, ist mir gefährlich.«[13] Kafka äußert in einer Antwort an seine nichtjüdische Geliebte Milena Jesenská: »Dann das Judentum. Sie fragen mich ob ich Jude bin, vielleicht ist das nur Scherz«.[14] Celan schreibt in einem Brief an seine letzte Geliebte Ilana Shmueli: »Die Selbstverständlichkeit meines Judentums unter euch allen, du, Ilana, verstehst sie, sogar wenn ich jetzt – nicht mehr? – weiß, wie ich sie formulieren soll.«[15]

Von dieser Selbstverständlichkeit ist allerdings in den Schriften dieser Denker und Autoren kaum etwas zu finden. Vielmehr erweist sich in ihren Werken das Verhältnis zur jüdischen Tradition in einer Vielfalt komplexer Konstellationen. Das liegt nicht zuletzt daran, dass das Interesse dieser Autoren an Jüdischem sich in nicht geringem Maße als kritische Haltung gegenüber der Assimilation ihrer bürgerlichen Väter manifestiert. Diese Assoziation von Assimilation und Bürgerlichkeit, einer Lebensform, die sie verachteten, führt sie auf unterschiedlichen Wegen dazu, Verbindungen zu dem von der Vätergeneration größtenteils hinter sich gelassenen Judentum herzustellen. Mit Ausnahme Scholems ging dieses Interesse jedoch selten mit einer tieferen Kenntnis der jüdischen Texttradition einher. Das begrenzte jüdische Wissen dieser Autoren mag teilweise den in der Rezeption vorherrschenden Zugang rechtfertigen, ihr Verhältnis zum Judentum auf biographische, soziale und gesellschaftliche Aspekte zu beschränken und den Spuren der jüdischen Tradition in ihren Schriften weniger Aufmerksamkeit zu widmen.[16] Gerade diese mangelnde Vertrautheit mit der Tradition des Judentums macht aber ihre tatsächliche Bezugnahme auf jüdische Motive, Gattungen und Texte umso signifikanter. Wenn dabei auch ein gewisses Maß an Kontingenz im Spiel

13 Diese Aussage verdient einen Kommentar, der hier nicht ausgeführt werden kann. Vgl. Walter Benjamin: Gesammelte Briefe. Bd. 1. 1910-1918, S. 75-6.

14 Kafka: Briefe an Milena, S. 33.

15 Paul Celan; Ilana Shmueli: Briefwechsel, S. 96.

16 Der Großteil der wissenschaftlichen Literatur, die sich diesen Autoren als Gruppe (oder einigen dieser Autoren in verschiedenen Konstellationen) widmet, legt das Hauptaugenmerk auf jüdische Aspekte ihrer Biographie eher als auf das Echo jüdischer Tradition in ihren Schriften. Diese Studien konzentrieren sich als gemeinsamen Nenner dieser Autoren auf deren historischen, gesellschaftlichen und politischen Zusammenhang, also beispielsweise auf die geteilten Erfahrungen der Fremdheit, der Marginalität, des Exils, des Antisemitismus oder deren Einstellung gegenüber dem Zionismus. Die jüdische Tradition, und im Besonderen theologische Themen und Motive, werden oft und mitunter explizit ausgeklammert.

sein mag, so zeigt sich an den Anleihen und Verweisungen auf die jüdische Tradition dennoch, welche Aspekte des Judentums sie in die Moderne hinüberretten wollen und welchen Bedürfnissen dies entspringt. Ebenso wird erkenntlich, welchen Transformationen sie diese Tradition dabei unterworfen haben. Zudem können jenseits dieser expliziten Bezüge allgemeine Aspekte des Denkens dieser Autoren – etwa eine weitgehende Abwendung vom Historismus, eine Temporalität von Aufschub und Erwartung oder die Betonung des weltlichen, alltäglichen Lebens gegenüber theologischen Spekulationen – auf Einflüsse aus der jüdischen Tradition zurückgeführt werden. Schließlich, und für dieses Buch am wichtigsten, kann die Konfrontation und der Vergleich mit dem Fortleben ihrer Schriften, also späteren Kommentaren und Bezugnahmen auf ihr Werk, Unterschiede offenlegen, die gerade im Kontrast die prominente Stellung der jüdischen Tradition in ihrem Denken hervorheben.

In den Schriften der deutsch-jüdischen Denker, die hier zur Diskussion stehen, erscheint die Berufung auf die jüdische Tradition in vielerlei Hinsicht als kritische Auseinandersetzung mit der Aufklärung. Diese Kritik ist weder reaktionär noch konservativ oder progressiv; vielmehr generiert sie in ihren Verweisen auf das Judentum alternative Vorstellungen vom modernen Subjekt in seinem Verhältnis zu sich selbst, zum Anderen, zur Geschichte, zur Transzendenz und zur Überlieferung überhaupt. Jenseits von Fragen der Identität und Zugehörigkeit und den Ambivalenzen ihres Verhältnisses zur jüdischen Gemeinschaft (ein Thema, mit dem ich mich an anderer Stelle[17] im Zusammenhang mit Kafka und anderen Schriftstellern des 20. Jahrhunderts auseinandersetze) manifestieren die von diesen deutsch-jüdischen Denkern vertretenen Auffassungen der Moderne eine paradoxe Dynamik im Versuch, den Traditionsbruch, den die Moderne darstellt, mittels Denkfiguren aus der jüdischen Tradition zu fassen. Die Autoren begreifen diese Verweise auf das Judentum als Interferenzen, Gegenbewegungen und Unterwanderungen der vorherrschenden Auffassungen ihrer Zeit, denen, im Bürgertum verkörpert, weitgehend die noch immer hegemonialen Prämissen und Wertvorstellungen der Aufklärung zugrunde liegen. Der Vorstellung eines linearen Fortschritts der Geschichte begegnen die Autoren mit einer politisch und theologisch konzipierten, rettenden Unterbrechung der homogenen Zeit. Die der Aufklärung entstammende Vorstellung eines autonomen Subjekts in unterschiedlichen Graden

17 Vgl. Vivian Liska: Fremde Gemeinschaft.

ablehnend, entwerfen sie ungewöhnliche Gemeinschaften, die auf einer fragmentierten und auf verschiedenste Weise neu konfigurierten Tradition beruhen. Sowohl die Dynamik als auch die Brüchigkeit dieser Rekonfigurationen ergeben sich aus dem Versuch, die jüdische Tradition mit der westlichen philosophischen Tradition in Einklang zu bringen. So stehen die jeweils von ihnen aufgerufenen jüdischen Bezüge in einem Spannungsverhältnis zu Kafkas nihilistischem Gnostizismus, zu Scholems antinomischem Anarchismus, zu Benjamins historischem Materialismus, zu Arendts Anlehnungen an die griechische Polis und zu Celans Absage an die überlieferten Tropen und Metaphern, zu seinem hadernden Wort, das nach der Katastrophe einzig noch gilt. Diese Spannungen machen in vielerlei Hinsicht den Reichtum dieses Denkens aus und bleiben immer wieder als ungelöste Widersprüche bestehen.

Von den 1970ern bis zu den 1990er Jahren wurde das Verhältnis zwischen jüdischer Tradition und Moderne bei diesen Autoren vielfach zum Thema postmoderner bzw. poststrukturalistischer Denker. In ihrer Rezeption dieser Autoren haben jüdische und nichtjüdische Denker – vor allem französische Philosophen wie Maurice Blanchot, Jean-François Lyotard und Jacques Derrida – dieses Erbe aufgegriffen und dessen Spannungen in ihr eigenes Werk eingebracht, radikalisiert und auf eine abstraktere Ebene gehoben.[18] Es gibt bedeutende Berührungspunkte zwischen diesen späteren Denkern und den früheren deutsch-jüdischen Autoren, allerdings mit wichtigen Unterschieden.[19] Während etwa die Schriften der deutsch-jüdischen Autoren ungelöste Spannungen zwischen jüdischem Partikularismus

18 Es haben sich natürlich auch viele andere Denker, die zu dieser Gruppe gehören, mit jüdischen Fragen befasst, wie zum Beispiel Philippe Lacoue-Labarthe, Jean-Luc Nancy oder, auf eine ganz andere Weise, Sarah Kofman. Ich bespreche Blanchot, Lyotard und Derrida in diesem Buch, weil sie sich ausdrücklich mit Elementen der jüdischen Tradition und weniger mit Fragen des Antisemitismus oder der Shoah auseinandersetzen. Es ist signifikant, dass es bei Lacoue-Labarthe und Nancy heißt: »Jüdische Identität ist keine Identität. Das jüdische Volk konstituiert kein Subjekt, und es gibt kein eigenes jüdisches Sein«, dass sie aber darauf bestehen, dass der Antisemitismus de facto die Bruchlinie dieses katastrophischen Jahrhunderts war (und bleibt). In: Philippe Lacoue-Labarthe und Jean-Luc Nancy: »From Where is Psychoanalysis Possible?«.

19 Für einen prägnanten Überblick über einige dieser Unterschiede siehe Steven Aschheim: Beyond the Border. The German-Jewish Legacy Abroad, S. 102-11. Für eine der ersten Untersuchungen dieser Beziehung siehe Susan A. Handelman: Fragments of Redemption. Jewish Thought and Literary Theory in Benjamin, Scholem, and Levinas. Siehe auch Gillian Rose: Judaism and Modernity. Philosophical Essays.

und aufgeklärtem Universalismus aufweisen, thematisieren die poststrukturalistischen Denker diese Ungelöstheit explizit und machen sie zum Prinzip, zur konstitutiven Unmöglichkeit der Aufhebung von Widersprüchen als Charakteristik der (Post-)Moderne.

Dieses von der Dekonstruktion inspirierte Vorgehen erzeugt ein erstaunliches Netz an Unbestimmtheiten, Paradoxien und Aporien. Es beruht auf einem performativen Gebrauch der Sprache und einer Schreibweise an der Grenze von Literatur und Philosophie, die von der unabschließbaren Mehrdeutigkeit der Texte ausgeht und sich von dieser nährt: das Gesetz, das sich selbst aufhebt; jüdisches Exil als Exil vom Judentum; »das Messianische ohne Messianismus«[20] und gewiss ohne einen Messias; Auserwählung als sowohl unmögliche als auch universelle Verfasstheit; und allem voran eine allgegenwärtige Textualität, die zwar jüdisch bestimmt wird, jedoch gleichzeitig jegliche Identität unterläuft. Man könnte behaupten, dass die Literatur in diesem Paradigma eine noch wichtigere Rolle spielt als bei ihren deutsch-jüdischen Vorgängern, doch dient sie dort einem anderen Zweck. Die ungelösten Spannungen, zu deren Erhaltung in den Werken modernistischer Denker die Literatur beiträgt, werden durch den vorherrschenden literarischen Charakter im postmodernen Schrifttum der Dekonstruktion sowohl absorbiert als auch aufgelöst. Im Licht der alles umfassenden Fiktionalisierung in diesen Schriften erlangt die Ungewissheit, ob es nun eine ursprüngliche kaiserliche Botschaft – ob es je »wahre Dinge« – gab, auf widersprüchliche Weise eine Art Lösung im allgegenwärtigen Topos der Aporie. Einige Theoretiker gegen Ende des zwanzigsten Jahrhunderts empfinden dieses aporetische Denken als eine Quelle der politischen und philosophischen Lähmung, als Sackgasse, aus der es einen Ausweg zu finden gilt. So kommen wir in der Gegenwart an.

Während nicht bestritten werden kann, dass die »Resonanz« der deutsch-jüdischen Protagonisten »eher gewachsen ist als nachgelassen hat«,[21] trifft diese Behauptung hauptsächlich auf deren rege akademische Rezeption zu, die jene Denktradition breiteren Kreisen zugänglich gemacht hat. Sie gilt weniger für das jüdische Erbe dieser Tradition, das von einer Generation von Denkern, die eine führende Rolle innerhalb der intellektuellen Szene der Gegenwart einnehmen, in den vergangenen Jahren vielmehr erheblich modifiziert oder über-

20 Jacques Derrida: Marx' Gespenster. Der Staat der Schuld, die Trauerarbeit und die neue Internationale, S. 122.

21 Aschheim: Icons Beyond the Border, in: Beyond the Border, S. 82.

haupt in Frage gestellt wurde. Philosophen, Intellektuelle und Theoretiker, die sich gegenwärtig auf die deutsch-jüdischen Protagonisten dieses Buches beziehen, unterschlagen oftmals deren Verhältnis zur jüdischen Tradition. Ihre Schriften stellen eine entscheidende Herausforderung für jenen Ansatz dar, der in der ungelösten Spannung zwischen jüdischer Tradition und Moderne eine kostbare Errungenschaft des modernen Denkens erkennt.

Die erste und wahrscheinlich tiefgreifendste und subtilste dieser Herausforderungen besteht in einer Lektüre der deutsch-jüdischen Autoren der Moderne, vornehmlich Kafkas und Benjamins, aus der Perspektive der Schriften des Apostels Paulus. Der Hauptvertreter einer solchen Revision ist der italienische Philosoph Giorgio Agamben, der sich mit jedem der deutsch-jüdischen Autoren, denen ich mich widme, umfassend auseinandergesetzt hat und dessen bemerkenswerte, aber auch fragwürdige Interpretationen hier eingehend erkundet werden.

Die zweite Herausforderung besteht in der gänzlichen Ablehnung der jüdischen Tradition nicht nur im deutsch-jüdischen Denken selbst, sondern auch in deren postmodernen und dekonstruktivistischen Interpretationen. Diese Herausforderung geht zurück auf Denker, die den Ruf nach einem radikalen Universalismus erheben und, auf das 20. Jahrhundert zurückblickend, den Verlust einer gleichzeitig wahren philosophischen und eingreifend politischen Haltung beklagen. Hauptvertreter dieser Position sind Alain Badiou und Slavoj Žižek. Diese beiden Denker haben, ebenso wie Agamben, dem Apostel Paulus, in dessen Kontext sie sich der jüdischen Tradition zuwenden, eingehende Studien gewidmet.[22] Ungeachtet der wesentlichen Unterschiede zwischen Agamben, Žižek und Badiou, besonders im Hinblick auf ihre Konzeption des Universalismus, erheben alle drei den Anspruch eines neuen Modus des Denkens, der sich von ihren

22 Siehe Giorgio Agamben: Die Zeit, die bleibt. Ein Kommentar zum Römerbrief; Alain Badiou: Saint Paul. The Foundation of Universalism; Slavoj Žižek: The Puppet and the Dwarf. The Perverse Core of Christianity. Zur umfangreichen Forschungsliteratur, die diese neue Bedeutung des Paulus in der »kontinentalen Philosophie« bespricht, gehören der von Ward Blanton und Hent de Vries herausgegebene Sammelband: *Paul and the Philosophers*, die Bücher von John D. Caputo und Linda M. Alcoff: *St. Paul among the Philosophers* sowie Dominik Finkelde: *Politische Eschatologie nach Paulus. Badiou, Agamben, Žižek*, und der von Douglas Harink herausgegebene Sammelband *Paul, Philosophy, and the Theopolitical Vision: Critical Engagements with Agamben, Badiou, Žižek, and Others*. Für eine emphatische Kritik dieses Phänomens siehe Eric Marty: St. Paul among the Moderns. Siehe auch Sarah Hammerschlag: Bad Jews, Authentic Jews, Figural Jews.

modernistischen und dekonstruktivistischen Vorgängern unterscheidet.[23] Ihre implizite und manchmal auch ausdrückliche Behauptung, radikal Neues hervorzubringen, will jedoch mehr als nur eine philosophische Innovation sein. Jenes »Neue« nimmt vielmehr eine sehr alte Unterscheidung wieder auf: die zwischen einer jüdischen Tradition, die überwunden werden muss, und der »neuen Botschaft« eines politisch rekonfigurierten, weitgehend (und oft emphatisch) atheistischen Christentums.

Eine dritte Herausforderung – diese aus einer anderen, vor allem jüdischen Seite herkommend – entspringt einer Verengung der Definition dessen, was als »authentisch« jüdisches Denken gilt. Diese Tendenz findet vor allem Anklang unter einigen Vertretern der Jüdischen Studien, die danach streben, eine authentische jüdische Tradition wiederherzustellen und dabei die Kanonisierung von Benjamin oder Kafka als genuin jüdische Autoren für eine Verzeichnung des Begriffs halten, da diese kaum mit der jüdischen Texttradition vertraut waren. Wiewohl es klare Unterschiede zwischen den Positionen dieser Wissenschaftler gibt, stellen sie – mein Beispiel ist der prominente Kabbala-Forscher Moshe Idel, der Benjamin, Kafka, Arendt und Celan, aber auch Scholem aus dieser Perspektive liest[24] – die Relevanz der jüdischen Tradition für die Konzeptualisierung der Moderne durch die deutsch-jüdischen Denker in Frage.

Obwohl das vorliegende Buch sich in die jeweiligen historischen

23 Anders als Badiou beharrt Agamben (und im bestimmten Maße Žižek) auf der Kontinuität zwischen Paulus und der jüdischen Tradition. Agamben, der trotz seiner Kritik an Derrida der Dekonstruktion viel nähersteht als etwa Badiou oder Žižek, entnimmt dem paulinischen »Römerbrief« die Idee des Nicht-Nichtjuden, die sich aus der »Trennung der Trennung« zwischen Juden und anderen ergibt. Er unterscheidet ausdrücklich diese universelle Nichtidentität von Badious vereinheitlichendem, sich kulturellen, religiösen oder ethischen Unterschieden überhaupt entgegenstellendem Verständnis des Universellen. In ihrer Aneignung des paulinischen Denkens bringen alle drei Denker gelegentlich offen Tendenzen zur Substitutionstheologie zum Ausdruck und übernehmen epistemische, ethische, psychologische und kulturelle Aspekte des paulinischen Christentums.

24 Siehe Moshe Idel: Alte Welten, neue Bilder. Für ein weiteres Beispiel dieses Zuganges siehe den Artikel Yitzhak Melameds, *Salomon Maimon and the Failure of Modern Jewish Philosophy*, in dem der Autor zu diesem Schluss kommt: »Ich habe dargelegt, dass die große Mehrheit moderner jüdischer Philosophen keine Kompetenz in den Grundelementen des klassischen jüdischen Schrifttums besaß. Diese widrige Tatsache wird noch peinlicher, wenn wir die Latte etwas höher legen und nach modernen jüdischen Philosophen suchen, die sich sowohl gut im klassischen jüdischen Schrifttum auskannten als auch gute Philosophen waren.« (S. 17-8)

Kontexte einschreibt, sollte es nicht in erster Linie als Ideengeschichte gelesen werden. Geschichtliche Ereignisse haben zweifellos die Entwicklung der hier darzustellenden Herausforderungen beeinflusst: die Vorahnung, die Zäsur, die Folgen und die allmählich verblassende Wirkung der Shoah; die Gründung des Staates Israel; die Anziehungskraft oder Ambivalenz im Hinblick auf den Zionismus und seine zunehmend negative Rezeption unter westlichen Intellektuellen; die Verführungskraft, Konsolidierung und der Niedergang des westlichen Marxismus und die Suche nach einer Ersatzideologie. Dieses Buch ist indessen bestrebt, sein Argument aus genauen, bisweilen minutiösen Lektüren von Texten zu entfalten. Es handelt sich dabei meistens um Essays, Briefe, Tagebücher, theoretische Abhandlungen, Gedichte, Parabeln und Übersetzungen, die entscheidende Momente in diesen Phasen der europäischen Ideengeschichte des letzten Jahrhunderts markieren.

Die Struktur dieses Buches ist eher thematisch als chronologisch. Jeder Abschnitt behandelt ein Element der jüdischen Tradition, das in der Hebräischen Bibel seinen Ursprung hat, das Judentum über Jahrhunderte seiner Entwicklung als Exilgemeinschaft geprägt hat und in der Moderne weiterbesteht. Diese Elemente – die Überlieferung der Tradition, die Beziehung zwischen Gesetz und Erzählung, der Messianismus und dessen Verhältnis zur Sprache und die Zusammenhänge zwischen Exil, Erinnerung und Exemplarität (vielleicht eine moderne Version des theologischen Begriffs Auserwählung) sind die vorrangigen Aspekte des Judentums, die das deutsch-jüdische Denken inspiriert haben. Zu dessen wichtigsten Errungenschaften gehört es, scheinbar Unvereinbarliches zusammengeführt zu haben: die jüdische Tradition mit dem Bruch der Moderne, jüdisches Gesetz mit modernistischem Anarchismus, jüdischen Messianismus mit moderner Politik, Exil mit der Entfremdung des modernen Menschen, Eingedenken mit modernistischem Anti-Historizismus sowie jüdische Exemplarität mit Prämissen des Universalismus. Wie hier gezeigt werden soll, bildet die Spannung zwischen jüdischer Tradition und dem Gedankengut der Moderne denn auch die prekäre Schaltstelle in der neueren, vor allem »paulinisch« geprägten theoretischen Diskussion.

In jedem Abschnitt wird der Zugang eines deutsch-jüdischen Autors zum jeweils behandelten Thema herausgestellt: Arendt steht im Brennpunkt der Diskussion über Überlieferung und Tradition; Kafka bildet das Zentrum der Betrachtungen über die Wechselwirkung zwischen Gesetz und Narrativität; Benjamin verdichtet die

Konzeption einer messianischen Sprache; Celan vereint die verwandten Ideen von Exil, Eingedenken und Exemplarität. Die Kapitel in jedem Abschnitt erkunden verschiedene Stimmen aus unterschiedlichen Phasen der Rezeption des jeweiligen Denkers. Einige Kapitel nehmen den Austausch zwischen Zeitgenossen wie Arendt und Scholem sowie Benjamin und Scholem in den Blick. Andere konzentrieren sich auf das Fortleben der deutsch-jüdischen Modernisten bei ihren Nachfolgern. Diese Betonung der synchronen und diachronen Dialoge und Gespräche ermöglicht es, der geflüsterten Weitergabe von Auffassungen der Moderne – oft sind es kleine, flüchtige oder implizite Verschiebungen, Korrelationen, Echos, Verzerrungen und Disjunktionen – im Licht der jüdischen Tradition und ihrer zeitgenössischen Herausforderungen nachzugehen.

I. Tradition und Überlieferung in der Moderne

Die jüdische Frühe Neuzeit und Arendts Rahel

Die Anfänge des deutsch-jüdischen Denkens werden gemeinhin mit Moses Mendelssohn (1729-86) assoziiert, datieren also auf die letzten Jahrzehnte des 18. Jahrhunderts. Obwohl demgemäß die Aufklärung als Ausgangspunkt des deutsch-jüdischen Denkens gilt, spricht einiges dafür, dessen Ursprung bereits in die Frühe Neuzeit vorzuverlegen. Der wissenschaftliche Sprachgebrauch kennt den Begriff der »Frühen Neuzeit« erst seit den 1970er Jahren.[1] Mittlerweile ist er auch unter den Historikern jüdischer Modernisierungsprozesse weitverbreitet, doch gilt er immer noch als umstritten, wobei es, wie zumeist in Fragen der Periodisierung, um mehr geht als um Daten und Bezeichnungen. Manchen Forschern gilt diese Periode zwischen der Mitte des 15. und dem späten 18. Jahrhundert lediglich als gegenstandslose Wegbereiterin einer genuinen, aufgeklärten Moderne, als ein »Gemisch des modernen Geistes« (*halfway house of the modern spirit*).[2] Ihnen stehen jene Historiker gegenüber, die sich weigern, »die [herkömmlichen] Narrative der Moderne über sich selbst zu akzeptieren«,[3] und die Frühe Neuzeit als eine eigenständige und vollwertige Epoche betrachten. Die letztere Auffassung korrespondiert mit einer Kritik an der Geschichtsauffassung der Aufklärung, in erster Linie ihrem Glauben an einen linearen Fortschritt von Emanzipation, Integration, Assimilierung und Homogenisierung. Diese Kritik geht mit einer Anerkennung der Diskontinuitäten und Brüche, der Ungleichzeitigkeiten und der kulturellen, gesellschaftlichen und religiösen Konflikte, aber auch der Interaktion und Vermengung von Identitäten in dieser Epoche zwischen Spätmittelalter und Aufklärung einher. Während Historiker, die sich am Paradigma der Frühen Moderne orientieren, von der Koexistenz von Tradition und Moderne ausgehen, sehen jene, die den Begriff verwerfen, in dieser Zeit nur »gescheiterte Versuche in Richtung Moderne, die sich nicht realisiert haben«.[4]

1 Vgl. Gerd Schwerhoff: Frühe Neuzeit. Zum Profil einer Epoche, S. 4.; vgl. auch Reinhart Koselleck: Neuzeit. Zur Semantik moderner Bewegungsbegriffe, S. 302-3.

2 Randolph Starn: The Early Modern Muddle.

3 Andrea Schatz: Peoples Pure of Speech: The Religious, the Secular, and Jewish Beginnings of Modernity, S. 176.

4 Starn: Early Modern Muddle, S. 299.

Die Auseinandersetzung zwischen diesen beiden Positionen ist besonders im Kontext des jüdischen Denkens von Bedeutung. Die erste Position, die an eine progressive, teleologische Entwicklung glaubt und von einer Dichotomie zwischen traditioneller und moderner Gesellschaft ausgeht, impliziert die Überholtheit des religiösen Judentums und dessen baldige Auflösung in eine radikal säkularisierte Moderne oder, alternativ, eine harmonische Verschmelzung von Judentum und Moderne, wie sie von den Vertretern der *Haskala*, der jüdischen Aufklärung, betrieben wurde. Von dieser Perspektive her beginnt die jüdische Moderne im späten 18. Jahrhundert; alles, was ihr vorangeht, gehört einer vormodernen Ära an, in der jüdisches Leben hauptsächlich innerhalb geschlossener Gemeinschaften existierte, die kaum an der sie umgebenden modernen Welt teilhatten oder mit dieser überhaupt interagierten.

Historiker, die die Frühe Moderne in der jüdischen Geschichte als eigenständige Epoche betrachten, stellen sich diesem Narrativ und dem darin mitschwingenden Glauben an einen teleologischen Fortschritt vom Ghetto zur Moderne entgegen. Sie situieren das Potential einer Aufwertung fundamentaler Aspekte der Moderne – Mobilität, Kreativität, Heterogenität und Flexibilität – gerade in der frühmodernen Periode mit ihren Inkohärenzen, Überschneidungen und Misch-Identitäten und betonen dabei besonders die Koexistenz von Elementen der vormodernen Zeit mit antizipierenden Visionen einer neuen Welt. Vertreter dieser Anschauung sehen die Periode der Frühen Neuzeit als Modell für Situationen, Figuren und Lebensformen, in denen die Möglichkeit aufscheint, bewusst, ja sogar ganz und gar traditionell jüdisch zu sein und gleichzeitig an der Moderne und ihrer Erkundung einer sich stetig expandierenden Welt teilzuhaben.

Vom Blickpunkt dieser Perspektive, die die Widersprüche, Konflikte und Ungereimtheiten nicht aufzulösen versucht, die sich aus diesen potentiell miteinander kollidierenden Welten ergeben, wird eine Epoche sichtbar, die eine gleichzeitige Wahrnehmung der vielfältigen Erscheinungsformen jüdischer Modernisierung erlaubt. Bald darauf, also gegen Ende des 18. Jahrhunderts, hatten externe wie interne Faktoren – erstarkende Nationalismen, eine strengere Trennung zwischen traditionellen und modernen Juden und zunehmend normative Abgrenzungen zwischen Juden und Nichtjuden – den Charakter der Moderne definiert und konsolidiert. Die Institutionalisierung der Moderne erfolgte damit im Einklang mit den viel strikter konturierten Kategorien der eigentlichen Aufklärung. Folglich könnte man die Periode der Frühen Neuzeit Moderne als ein

Reservoir von Möglichkeiten sehen, die der Begegnung zwischen jüdischem Leben und der modernen Welt innewohnen.

Der deutsch-jüdische Kontext bietet einen besonders fruchtbaren Boden dafür, die Voraussetzungen und Konsequenzen der beiden oben umrissenen Narrative zu ermessen. Die erste Option setzt Moderne mit Emanzipation, Integration und Assimilation gleich; die zweite sieht in der Frühen Neuzeit die Epoche wahrer Neuerungen, die in eine zwar schärfer umrissene, aber auch sterilere Moderne einmündet, in eine Zeit, die durch *Lösungen* der vielfachen, in der Frühen Neuzeit offengebliebenen Unbestimmtheiten charakterisiert wird. Deborah Hertz hat diese Lösungen in ihrer Studie zum deutsch-jüdischen Leben zwischen dem 17. bis zum frühen 19. Jahrhundert knapp umrissen: »Während man im 17. Jahrhundert entweder ein Christ oder ein Jude sein [musste]« und diese beiden auf vielfältige Weise miteinander interagieren konnten, standen die Juden am Ende des 18. und der ersten Jahrzehnte des 19. Jahrhunderts vor »drei grundsätzlichen Alternativen: Sie konnten traditionell bleiben, sich einer harmonisierenden Modernisierung des Judentums verpflichten oder versuchen, dem Judentum überhaupt den Rücken zu kehren«. Hertz folgert: »Die Auswahlmöglichkeiten, die in dieser Epoche aufkamen, legten die Bedingungen für die Jahrhunderte seither fest.«[5] Wird hingegen die Frühe Neuzeit als, in Adam Sutcliffes Worten, »faszinierend lebendige Periode« mit »widersprüchlichen Werten« und ohne »endgültige Lösungen«[6] betrachtet, können Alternativen zu den drei von Hertz definierten Optionen bereitgestellt werden, die die teleologische Fortschrittslegende von einer vormodernen bis hin zu einer gänzlich aufgeklärten modernen Welt verabschieden und Denkformen bereitstellen, die auch noch dem deutsch-jüdischen Denken des frühen zwanzigsten Jahrhunderts zugrunde liegen.

Heldin der jüdischen Moderne oder Botin ihres Endes?

Im deutsch-jüdischen Kontext ist es besonders riskant, Geschichte als eine Erzählung progressiven, teleologischen Fortschritts darzustellen, denn diese sähe sich unvermeidlich mit dem tragischen Ende der deutschen Juden konfrontiert. Ein besonders bedeutsamer Fall ist die Rezeption von Rahel Levin Varnhagen, deren Leben als para-

5 Deborah Hertz: How Jews became Germans, S. 218.
6 Adam Sutcliffe: Imagining Amsterdam, S. 96.

digmatisch für die privilegierte Klasse deutscher Juden am Ende des 18. Jahrhunderts gelten kann. Ihre Tausende von Briefen bieten ein lebhaftes Zeugnis für die aufregenden Veränderungen, die für eine jüdische Frau bisher ungekannte Horizonte eröffneten, aber auch Selbstzweifel bei ihr auslösten, die sich aus unerfüllten Bestrebungen und Loyalitätskonflikten ergaben und sie ihr ganzes Leben lang verfolgen sollten.

1771 in Berlin als Tochter eines reichen Juweliers geboren, verbrachte sie den Großteil ihres Lebens damit, dem zu entfliehen, was sie als das Stigma ihrer jüdischen Herkunft betrachtete. Sie konvertierte 1814 zum Protestantismus, als sie den christlichen Diplomaten Karl August Varnhagen von Ense heiratete. Die Konversion und Heirat machten ihren Klagen über ihre jüdische Abstammung kein Ende, und die immer angespannteren Versuche, Anerkennung in der gehobenen Gesellschaft ihrer Zeit zu gewinnen, trübten ihr Dasein bis zu ihrem Tod 1833. Rahels Lebensgeschichte wurde zur Inspiration für die Forschung über die Geschichte der Frauen, Minderheiten und interkulturellen Beziehungen, aber auch zu einem Objekt eingehender Untersuchung für jene, die die Entwicklung der deutsch-jüdischen Geschichte bis zu ihrer Katastrophe verstehen wollten. Beispiele aus dieser Rezeption von Rahel Varnhagens Leben und Schreiben können Licht auf die Implikationen der Positionen werfen, die Forscher in Hinsicht auf die Debatte um die Anfänge der Jüdischen Moderne eingenommen haben. Wie die folgenden Beispiele zeigen, führt die Perspektive des vorherrschenden teleologischen Modells zu einem Portrait von Rahels Leben, in dem Assimilation und Konversion einen scharfen Bruch zwischen alt und neu markieren. Die binäre Gegenüberstellung eines veralteten Ghetto-Daseins und einer aufgeklärten Moderne ist mit einer entweder positiven oder negativen Bewertung ihrer Assimilierung und ihrer Abwendung von ihren jüdischen Ursprüngen konnotiert. Diese einseitigen Urteile behindern ein Verständnis von Rahel als komplexe Figur, die sich zwischen Kulturen, Religionen und Klassen bewegt und ihre eigenen Entscheidungen innerhalb dieser Situation fortwährend reflektiert und hinterfragt.

Die bekannteste Studie über Rahel ist zweifellos Hannah Arendts Monographie *Rahel Varnhagen. Lebensgeschichte einer deutschen Jüdin aus der Romantik*, die 1938 im Pariser Exil abgeschlossen, doch erst 1958, zunächst auf Englisch, veröffentlicht wurde. In dieser Biographie, die häufig als eine ungewöhnliche Form der Autobiographie wahrgenommen wurde, führt Arendt ihre berühmte und viel diskutierte Unterscheidung zwischen *Paria* und *Parvenu* ein und beschreibt Rahels Leben unter dem Aspekt ihres begrenzten Erfolgs und der Infragestellung ihres langen und verzweifelten Bemühens, ein angesehenes Mitglied der etablierten Gesellschaft ihrer Zeit zu werden. Trotz wiederholter Versuche, ihren Status als *Paria* durch ihre Heirat mit Varnhagen von Ense und ihre Konversion zum Christentum abzustreifen, blieb Rahel Arendt zufolge dennoch nur ein *Parvenu*, da sie ihre Freiheit aufgegeben und sich selbst zu einem Leben in opportunistischer Unterwürfigkeit gegenüber den Mächtigen verdammt hatte. Was Rahel laut Arendt rettete, waren, wie sie in den letzten Kapiteln ihrer Biographie hervorhebt, die leisen Hinweise, dass Rahel im Rückblick an ihrem früheren Leben als Jüdin und Paria festhielt und es bejahte.

Arendts Überbetonung von Rahels Jüdischsein auf Kosten der Hindernisse, mit denen sie als Frau konfrontiert war beziehungsweise ihrer Erfolge als Schriftstellerin, wurde von Kritikern oft diskreditiert. Was für den hier zur Diskussion stehenden Zusammenhang relevanter ist: Diese Leser rügen Arendt für die allgemeine Ablehnung der jüdischen Assimilation in die deutsche Gesellschaft, die ihrem Portrait Rahels zugrunde liegt, eine Position, die oft mit Arendts eigener jugendlicher Hinwendung zum Zionismus und ihrer Erfahrung des Nationalsozialismus in Zusammenhang gebracht wurde. Eine der schärfsten Kritiken kam von einer anderen deutsch-jüdischen Intellektuellen, der bedeutenden Literaturkritikerin Käte Hamburger.

Hamburger drückt ihre Kritik an Arendt in ihrem Essay *Rahel und Goethe*[7] aus, der mit einem emphatisch universalistischen Credo endet: »Die Frage, ob Jüdin oder Deutsche, wird hinfällig, und es erscheint nur der Mensch an sich, wie ihn die Aufklärung und die Klassik ohne Ansehn von Rasse, Klasse, Nation und Religion, ungeschichtlich aber übergeschichtlich, gesehen und gewollt hat.«[8] Im Sinne ihrer aufgeklärten Ideale von Gleichheit und Integration polemisiert Hamburger gegen Arendts Betonung von Rahels Judentum, ihre verächtliche Haltung gegenüber Rahels Konversion und die hypostasierte Kontinuität zwischen der Assimilation im 18. Jahrhundert und der Katastrophe Nazideutschlands. Hamburgers Kritik, Arendt habe ihre eigenen Erfahrungen auf eine Figur aus einer entfernten Vergangenheit proji-

7 Die erste Version von Hamburgers Essay wurde 1933-34 verfasst. Nach dem Krieg und unter dem Eindruck des Holocaust überarbeitete Hamburger den Essay grundlegend und veröffentlichte ihn 1968 neu. Käte Hamburger: Rahel und Goethe, in: Rahel Varnhagen: Gesammelte Werke, Bd. 10, S. 179-204.

8 Ebd., S. 204.

ziert – eine Kritik, die Arendts Doktorvater Karl Jaspers bereits Jahre früher geäußert hatte[9] –, ist von einer historistischen Perspektive her durchaus plausibel. Hamburgers eigene Darstellung von Rahel wirft allerdings auch Fragen auf, doch sind es Fragen anderer Art. Sie erkennt den »gähnenden Abgrund«, den der Holocaust zwischen das deutsche Judentum und die deutsche »Geisteskultur« gerissen hat, billigt aber den Bruch nicht, den Arendt in ihrer Studie über Rahel feststellt. Hamburgers von der Aufklärung inspirierter Glaube an Universalität, Fortschritt und progressive Gleichstellung von der Zeit Rahels bis zu ihrer eigenen bleibt unerschüttert. Zahlreiche Forscher und Kritiker, die ab den 1970er Jahren Rahel als ein Modell der Emanzipation wiederentdeckt haben und Hamburgers humanistische Vorstellung von einem kohärenten und stabilen Subjekt, einem konsistenten und autonomen Kunstwerk und einer homogenen und ganzheitlichen Öffentlichkeit bejahen, führen ihre Sicht von Rahel als einer klassischen Humanistin, die nach Einheit und Harmonie[10] strebt, weiter aus. Unter ihnen ist Rahels Biographin Heidi Thomann Tewarson.

Tewarson geht sogar noch weiter als Hamburger in ihrer Kritik an Arendts »Zionismus-beeinflusstem, anti-assimilationistischem« und »anachronistische[m]«[11] Urteil über Rahel als Verräterin ihres Volkes. Tewarson lehnt Arendts (zugegebenermaßen spekulative) Darstellung von Rahels Rückkehr zum Judentum gegen Ende ihres Lebens ab und betrachtet ihre Konversion zum Christentum als Erfüllung ihres lebenslangen Wunsches, »der großen Gruppe der aufgeklärten Menschheit« beizutreten.[12] Ihre eigenen Ideen auf Rahels letzte Gedanken projizierend, schlussfolgert sie: »Ihr Leben muss ihr als ein kleines Zeichen historischen Fortschritts erschienen sein ... Sie konnte wenigstens mit Genugtuung auf ihren Fall schauen.«[13] Tewarson definiert das Ziel ihrer eigenen Studie als eine Demonstration von Rahels »prophetischem Verständnis der geschichtlichen Kräfte«, denn »die Juden des 18. Jahrhunderts hatten gute Gründe, optimistisch zu sein«.[14] Tewarson beschuldigt Arendt der Blindheit gegenüber der Tatsache, dass »für Rahel und ihre Generation mit der Aufklärung Geschichte neu begann«.[15] Für Tewarson ist Assi-

9 Hannah Arendt; Karl Jaspers: Briefwechsel 1926-1969, S. 228-32 (Nr. 134).
10 Hamburger: Rahel und Goethe, S. 204.
11 Heidi T. Tewarson: Rahel Levin Varnhagen, S. 5.
12 Ebd., S. 6.
13 Ebd., S. 222.
14 Ebd., S. 5.
15 Ebd.

milation offensichtlich die gewünschte Kulmination eines sich modernisierenden Judentums, für Arendt galt sie zumindest nach dem Krieg, dem Zeitpunkt, als sie ihr Rahel-Buch abschloss, als Anfang vom Ende.

Obwohl Arendts und Tewarsons Interpretationen von Rahels Leben und dessen Bedeutung gegensätzlicher nicht sein könnten, teilen sie ähnliche Annahmen, die sie auf verschiedene Weise bewerten. Für Tewarson ist Rahel eine Heldin der Emanzipation, die sie durch Assimilation erlangte; Arendt kritisiert Rahel gerade deshalb und sieht sie als Aufsteigerin, als *Parvenu*, die ihre eigene Herkunft und ihre weniger privilegierten, noch unaufgeklärten Religionsgenossen, »die immer noch präsent und geographisch nahe waren«,[16] verraten hat. Tewarson sah Rahel als eine Vorreiterin der zeitgenössischen befreiten Moderne; Arendt sah sie als eine Vertreterin des »Berliner Juden, der auf seine Herkunft sah« und fälschlicherweise annahm, dass er oder sie »nicht einer der Letzten, sondern einer der Ersten« sein würde.[17] Für beide grenzt allerdings Rahels Modernität ihre Welt von der düsteren und primitiven, die ihr vorangegangen war, ab. Noch dort, wo Arendt Rahel für ihren Mangel an Solidarität mit ihren immer noch religiösen Brüdern und Schwestern kritisiert, beschreibt sie deren Welt als eine »dunkle Kulisse von Armut, Elend, Unbildung«.[18] Tewarson würde dieser Beschreibung enthusiastisch zustimmen: Vor der Zeit von Rahels Briefen gibt es für sie einfach keine jüdische Geschichte. Trotz ihrer entgegengesetzten Ansichten haben Arendt und Tewarson gleichermaßen keinen Zweifel daran, dass es einen Anfang und ein Ende dieser Geschichte gibt und dass beide klar voneinander unterschieden werden können.

Rahel – Ende oder Anfang?

Das Attribut »frühneuzeitlich« kann so verstanden werden, dass es sich jenseits seiner akzeptierten zeitlichen Ausdehnung bewegt.

16 Hannah Arendt: Rahel Varnhagen. Lebensgeschichte einer deutschen Jüdin aus der Romantik, S. 201.

17 Ebd.

18 Ebd. Was andere Themen betrifft, repräsentiert Arendts Zugang allerdings das, was hier als das frühmoderne Paradigma bezeichnet wird. Das betrifft vor allem ihren Blick auf die Berliner Salons und ihre Idee von Emanzipation als »eine Zulassung der Juden *als* Juden in die Ränge der Menschheit«. Hannah Arendt: The Jew as Pariah, S. 68.

Wenn man es nicht nur als eine zeitlich abgesteckte Periode betrachtet, die in den 1880ern endete, sondern auch, wie David Ruderman schreibt, als »einen Zustand«,[19] dann bezeichnet es ein Paradigma, das eine spezifische Geisteshaltung und Lebensform charakterisiert. Rahels Nähe zu diesem Paradigma ist evident, wo sie als »ein polyphones und nicht immer harmonisches Selbst«[20] beschrieben wird, als Außenseiterin, die danach strebt, von der nichtjüdischen Gesellschaft anerkannt zu werden, ohne gleichzeitig deren Werte und Vorurteile zu akzeptieren, als Autorin idiosynkratischer Briefe, in denen sich ihre jiddische Muttersprache hinter ihren hochdeutschen Worten verborgen hält,[21] oder als Brückenbildnerin, die einen sozialen Raum eröffnet hat, in dem Individuen mit höchst diversem Hintergrund »Gelegenheit zum Austausch miteinander« haben um »Verbindungen über Klassen, Religionsgruppen und die beiden Geschlechter hinweg«[22] zu schaffen.

Dieses Portrait Rahels kommt hauptsächlich von Forschern, die ihre Briefe als Literatur lesen und, wie Arendt, ihr Leben und ihre Person als einen literarischen Text auffassen.[23] Wenn man den Versuch aufgibt, sie begrifflich festzunageln, erscheint Rahel in all ihren vielfältig ungelösten Widersprüchen und ihren inkonsistenten Aussagen über sich selbst. Das rückt in den Vordergrund, wie sie auch in den Reflexionen über sich selbst sowie über die Kunst und Gesellschaft ihrer Zeit widersprüchliche Aspekte aus verschiedenen Registern und Traditionen bemühte; wie sie die Weiblichkeit als persönliches Hindernis verfluchte, jedoch in unterschiedlichen Zusammenhängen die Überlegenheit des weiblichen Zugangs zu den Dingen im Gegensatz zu jenem der Männer behauptete; wie sie von sich sagte, dass sie nichts als Briefe schreiben könne, und doch ihren brieflichen Austausch für publikationswürdig erachtete und von sich selbst als Künstlerin sprach, die es wert war, mit den Größten der literarischen Tradition verglichen zu werden; wie sie mit allen Mitteln danach strebte, in

19 David Ruderman in Bezug auf Andrea Schatz in Ruderman: Introduction, S. 18.

20 Edith Waldstein: Identity as Conflict and Conversation in Rahel Varnhagen (1771-1833), S. 112.

21 Vgl. Liliane Weissberg: Schreiben als Selbstentwurf. Zu den Schriften Rahel Varnhagens und Dorothea Schlegels, S. 231-53.

22 Seyla Benhabib: The Pariah and her Shadow, S. 17.

23 Für offenkundige Beispiele dazu vgl. Liliane Weissberg: Stepping Out. The Writing of Difference in Rahel Varnhagen's Letters, S. 146-162; Barbara Hahn: ›Antworten Sie Mir‹: Rahel Levin Varnhagens Briefwechsel; Waldstein: Identity as Conflict.

der etablierten Gesellschaft akzeptiert zu werden, aber wiederholt deren Wertlosigkeit kommentierte; und schließlich, wie sie ihr ganzes Leben lang mit ihrem Judentum kämpfte, es im Allgemeinen als ihr größtes Stigma erachtete und alles daransetzte, ihm zu entfliehen, ohne dass es jemals gelungen wäre, ganz von ihm freizukommen und vielleicht auch ohne es gänzlich aufgeben zu wollen.

Ihr Briefe bezeugen die Konflikte und das Leiden, die von diesen Widersprüchen verursacht wurden, aber sie war auch höchst selbstbewusst, was diese anbetraf und betrachtete sie als ein Privileg und eine Stärke. Schon in ihren frühen Briefen lobt Rahel wiederholt und stolz ihre eigene Dualität und sieht sie weder als einen Defekt noch als eine Not, sondern als ein besonderes Talent. In einem Brief an ihren engen Freund David Veit, selbst ein »erfolgreich assimilierter Jude«,[24] betont sie ihren Unterschied zu ihm und beschreibt sich als »doppelt organisiert«, was sie folgendermaßen erklärt: »Ich habe eine großartige Macht, doppelt zu sein, ohne mich selbst zu verwechseln.«[25] Ihre berühmtesten Worte, die sie dem Bericht nach auf ihrem Totenbett gesagt hatte, spiegeln diese Haltung wider: »Welche Geschichte! – Eine aus Ägypten und Palästina Geflüchtete bin ich hier und finde Hilfe, Liebe und Pflege von Euch! ... Mit erhabenem Entzücken denk' ich an diesen meinen Ursprung [...].«[26] Für Arendt, die ihr Buch mit diesem Zitat beginnt, bedeuten Rahels Worte, die auf die Ursprünge der jüdischen Tradition zurückgreifen, ihre Rückkehr zum Judentum am Ende ihres Lebens. Tewarson hat allerdings gute Gründe, wenn sie Einspruch gegen Arendts Schlussfolgerung erhebt. Wie sie und andere angemerkt haben, ließ Arendt die Fortsetzung dieses Satzes unerwähnt, in dem Rahel Jesus ihren Bruder nennt, mit Maria mitfühlt, und vom Trost spricht, den sie aus diesen Worten schöpft. Möglicherweise ist es fruchtbarer, Rahels letzten Satz nicht im Zeichen einer progressiven Ersetzung des Judentums – sei es durch Christentum oder Aufklärung –, sondern im Zeichen der »Gleichzeitigkeit des Ungleichzeitigen«[27] zu deuten.

24 Waldstein: Identity as Conflict, S. 107.

25 Ebd.

26 Arendt: Rahel Varnhagen. Lebensgeschichte einer deutschen Jüdin aus der Romantik, S. 85. Vgl. auch Hertz: How Jews Became Germans, S. 215.

27 Dieser Ernst Bloch zugeschriebene Ausdruck wurde seither vielfach kritisiert, weil er in gewisser Hinsicht auf jede Epoche anwendbar ist. Dass er jedoch ganz besonders auf die Frühe Neuzeit zutrifft, kann bereits am Beispiel Rahels gezeigt werden. Zur Problematisierung dieser Denkfigur, vgl. https://www.degruyter.com/view/journals/zksp/4/1-2/article-p325.xml?language=de (letzter Zugriff: 31.1.2021).

Diese Koexistenz von Wirklichkeiten aus unterschiedlichen Zeiten, Kulturen und Registern und ihr Schwanken zwischen Melancholie und Affirmation über die Unsicherheiten, die in der Konkretion ihres Daseins manifest werden, machen Rahel zu einer paradigmatischen Figur der jüdischen Frühen Neuzeit und zu einer würdigen Ahnin jener Vertreter der jüdischen Moderne des 20. Jahrhunderts, die im Folgenden behandelt werden.

Die Tradition und das Verborgene. Arendt liest Scholem

Hannah Arendts Darstellung von Rahel Varnhagen, in der sie ihre Heldin dafür lobt, dass sie Spuren der jüdischen Tradition bewahrt und würdigt, und zugleich die Welt, in der diese Tradition noch lebendig ist, als »dunkle Kulisse von Armut, Elend, Unbildung im Sinne Europas und vollkommener Fremdheit«[28] beschreibt, deutet auf die Ambivalenz, mit der nicht nur Rahel der neuen sozialen Situation begegnet, sondern die auch Arendts Denken selbst innewohnt. Ihre doppelte Zugehörigkeit zur jüdischen Tradition einerseits und zur europäischen Moderne andererseits wird auf frappierende Weise in ihren Reflexionen über die Kabbala in ihrer Rezension von Gershom Scholems *Die jüdische Mystik in ihren Hauptströmungen* deutlich.[29]

Obwohl Arendt zu Recht als die Figur gilt, die unter den in diesem Buch besprochenen deutsch-jüdischen Autoren am wenigsten von theologischem Denken berührt war,[30] ist ihre Auseinandersetzung mit Scholems Werk doch viel mehr als eine kritische Würdigung einer wissenschaftlichen Studie. Die gegensätzlichen Ansichten Arendts und Scholems über die Bedeutung der Zugehörigkeit, mehr noch der Treue zum jüdischen Volk[31] bilden einen maßgeblichen Aspekt ihrer Begegnung. Eine genaue Lektüre der Bemerkungen Arendts zu Scholems Werk über die jüdische Mystik – in ihrem Essay über Walter Benjamin und besonders in ihrem Essay *Jüdische Geschichte, von Neuem betrachtet*[32] – ermöglicht einen Einblick in die spezifische

28 Hannah Arendt: Rahel Varnhagen, S. 201.

29 Gershom Scholem: Die jüdische Mystik in ihren Hauptströmungen, Frankfurt a.M. 1957. Im Text als »Hauptströmungen« mit Seitenangabe zitiert.

30 Steven Aschheim: Beyond the Border: The German-Jewish Legacy Abroad, S. 109. Siehe jedoch Susan Neimans Behauptung, dass »Arendts Schriften von theologischer Sprache durchdrungen sind«. Susan Neiman: Theodicy in Jerusalem, in: dies: Hannah Arendt in Jerusalem, hg. Steven Aschheim, S. 69.

31 So beschuldigt Scholem in einem berühmten Brief vom 23. Juni 1963 Arendt anlässlich ihres Buches zum Eichmann-Prozess neben eines Mangels an »Herzenstakt« auch eines Mangels dessen »was die Juden Ahabath Israel nennen, Liebe zu den Juden«. Arendt erwidert darauf, dass sie in der Tat »eine solche ›Liebe‹ nicht habe«, weil sie erstens »noch nie in [ihrem] Leben irgendein Volk oder Kollektiv ›geliebt‹« habe und zweitens, weil sie nicht »[sich] selbst und nicht dasjenige, wovon [sie] weiss, dass es irgendwie zu [ihrer] Substanz gehör[e]« lieben könne. Hannah Arendt; Gershom Scholem: Der Briefwechsel, S. 429-30 und S. 439-40. Im Text als »Briefwechsel AS« mit Seitenangabe zitiert.

32 Die Rezension zu Scholems Buch erschien 1948 in englischer Sprache unter

Dynamik von Arendts Zugang nicht nur zur Mystik, sondern zur gesamten jüdischen Tradition.

Stéphane Mosès hält Hannah Arendt für die Philosophin, die am radikalsten die kritische Moderne im Judentum verkörpert. Seiner Ansicht nach ist sie »Rosenzweig oder Levinas diametral entgegengesetzt«.[33] Im Gegensatz zu diesen Denkern »definiert [Arendt] die Moderne als eine Zeit, in der die Tradition uns nicht mehr erreichen kann, da der Prozeß der Überlieferung unwiderruflich unterbrochen ist« (Le Fil, 107).[34] Jeder Versuch, diesen Bruch zu leugnen, ist für Arendt ein Zeichen philosophischer und ethischer Blindheit. Mosès zitiert Arendts positive Sicht auf Kafka und Benjamin, die sie für paradigmatische Zeugen dieses Risses in der Tradition hält. Er konstatiert einen Gegensatz zwischen Arendts Wertschätzung dieser beiden Autoren und Arendts offensichtlicher Verwunderung über Scholems »seltsame Entscheidung, sich dem Judentum vermittels der Kabbala zu nähern« (Le Fil, 107). Mosès behauptet, dass »Arendt über Scholems Haltung schockiert war, und zwar nicht so sehr wegen seiner Wahl der Kabbala als Studiengegenstand, sondern vielmehr, weil für sie die jüdische mystische Tradition völlig unfähig war, den Menschen der Moderne in seinen konkreten ethischen und vor allem politischen Entscheidungen zu leiten« (Le Fil, 107). Mosès' These wird verständlich, wenn man Arendts Überzeugung in Betracht zieht, gemäß derer die moralische Berufung des Menschen wesentlich politisch ist und in den konkreten Urteilen, die seinen Handlungen zugrunde liegen, zum Ausdruck kommt. Aber damit ist noch nicht alles gesagt.

Mosès versteht Arendts kurze Betrachtungen in ihrem Essay über die Kabbala-Studien Scholems und deren politische Auswirkungen zu Unrecht als einen grundlegenden Widerspruch. Offensichtlich lässt er Arendts ausgeprägtes Interesse für Scholems *Die jüdische Mystik in ihren Hauptströmungen* außer Betracht. In ihrem Essay *Jüdische Geschichte, von Neuem betrachtet*, in dem sie Scholems Erkundung der wesentlichen Rolle würdigt, welche die Mystik in der

dem Titel *Jewish History, Revised*. Hier zitiert aus der deutschen Übersetzung von Marie Luise Knott und David Heredia, enthalten in der Edition des Briefwechsels zwischen Arendt und Scholem (Briefwechsel AS, 469-84). Im Text als »JG in AS« mit Seitenangabe zitiert.

33 Stéphane Mosès: Le Fil de la tradition, est-il rompu? Sur deux formes de modernité religieuse, S. 102-114. Im Text als »Le Fil« mit Seitenangabe zitiert.

34 Mosès zitiert aus Arendts Essay über Benjamin, in: Hannah Arendt: Benjamin, Brecht. Zwei Essays, S. 49: »Walter Benjamin wußte, daß Traditionsbruch und Autoritätsverlust irreparabel waren«.

jüdischen Geschichte gespielt hat, betrachtet Arendt die Kabbala als einen der wertvollsten und politisch relevantesten Rückstände der jüdischen Tradition.

Mosès belegt seine Behauptung, dass Arendt Scholems Studien zur jüdischen Mystik ablehnt, indem er ihre Beschreibung der jüdischen Tradition in ihrem Essay über Benjamin als »exotische Angelegenheiten [...], die zu nichts verpflichten« (Le Fil, 107) charakterisiert. Sie hätten ausschließlich wegen ihrer Exotik einen Schein von Relevanz. Mosès fasst Arendts zustimmende Beschreibung der Ideen Benjamins abwertend zusammen: »Die Vergangenheit sprach [für sie] unmittelbar nur durch Dinge, die nicht überliefert werden konnten« (Le Fil, 107). Der Kontext des Essays von Arendt, in dem sie eine enthusiastische Parallele zwischen Benjamin und Scholem zieht, lässt eine ganz andere Grundstimmung in ihren Reflexionen über Scholems Studien zur jüdischen Mystik erkennen. Arendt schätzt bei beiden Autoren besonders deren Behandlung von Themen, die nicht Teil einer etablierten Tradition geworden sind, die also für sich selbst Autorität beanspruchen kann. Sie vergleicht Scholems Erforschung der Kabbala mit Benjamins Arbeiten zu ähnlich marginalen oder vergessenen Themen in der europäischen Literatur und Kultur. Scholems Studien zur Kabbala bewertet sie außerordentlich positiv und erkennt deren rebellische und subversive Kraft an, wenn sie seinen »merkwürdige[n] Entschluß, sich dem Judentum auf dem Weg der Kabbala zu nähern« als das »genaue Gegenstück« zu Benjamins Wahl des deutschen Barockzeitalters als Thema für seine Habilitationsarbeit bezeichnet.[35] Die Gemeinsamkeit von Benjamins und Scholems jeweiligen Themen bestehe darin, dass die anerkannten Traditionen ihrer jeweiligen Interessengebiete – in dem einen Fall die der europäischen Kultur, in dem anderen die des jüdischen Kanons – ihre Forschungsgegenstände in ähnlicher Weise als »etwas ausgesprochen Anrüchiges« (WB, 2) betrachteten. »Nichts, möchte man im Nachhinein meinen«, so Arendt, »zeigte deutlicher als die Wahl dieser Arbeitsgebiete, daß es den Weg zurück nicht gab – weder in die deutsche oder europäische noch in die jüdische Tradition« (WB, 2).

Arendt verstand also die Tatsache, dass Scholems wie Benjamins Themen »im Sinne der jüdischen Tradition Untradiertes und Untradierbares« (WB, 2) waren, weder als Zeichen ihres Versagens, wie

35 Hannah Arendt: Walter Benjamin III – Der Perlentaucher (im Text als »WB« mit Seitenangabe [der Druckversion des online-Artikels] zitiert).

Mosès annimmt, noch hielt sie ihren exotischen Charakter für einen oberflächlichen oder modischen Reiz. Diese Eigenschaften waren für sie stattdessen geradezu der Beweis des befreienden Potentials solcher Themen, das im Bewusstsein des »unheilbaren Traditionsbruchs« (WB, 3) in der Moderne gründete. Für Arendt stammte das in Benjamins und Scholems Themen innewohnende Potential zugleich aus ihrer Anrufung der Tradition und aus ihrer Stellung außerhalb von deren kontinuierlichen, übermittelten und etablierten Ausdrucksweisen. Arendt schätzte Benjamins und Scholems Wissen um den Verlust der Geltung jener Tradition in ihrer herkömmlichen Form sowie den von beiden Denkern geteilten Widerstand gegen alle Ansprüche auf eine bindende Autorität und ein kanonisches »verpflichtendes Wahre[s]« (WB, 3).

Arendts früherer Essay, *Jüdische Geschichte, von Neuem betrachtet*, den Mosès nicht zu kennen scheint und der in der Literatur über Arendt selten beachtet worden ist, nimmt mehr als zwei Jahrzehnte zuvor schon ihr Urteil über Scholems Kabbala-Forschung vorweg, wie sie es in ihrem Artikel über Benjamin fällt. Auf vielerlei Weise bestätigt er Mosès' Charakterisierung von Arendt als Denkerin der kritischen Moderne; denn sie wandelt in der Tat ausgewählte Elemente der jüdischen religiösen Tradition in säkulare Begriffe um. Dieser Essay zeigt jedoch auch, dass Arendt – zumindest in ihren frühen Schriften – bestimmte Ansichten und Gebräuche der alten Religion als wertvolle Vorläufer moderner Ideen betrachtete und sich nicht gänzlich eine Interpretation zu eigen machte, die einen völligen Bruch zwischen ihnen und der aufgeklärten Moderne ins Auge fasste.

In einem Brief vom 25. April 1942 bat Arendt Scholem darum, er möge ihr das, was sie »ein Exemplar ihrer Kabbala« nennt, schicken – gemeint ist sein Buch *Die jüdische Mystik in ihren Hauptströmungen* (Briefwechsel AS, 28). Am 4. November 1943 schrieb sie: »Lieber Freund – rechten Sie nicht mit mir. Seit ich ihr Buch las – und ich habe es im Frühjahr, als ich endlich ein Exemplar zugeschickt bekam, mehrmals gelesen und seither immer wieder darin geschmökert – habe ich Ihnen [in meinem Geist] viele ›Liebes‹ Briefe geschrieben« (Briefwechsel AS, 37). Am 20. Mai 1944 schrieb sie: »Ich habe sehr viel an Sie gedacht, nicht nur, weil ich mit vielen Menschen über ihr Buch gesprochen habe, sondern eher noch, weil mir Ihr Buch gar nicht mehr aus dem Kopf geht, und mich in einer unausgesprochenen (aber bitte nicht unbewußten) Weise in all meinen eigenen Arbeiten begleitet« (Briefwechsel AS, 47). Scholem bittet am 26. März 1944 den Herausgeber der *Contemporary Jewish Record*, einer Zeitschrift, die vom American Jewish Committee verantwortet wurde: »Do you happen to know Mrs Hannah Blücher in New York? [...] She is one of the best minds who have come over from Europe. [...] She has sent me one of the two intelligent criticisms of my book I have seen«[36] (Briefwechsel AS, 51).

Unter den vielen ungeschriebenen »Liebesbriefen« an Scholem, die Arendt im Geist geschrieben zu haben vorgibt, ist derjenige, der konkret wurde und den sein Adressat gnädig aufnahm, ihr Essay *Jüdische Geschichte, von Neuem betrachtet.* Ursprünglich 1948 in der Zeitung *The Jewish Frontier* veröffentlicht, aber bereits 1944 geschrieben, kann dieser kurze Text als Rezension von Scholems Buch, aber ansatzweise auch als Entwurf von Arendts eigenen späteren politischen und philosophischen Schriften gelesen werden. Scholem antwortete enthusiastisch, aber zu der Zeit mag er sich dessen nicht bewusst gewesen sein, dass Arendts Rezension kein uneingeschränkter Liebesbrief war. Der bekannte Streit zwischen Scholem und Arendt über ihre Kritik am Zionismus, der bald nach diesem brieflichen Austausch ausbrach, und ihre spätere noch heftigere Auseinandersetzung über ihr Buch zum Eichmann-Prozess[37] sind in ihrer Lektüre von Scholems Buch zwischen den Zeilen schon vorweggenommen. Arendts Essay zeigt, ungeachtet der Ansicht von Mosès, dass sie in der Tat der Kabbala die Fähigkeit zuschrieb, »den Menschen der Moderne in seinen konkreten, ethischen und vor allem politischen Entscheidungen« zu leiten (Le Fil, 107).

Sowohl Arendts Interesse an Scholems Buch als auch Scholems Zustimmung zu ihrer Antwort stammten anscheinend aus einer gemeinsamen Abneigung gegen die jüdische Assimilation. Beide suchten eine eigenständige jüdische Geschichte zu begründen statt einer, die vor allem durch ihren Bezug auf externe Kräfte motiviert war und im Wesentlichen aus »den ebenso eintönigen Chroniken der Verfolgungen und Pogrome« bestand (JG in AS, 469). Scholem wie auch Arendt in ihrer positiven Rezension des Buches konzentrieren sich auf die innerjüdische Dynamik, durch die – was in der Periode während und nach der Shoah nicht überraschen kann – die Würde und die Einheit der Juden als Volk wiederhergestellt würde. Arendt legt Wert darauf, dass Scholems Rekonstruktion der jüdischen Mys-

36 »Kennen Sie zufällig Frau Hannah Blücher in New York? [...] Sie ist einer der besten Köpfe, die aus Europa herübergekommen sind, und sie hat mir eine der zwei intelligenten Kritiken meines Buchs, die ich gesehen habe, geschickt.«

37 Hannah Arendt: Eichmann in Jerusalem. Ein Bericht von der Banalität des Bösen.

tik, die im Sieg und im Niedergang der Sabbatianischen Bewegung kulminiert, bisherige Konzeptionen der jüdischen Geschichte radikal revidiert, durch die die Juden lediglich als passive Opfer dargestellt wurden. Gleichzeitig suchte diese revidierte Geschichte des Judentums, sich apologetischen Versuchen zu widersetzen, die Eigenart und den Partikularismus des jüdischen Volkes zu leugnen. (Gemeint waren vermutlich die Vertreter der Wissenschaft des Judentums, die Scholem attackierte.) Arendts Charakterisierung der Mystik und ihre Beschreibung der mystischen Lebensgewohnheiten treffen den Hauptpunkt des Buches von Scholem, dies allerdings auf selektive Weise. Mit geringen Verschiebungen in Stil und Wortschatz, die schon wichtige Kategorien ihres eigenen Denkens vorausahnen lassen, übernimmt sie dessen grundlegende Gedanken. Im Allgemeinen sind Arendts Einsichten durch erkennbar säkulare Ideen motiviert und projizieren – auf manchmal kaum nachvollziehbare Art und Weise – neuzeitliche Kategorien auf die jüdische Mystik, allerdings mit einer bemerkenswerten Ausnahme, wie ich im Folgenden darlegen werde.

In ihrer Analyse von *Jüdische Geschichte, von Neuem betrachtet*, spricht die Politikwissenschaftlerin Seyla Benhabib von einem »seltsamen politischen Dreh«, der es Arendt ermögliche, jüdische Mystik als Quelle revolutionärer oder, allgemeiner gefasst, geeinter Aktionen des Volkes darzustellen.[38] Man könnte ebenso gut davon sprechen, dass Arendt die jüdische Mystik in eine Vorläuferin des modernen Materialismus, des Empirizismus und der cartesianischen Philosophie verwandelt. Es ist in der Tat überraschend zu sehen, dass Arendt die Mystik als Vorläuferin dieser modernen Bewegungen verteidigt, aber ihr Verfahren ist in Wahrheit nicht dialektisch. In ihrer Antwort auf Scholems Buch argumentiert sie zumeist historisch, wenn sie die charakteristischen Eigenschaften der jüdischen Mystik als Vorläuferinnen der modernen Werte beschreibt, die ihrem eigenen, im Entstehen begriffenen politischen Denken innewohnen.[39]

38 Seyla Benhabib: Arendt's Reluctant Modernism, S. 65.

39 Das Maß, in dem Scholems eigenes Denken dialektisch ist, ist eine umstrittene Frage. Er benutzt wiederholt diesen Terminus in seinen Beschreibungen der Ausdrucksformen der jüdischen Mystik, dies aber auf idiosynkratische Weise, die auf jegliche Synthese oder Aufhebung im Sinne Hegels verzichtet. Robert Alter bemerkt in seinem Vorwort zur US-amerikanischen Edition von »Hauptströmungen« aus dem Jahr 1995, dass für Scholem »dialektisch« »Instabilität, unaufhörliche[r] Wechsel, Verwandlung zwischen gegensätzlichen Polen« bedeutet (siehe Scholem, *Major Trends in Jewish Mysticism*, New York 1995, S. xviii). Wie Arendt, aber aus anderen Gründen, weist Scholem das

Es ist in der Tat frappierend zu sehen, wie Arendt die Fähigkeit des Menschen, eine Welt zu erbauen, aus der jüdischen Mystik ableitet. Ihr Lob der Mystiker enthüllt die wesentlichen Werte, die ihre politischen Ideale bestimmen: Sie feiert deren Tendenz zur Aktion anstelle von Passivität, ihren Wirklichkeitssinn, der eher aus Erfahrung, denn aus Textexegese resultiert, und ihre Begründung einer Gegentradition, die ein neues Zeitalter inaugurieren würde. In diesem neuen Zeitalter würden die Juden als vereintes Volk, auch, wenn sie in der Diaspora verstreut wären, eine zentrale Rolle in der Entstehung der Moderne spielen.

Aktion, Realität und Gegentradition

Zu den grundlegenden Ideen Arendts, die in ihrem Lob von Scholems Annäherung an die jüdische Mystik vorweggenommen werden, gehört die vom Vorrang der Aktion gegenüber der Passivität, die sie mit politischer Unverantwortlichkeit gleichsetzt und äußerst streng als »etwas im wesentlichen Inhumanes« charakterisiert (JG in AS, 471).[40] Arendt widerspricht dem rabbinischen Judentum und der rabbinischen Orthodoxie, denen sie vorwirft, lediglich das Gesetz zu interpretieren und Unterwürfigkeit zu ermutigen. Anders als Scholem jedoch, ist sie nicht so sehr an einer antinomischen, gesetzesüberschreitenden und anarchischen »Erlösung durch Sünde«[41] interessiert als an der Mystik als Stimulierung von Handlung. Die sabbatianische Bewegung verlieh der jüdischen Mystik antinomische Kräfte, obwohl diese sich zuvor »im Rahmen des Gesetzes« gehalten hatte (JG in AS, 478). Arendt behauptete jedoch, dass die politische Bedeutung der Bewegung in einer ihrer anderen Eigenschaften lag: Ihre Neigung zu kollektivem Handeln bewog die Rabbiner, sich von der »bloßen

materialistische und marxistische Verständnis dieses Terminus zurück. Während Arendt dialektisches Denken für zu wenig rational hält, sieht es Scholem, mit Alters Worten, als »eine gefährliche Angelegenheit, da es Verneinung mit Bejahung, die nihilistische Leugnung des Werts mit erhabenem Streben zusammenklammert« (*Major Trends*, xviii). Siehe auch Scholems Beschreibung der »Talmudischen Dialektik« in seinen Tagebüchern. Vgl. Gershom Scholem: Tagebücher 1917-1923, S. 526.

40 Für eine zeitgenössische Kritik dieser Sicht der Aufklärung auf Handlungsmacht als »individuelle Selbstermächtigung oder der universellen Geschichtlichkeit« siehe Talal Asad: Agency and Pain. An Exploration, S. 33. Ich danke Ethan Katz, der mich hierauf aufmerksam machte.

41 Gershom Scholem: Erlösung durch Sünde.

Interpretation des Gesetzes« abzuwenden (JG in AS, 478), das sie jahrhundertelang aus der Sphäre von Geschichte und der Politik ferngehalten hatte. Darüber hinaus schuf die neue kollektive politische Handlung einen Ersatz für die Halacha als gemeinschaftsbildende Kraft.[42] In ihrer Diskussion der antinomischen messianischen Bewegung situiert Arendt das politische Potential nicht in der Transgression oder Suspendierung des Gesetzes, sondern in der Ermächtigung des Menschen auf dem »öffentlichen Schauplatz der Geschichte« (JG in AS, 481).

Die esoterische Seite der Mystik ist kaum mit Arendts Auffassung von Politik als Etablierung einer öffentlichen Sphäre vereinbar, die sie schon damals beschäftigte und die ein Schlüsselelement ihres späteren Denkens werden sollte. Sie umgeht dieses Problem, indem sie darauf hinweist, die Mystik habe alle diejenigen angezogen, die »vom Handeln ausgeschlossen sind« und sich »als hilflose Opfer ungekannter Kräfte wähnen« (JG in AS, 473). Die Mystik verhalf ihnen dazu, sich als Teile eines größeren Ganzen zu fühlen, auf das sie Einfluss nehmen konnten. Ein entscheidendes Zitat aus Scholems Werk befindet sich scheinbar im Einklang mit ihrem eigenen Imperativ menschlicher Ermächtigung. Scholem schreibt: »Der jüdische Fromme wurde solcherart zum Protagonisten im Weltdrama; er hält die Fäden des geheimen Schauspiels in der Hand.« (JG in AS, 471) Arendt übersetzt jedoch Scholems Beschreibung des Zugangs des Mystikers zur Halacha in moderne Begriffe und überdeckt sie durch ihre eigene Auffassung des Menschen als *zoon politikon*. In der Tat isoliert sie den Aspekt des Eingreifens in die Welt, den Scholems Sicht auf die Kabbala nahelegt. Für sie werden die Mystiker und ihre Anhänger durch das Vertrauen in eine Teilhabe »an der Macht, die die Welt regiert« (JG in AS, 474), davon befreit, bloß passive Opfer zu sein, und zur »Entdeckung von brauchbaren Kenntnissen über die Wirklichkeit« (JG in AS, 475) geführt.

Arendt stellt den Zugang der Mystiker zur Wirklichkeit als eine Frühform des modernen Empirismus dar. In ihrer Beschreibung der mystischen Gebräuche betont sie den Unterschied zwischen den jüdischen Kabbalisten – deren »wichtigste[s] mystisches Erkenntnisorgan stets die Erfahrung und nie die Vernunft oder der Offenbarungs-

42 Arendts Darstellung der Sabbatäer als authentische politische Bewegung ist in Frage gestellt worden. Wie Richard J. Bernstein meint, sagt sie mehr über Arendts politische Überzeugungen und ihre Sympathie für spontane Volksbewegungen als über diese Mystiker des 17. Jahrhunderts aus. Siehe Richard J. Bernstein: Hannah Arendt and the Jewish Question, S. 57-8.

glaube ist« (JG in AS, 474) – und dem rabbinischen Judentum, das auf »Interpretation und Logik« vertraute (JG in AS, 475). Der kabbalistische Zugang, schreibt Arendt, kommt »dem modernen Begriff von Experiment bereits sehr nahe«, das, wie in der modernen Wissenschaft, »mehrere Male überprüft werden« muss (JG in AS, 474). Auf das eigene Innere angewandt, konnte eine solche Methode verlässliche Einsichten in die menschliche Psychologie liefern. Arendt verbindet diese Idee der Mystik als Vorläuferin der Moderne mit dem *Cogito* Descartes', bei dem die innere Erfahrung zur Grundlage der Wirklichkeit wird. Im Gegensatz zur christlichen Mystik, die sich auf die Autobiographien von Heiligen und Mystikern konzentriert, bezieht Arendt diese Vorstellung auf die unpersönliche Begründung des Wirklichen durch den Mystiker. Zu diesem Zeitpunkt bejaht Arendt die jüdische Missachtung der Autobiographie: »Für die jüdische Mystik war das eigene Selbst nicht Subjekt der Erlösung, und war deshalb nur als Instrument für höchstes Handeln von Interesse« (JG in AS, 476-7).[43] Und ungleich ihren christlichen Gegenspielern, die sich um das individuelle Seelenheil sorgten, verwandelten jüdische Mystiker ihre mystischen Gebräuche in »Instrumente für die aktive Teilhabe am Geschick der Menschheit« (JG in AS, 477). In der unmittelbaren Verheerung durch den Krieg und die jüdische Katastrophe verleiht Arendt den Juden – denjenigen, die vormals »vom Handeln ausgeschlossen« (JG in AS, 473) waren – die Macht, sowohl zu handeln als auch an der »Herausbildung des modernen Menschen« teilzunehmen (JG in AS, 470).

Arendts Interprtetation deutet durch ihr Verständnis der Erschaffung einer alternativen jüdischen Tradition durch die Mystiker auf ihr späteres politisches Denken voraus. Anders als das Christentum, das wegen seiner Konzentration auf die Autobiographie, die individuelle Erlösung und die Innerlichkeit »kaum über eine fortdauernde eigene Tradition verfügt« (JG in AS, 477), konnten jüdische Mystiker, die unpersönliche und »wiederholbar[e] Experiment[e]« (JG in AS, 477) benutzten, um die Wirklichkeit zu erfassen, »eine echte Tradition begründe[n], die parallel zur offiziellen Tradition des orthodoxen Judentums verlief« (JG in AS, 477). Indem sie auf der Unterscheidung zwischen Orthodoxie und Mystik beharrt, weicht Arendt von der primären Opposition ab, um die es Scholem geht. Diese besteht zwischen der Mystik als entscheidender anti-rationalistischer Macht

43 Dies läuft ihrer späteren Behauptung, dass das Biographische »immer eine Geschichte ergibt«, entgegen.

in der jüdischen Geschichte und den vorherrschenden Ideen der Rationalisten, »des Mittelalters und der Neuzeit«, wie Maimonides und Hermann Cohen (Hauptströmungen, 38). Arendt säkularisiert dadurch Scholems Würdigung der Mystik,[44] die er als eine der jüdischen religiösen Tradition noch sehr eng verwandte Macht verstand. Mehr noch, diese Gegentradition, in Verbindung mit dem, was Arendt im Anschluss an Scholem den »›Mythos des Exils‹«[45] nennt (JG in AS, 478) – der Vorstellung, dass die Diaspora eine Strafe sei (JG in AS, 481) –, konnte jetzt »das ganze jüdische Volk« (JG in AS, 480) umfassen. Wegen der von der lurianischen Kabbala vertretenen Anschauung, der Mensch habe die Aufgabe, »die gefallenen Funken überall einzusammeln und emporzuheben« (JG in AS, 478) sowie der »gewaltige[n] Handlungskraft« (JG in AS, 480), die von einem jüdischen Messianismus ausging, der das Exil nicht als Leiden, sondern als Handeln verstand (JG in AS, 478), würde das Volk auch die Juden umfassen, die außerhalb Palästinas leben. Auf diese Weise projiziert Arendt auf die Mystik mit ihrer Neigung »zum Handeln und zur Verwirklichung« (JG in AS, 480) die Möglichkeit, die Gesamtheit des jüdischen Volkes, »Chassidismus, Reformbewegung und ›politische Apokalyptik‹« (JG in AS, 481) auf der Grundlage eines gemeinsamen geschichtlichen Ursprungs und eines gemeinsamen, aktiven Beitrags zur Moderne zu versammeln.

Arendt scheint in ihrer Einschätzung der Mystik als einer die Orthodoxie untergrabenden Gegentradition der Säkularisierung der Aufklärung verpflichtet – einer Ermächtigung zur Handlung, einem experimentellen Zugang und vor allem einem Insistieren auf politischer Teilnahme. Ein Element scheint jedoch hierzu gar nicht zu passen: Sie betont in ihrem Text wiederholt einen Aspekt der Mystik, der der Auffassung von Transparenz und Offenheit der öffentlichen

44 Arendts Kritik am rabbinischen Judentum leitet sich weniger von irgendeinem Atheismus als von ihrer Sorge um das Politische, das sie als von der Religion vereitelt betrachtet, ab. Ihr Lob des Chassidismus am Ende ihres Textes sollte als ihr Feiern einer innovationsfreudigen eher denn religiösen Bewegung verstanden werden.

45 Die Wendung »Mythos des Exils« übernimmt Arendt von Scholem, allerdings gewinnt er bei ihr eine gänzlich andere Bedeutung. Bei Scholem steht er im Kontext der lurianischen Kabbala, die als ein »Mythos des Exils« aufgefasst werden könne, weil sie das geschichtliche Exil als ein Symbol für einen Wesenszug Gottes liest. Vgl. Scholem: *Hauptströmungen*, S. 332. Ebenso von Scholem scheint die Rede vom »verborgenen Gott« übernommen zu sein, ein prominentes Motiv in Scholems *Die jüdische Mystik in ihren Hauptströmungen*. Scholem: Hauptströmungen, z.B. S. 227-8, S. 234, S. 243.

Sphäre zuwiderläuft. Auf fast jeder Seite ihres Textes erscheint das Wort »verborgen« im positiven Sinne mindestens einmal: Sie schreibt vom »›verborgenen Gott‹« (JG in AS, 471), von der Mystik, die Hand in Hand mit der Idee eines »verborgenen Pfads« gehe (JG in AS, 472), von der Emanation als Einschränkung der Selbstbestimmung, vom »experimentelle[n] Charakter der mystischen Erfahrung« (JG in AS, 475), von der »Exklusivität und der esoterischen Natur ihrer Spekulationen« (JG in AS, 472) in ihrer Ähnlichkeit zum »Stein der Weisen«, der »geheim« gehalten wird (JG in AS, 473), von der »Macht ökonomischer oder historischer Gesetze [...], die für die Augen gewöhnlicher Menschen unsichtbar – im Verborgenen wirken« (JG in AS, 473), sowie von der Verborgenheit des Glaubens des Mystikers an eine Kraft, die »in der Offenbarung der Heiligen Schrift sich eher verhüllt denn enthüllt« (JG in AS, 472).

Arendt weicht hier unzweifelhaft von Scholems Beschreibung der mystischen Idee des verborgenen Gottes bei den Gnostikern ab, die eine eindeutige Trennung zwischen dem Gott der Schöpfung und dem Gott der Offenbarung voraussetzen. Sie verwandelt das gnostische Konzept in das Konzept eines unpersönlichen Gottes, eines Gottes als Wirkkraft eher als einer »Persönlichkeit«. Ihre quasi-spinozistische Sicht auf die Emanation kann als ein Schlüsselbeispiel für ihre Säkularisierung der Schriften Scholems gelten, der ausdrücklich festgehalten hatte, dass die jüdischen Mystiker unter »Schöpfung aus Nichts« nichts anderes verstanden hatten, als »daß die Schöpfung in Gott selbst entsprungen« sei. Scholem zufolge ist ihr Verständnis von Emanation deshalb »am meisten entgegengesetzt« zu dem, was der Terminus »in der Geschichte der Philosophie und Theologie« (Hauptströmungen, 27) bedeutet.

Frappierender als Arendts Lektüre Scholems ist ihre eigene Betonung eines Begriffs vom Verborgenen, das die Offenbarung selbst als eine Form der Verborgenheit versteht. Wie lässt sich diese Akzentsetzung mit ihrer späteren politischen Kritik an der Geheimhaltung als »einer Grundform des Modus Operandi in totalitären Regimes« in Einklang bringen?[46] Im Kontext ihrer Analyse des Totalitarismus dient die »Verborgenheit« dazu, »den Sinn für die Wirklichkeit überhaupt zu vermindern« und »die Möglichkeit, zwischen Wahrheit und Falschheit zu unterscheiden, grundsätzlich unmöglich zu machen«.[47]

46 Für eine Zusammenfassung dieser Grundhaltung von Arendts politischem Denken siehe Moshe Halbertal: Concealment and Revelation: Esotericism in Jewish Thought and its Philosophical Implications, S. 160.

47 Ebd.

In ihren politischen Schriften zielt die Verborgenheit demnach darauf, »unsere Fähigkeit, Standpunkte zu teilen und gemeinsame und öffentliche Erfahrungen und Verständigungsmöglichkeiten zu bilden«, auszuschließen.[48]

Im Hinblick auf Arendts Kritik am »Verborgenen« sollte man die Bedeutung ihres enthusiastischen, im »Liebesbrief« an Scholem geäußerten Beharrens darauf, dass sein Buch einen »geheimen« Einfluss auf ihr späteres Werk ausgeübt habe, in Frage stellen. Kann man es wirklich, wie ich vorgeschlagen habe, als von Scholem beeinflusst verstehen, einschließlich ihres Essays über Walter Benjamin? Kann das Verborgensein, das Arendt in ihren Kommentaren zu Scholems Buch anspricht, ausschließlich die unterschwellige Spur von Scholems Wirkung auf ihr Werk sein? In ihrer positiven Betonung der Verborgenheit könnte sich mehr als lediglich eine Anerkennung der Einsichten Scholems in die jüdische Mystik verbergen.

Ein anderer, früherer Adressat ihrer »Liebesbriefe« ist möglicherweise Martin Heidegger. Ihm bildet die Verborgenheit die Vorbedingung einer seiner wichtigsten Begriffe, nämlich jenes der Wahrheit als *a-letheia*. Bereits im Jahr 1924 vertrat Heidegger in seiner Vorlesungsreihe über Platons *Sophistes*[49] die Idee, dass die Wahrheit ihren Ursprung im Verborgenen habe und der *Entbergung* bedürfe – einer Hervorbringung, die in der kontinuierlichen Zeitlichkeit des Werdens geschehe und die unauflösbar mit *Verborgenheit* verbunden sei. Arendt muss diese Aussagen gehört haben, als sie bei Heidegger studierte, den sie den »verborgenen König, der im Reich des Denkens herrschte«, genannt hat.[50] Im ganzen Werk Heideggers hängt dessen Verständnis der Wahrheit von der privilegierten Rolle des Verborgenen ab. Indem Heidegger die Wahrheit als *a-letheia* – im genauen Wortsinn als »Unverborgenheit« – definiert, beharrt er darauf, sie mit dem Bindestrich als »Un-Verborgenheit« zu schreiben, was auf die notwendige Vorbedingung der Verborgenheit für das Aufgehen der Wahrheit verweist. In der Vorlesung über Platons *Sophistes* heißt es, dass »das Unverdecktsein der Welt erst errungen werden muß, daß es etwas ist, was zunächst und zumeist nicht verfügbar ist«.[51]

48 Ebd., S. 161. In dieser Hinsicht hallen bei Arendt möglicherweise die Ansichten Georg Simmels über das Geheimnis in seinem Essay »Die Soziologie des Geheimnisses« nach. Ich danke Ari Joskowicz für diesen Hinweis.

49 Martin Heidegger: Platon: Sophistes, Gesamtausgabe Bd. 19, hg. von Ingeborg Schüßler, Frankfurt a.M. 1992.

50 Elisabeth Young-Bruehl: Hannah Arendt: For the Love of the World, S. 44.

51 Heidegger: Platon. Sophistes, S. 16.

Auf noch deutlichere Weise schließt Heidegger seine Einleitung in die Vorlesung *Parmenides* aus dem Jahr 1942: »Die Unverborgenheit liegt, so scheint es doch, mit der Verborgenheit in einem ›Streit‹, dessen Wesen strittig bleibt«.[52] Der Konflikt, auf den Heidegger anspielt, könnte verdeckt bei Arendts Lektüre von Scholems *Hauptströmungen* und bei ihrer Konfrontation mit der jüdischen Tradition im Spiel sein.[53] Vielleicht – aber dies muss Spekulation bleiben – evozierte die Rolle des Verborgenen in Scholems Beschreibung der jüdischen Mystik ein Echo aus Heideggers früheren Schriften. Als Arendt im Jahr 1944 ihre Rezension von Scholems Buch schrieb, gestattete ihr diese Verknüpfung, Wahrheiten mit dem jüdischen Kontext zu vereinbaren oder in ihn zu transponieren, Wahrheiten, mit denen sie sich damals – gesetzt Heideggers vergangene politische Entscheidungen – nur im Konflikt und im Disput auseinandersetzen konnte, ja vielleicht sogar nur im Verborgenen.

Bemerkenswerterweise verbindet Arendt zwei Jahrzehnte später in ihrem Essay über Walter Benjamin Scholem und Heidegger auf indirekte Weise, indem sie das Verborgene lobt. Unmittelbar nach ihrem Vergleich zwischen Benjamins Wahl des Barockzeitalters als Thema seiner wissenschaftlichen Untersuchungen und Scholems »merkwürdigem Entschluß« (WB, 2) über ein so »exotisches« Thema wie die Kabbala zu forschen, behauptet sie von Benjamins Idee der Wahrheit, dass sie »ein Geheimnis betrifft« (WB, 3). Indem sie Benjamin zitiert, nach dem die Wahrheit »nicht Enthüllung ist, die das Geheimnis vernichtet, sondern Offenbarung, die ihm gerecht wird« (WB, 3), bringt sie zwei scheinbar unverträgliche Weisen dieser Offenbarung in Zusammenhang. Die Wahrheit erhält eine ähnliche »Beständigkeit«, wenn sie »erst einmal an dem ihr gemäßen geschichtlichen Augenblick in die Menschenwelt getreten – sei es als die

52 Heidegger: Parmenides, S. 23.

53 Eric Jacobson bespricht die Arendts Lektüre der *Hauptströmungen* zugrunde liegende Anwesenheit Heideggers mit Bezugnahme auf dessen Einfluss auf Arendts »Betonung der weltlichen Belange gegenüber interpretatorischen«. (Eric Jacobson: Ahavat Israel: Nationhood, the Pariah and the Intellectual, S. 412). Heideggers Auswirkung auf Arendts Denken in diesem Zusammenhang zu sehen, ist jedoch zu eingeschränkt. Wie Arendts Bejahung des »Verborgenen« zeigt, ist diese Auswirkung nicht auf Aspekte der Säkularisierung, die unter eine entmystifizierende Verschiebung von religiösen zu »weltlichen Belangen« subsumiert werden kann, beschränkt. Arendts wohlgesinnter Zugang zum Verborgenen inmitten sonst primär »aufklärerischer« Sorgen zeigt auch, dass für sie die Säkularisierung mit gewissen mit der Romantik assoziierten Ideen und Sensibilitäten verträglicher ist, als allgemein angenommen wird.

griechische, visuell mit den Augen des Geistes erblickbare *a-letheia*, die wir mit Heidegger als »Unverborgenheit« verstehen, sei es als das akustisch vernehmbare Wort Gottes, wie wir es aus den europäischen Offenbarungsreligionen kennen« (WB, 3). In diesem Satz assoziiert Arendt in einem Atemzug die Offenbarung sowohl mit Heideggers *a-letheia* als auch mit dem Sinai-Ereignis, den zwei Dimensionen, die in ihrem Essay über Scholems Buch fast unmerklich ineinander übergehen. Miteinander verbunden, obgleich in gegensätzliche Richtungen, verwischen Arendts Bezugnahmen sowohl auf griechische wie auch auf jüdische Begriffe von Offenbarung die Grenzen zwischen einer Bejahung der Kontinuität mit der säkularen Aufklärung und einer Bejahung des traditionellen Judentums. Letztlich jedoch, und in dieser Hinsicht trifft Mosès' Einschätzung in der Tat zu, behält die erstere die Oberhand.

Die ungelöste Spannung zwischen der Anziehung, die Arendt zu Scholems Mystik verspürt, und ihrem beharrlichen Festhalten an der säkularen Aufklärung geht aus einem letzten, rätselhaften Fragment ihrer Schriften hervor. Nicht nur in der englischsprachigen Ausgabe von Arendts *Jewish Writings*, sondern auch in der ursprünglichen Fassung ihres Artikels, der im Jahr 1948 im *Jewish Frontier* veröffentlicht wurde, fehlen die letzten drei Seiten des Essays. Bis zu ihrer Publikation im Jahr 2010 im Briefwechsel (JG in AS, 481-3) zwischen Arendt und Scholem waren sie nur als ungedruckte Aufzeichnungen in Scholems Bibliothek in Jerusalem vorhanden. In den allerletzten Zeilen dieser Aufzeichnungen schließt Arendt, nachdem sie ihr Einverständnis mit Scholem über die Wirkkräfte der Mystik wiederholt hat, mit einem wichtigen Einwand, der im Voraus auf den Kern ihres politischen Denkens verweist: »Was die ›aufgeklärten‹ Professoren der Geschichte des 19. Jahrhunderts [vermutlich diejenigen, die mit der Wissenschaft des Judentums assoziiert waren] nicht wußten«, schreibt Arendt, »war, daß Mystik tatsächlich funktionieren kann« (JG in AS, 483). Sie fügt indessen sofort eine Einschränkung hinzu, die mit dem Wort »doch« beginnt. Dieses »doch« ist entscheidend, insbesondere im Lichte ihrer früheren unwahrscheinlichen Würdigung der Emanationslehre als Vorläufer der modernen Formen des Glaubens an eine verborgene Hand, die hinter der Szene die Fäden zieht. »Doch was wir«, fährt sie fort, »so fasziniert wir auch davon sein mögen, daß das mystische Denken unseren Willen zum Handeln und zur politischen Verwirklichung der eigenen Geschichte vorangetrieben hat, nicht vergessen sollten, ist die Tatsache, daß es letztlich dem Menschen auferlegt ist, über sein politisches Schicksal zu entscheiden, und nicht etwa dem ›unsichtbaren Strom‹ dessen katastrophalen Lauf Scholem uns offengelegt hat« (JG in AS, 483). Die Tatsache, dass diese Zeilen so lange dem Blick der Öffentlichkeit entzogen waren, bildet eines der vielen Paradoxien in dieser überraschenden Erzählung. Denn mit diesen Worten widerlegt Arendt die Rechtmäßigkeit des Verborgenen als des Verknüpfungspunktes, der es ihr ermöglichte, Heidegger mit Scholem, die deutsche mit der jüdischen Vergangenheit und, was noch wichtiger ist, die Moderne mit der religiösen Tradition zu verbinden. Obwohl dieser Schluss die Charakterisierung von Arendt als der säkularsten Denkerin der »kritischen Moderne« zu bestätigen scheint, zeugt dieser Essay als ganzer nichtsdestoweniger von ihrem Interesse daran, die besondere Rolle, die die jüdische Tradition, insbesondere die Kabbala, im Aufbau der modernen Welt spielen kann, neu zu erfinden.

Besser sichtbar wird Arendts Bindung an die Überreste der jüdischen Tradition, wenn man ihr Denken neben das Werk des zeitgenössischen italienischen Philosophen Giorgio Agamben stellt, für den Heidegger eine maßgebliche Rolle spielt und auf den eine andere, Arendt nahestehende Figur bedeutenden Einfluss ausgeübt hat, Walter Benjamin.

Die Tradierbarkeit der Lücke in der Zeit. Arendt und Agamben

»Notre héritage n'est précédé d'aucun testament« – »unserer Erbschaft ist kein Testament vorausgegangen«. Diese Worte des Poeten und Widerstandskämpfers René Char, die Hannah Arendt ihrem Vorwort zu *Zwischen Vergangenheit und Zukunft*[54] voranstellt, kennzeichnen den Befund eines Verlusts und die Herausforderung einer Möglichkeit. Arendt leitet ihr Vorwort mit Betrachtungen zu Chars Erkenntnis ein, dass die gemeinschaftliche, in den Jahren der Résistance gelebte Erfahrung eines Moments, an dem die Enge der Privatinteressen von einer kollektiven, öffentlichen Freiheit überwunden wurde, weder weitergetragen noch überliefert werden kann. Dass der Reichtum solcher Momente – der »Schatz der Revolutionen« – nicht tradierbar ist, wurde in der Moderne nicht nur als Mangel, sondern auch als Potential zu einer »Tatsache von politischer Bedeutung« (Z, 17).[55] Zwar können die Freiheitsmomente nicht überliefert werden, doch können sie indirekt fortwirken. Dies geschieht in der strukturellen Übertragung der Bedingungen dieser Erfahrungen auf einen jeweils neu zu erringenden Denkraum, der gleichzeitig dem ihnen innewohnenden revolutionären Bruch gerecht wird und deren Wiederholbarkeit durch »jede neue Generation, ja jedes neue menschliche Wesen« (Z, 17) ermöglicht wird. Dabei werden nicht so sehr die Inhalte dieser Momente, sondern deren Verhältnis zum Zeitkontinuum übernommen und weitergegeben. Auf diesem Weg entsteht die Möglichkeit, auch angesichts des Traditionsverlusts der Moderne, in der Abwesenheit eines Testaments, das »dem Erben sagt, was rechtmäßig sein eigen ist« (Z, 9), die Hinterlassenschaft der Freiheitskämpfe, nämlich das Potential einer Unterbrechung des unerbittlichen Zeitflusses, jeweils neu erfahrbar – man ist geneigt zu sagen, »erdenkbar« – zu machen.

Eine Erbschaft, deren rechtmäßige Aneignung nicht abgesichert

54 Hannah Arendt: Die Lücke zwischen Vergangenheit und Zukunft, in: dies.: Zwischen Vergangenheit und Zukunft, S. 7-19. Im Text als »Z« mit Seitenangabe zitiert.

55 Zwar überträgt Arendt ihre Vorstellung eines »Intervalls in der Zeit« auf die zeitliche Modalität des Denkens überhaupt, doch betont sie, dass dieser Zwischenraum erst mit dem Traditionsbruch der Moderne zu einem Problem wurde, das nicht nur eine Elite von Denkern betrifft. Indem das Problem jedes Individuum betrifft, wird es zu einer Frage von politischer Bedeutung.

ist, entbehrt der Autorisierung, steht jedoch gerade deshalb dem Nachkommen zum neuen Gebrauch offen. Chars Worte gelten in übertragenem Sinne auch für Arendt selbst. Weil auch der Erbschaft Arendts kein Testament mitgegeben ist, kann ihr Nachleben nur an den Ansprüchen derjenigen gemessen werden, die sich in ihrem Denken auf sie berufen. Dies gilt ganz besonders für jene, die Arendts Erbe gerade dort antreten, wo sie die Handhabung einer testamentlosen Erbschaft selbst ins Auge fasst. In einem Brief an Arendt schreibt Giorgio Agamben:

> I am a young writer and essayist for whom discovering your books last year has represented a decisive experience. May I express here my gratitude to you, and that of those who, along with me, in the gap between past and future, feel all the urgency of working in the direction you pointed out?[56]

Dieser 1970 datierte Brief, in dem der damals 26-jährige Agamben Arendt zu ihren Lebzeiten mit Nachdruck seines Vorhabens versichert, in der von ihr angegebenen Richtung weiterzuarbeiten, situiert ihn und seine Gleichgesinnten in einer »Lücke zwischen Vergangenheit und Zukunft«. Er bezieht sich dabei offensichtlich auf Arendts Vorwort zu ihrer Schrift *Between Past and Future*, dessen Originaltitel, »The Gap between Past and Future«, den Denkraum ankündigt, in dem ihre darauffolgenden »Übungen im politischen Denken« sich bewegen. In diesem Vorwort beschreibt Arendt die Bedingungen der Überlieferung einer Erbschaft in einer Zeit, in der die Tradierbarkeit selbst fragwürdig geworden ist. Arendts »Lücke in der Zeit« bezeichnet eine Unterbrechung des linearen chronologischen Ablaufs als Zwischenperiode, als Intervall, »welches ganz von Dingen bestimmt ist, die nicht mehr sind, und von solchen, die noch nicht sind« (Z, 13), und in dem sich, so Arendt weiter, wiederholt gezeigt hat, dass es »das Moment der Wahrheit« (Z, 13) enthält. »Das Moment der Wahrheit« über Agambens Verhältnis zu Arendts Denken lässt sich vielleicht schon aus seinen eigenen in dieser Zeit entstandenen Ausführungen

56 »Ich bin ein junger Schriftsteller und Essayist, für den die Entdeckung ihrer Schriften letztes Jahr eine entscheidende Erfahrung bedeutet hat. Darf ich Ihnen meine Dankbarkeit ausdrücken, und die all jener, die, in der Lücke zwischen Vergangenheit und Zukunft, die Dringlichkeit fühlen, in die von ihnen vorgegebene Richtung zu arbeiten?« Aus Arendts Nachlass, Manuscript Division Library of Congress, 21st February 1970. Zitiert in: Mira Siegelberg: Arendt's Legacy Usurped.

zur Überlieferung einer Erbschaft in Zeiten des Traditionsbruchs herauslesen.

Im selben Jahr wie sein Brief an Arendt erscheint in der Zeitschrift *Nuovi argomenti* der Essay »L'angelo malinconico«,[57] der auch den Schluss des kurz darauf erschienenen Buches *L'Uomo senza contenuto* bildet und 2012 auf Deutsch als »Der Engel der Melancholie« veröffentlicht wurde. In diesem Essay Agambens, wie im Vorwort Arendts, steht die Frage im Mittelpunkt, wie mit der Tradition in einem Moment umzugehen sei, in dem Erfahrungen, Konzepte und kulturelle wie künstlerische Verfahren der Vergangenheit nicht mehr problemlos in eine Zukunft überführt und weitergeleitet werden können. Obwohl es in Agambens Aufsatz, anders als in Arendts Vorwort zu ihren politischen Denkübungen, in erster Linie um Ästhetik und Kunst geht und ihr Vorwort darin unerwähnt bleibt, ist deutlich erkennbar, dass dieses eine der Folien von Agambens frühem Essay ist. Arendts Darstellung des »Intervalls in der Zeit« ist die strukturierende Gedankenfigur, in die Agamben dort seine Betrachtungen über die Aufgabe der Kunst in der Moderne einschreibt. Der Gleichlaut mancher Wendungen ist unübersehbar. So beschreibt Arendt die »Lücke in der Zeit« als »Zeit-Raum, der von den Kräften der Vergangenheit und Zukunft geschaffen und begrenzt wird« (Z, 16) und in dem die Abfolge der Ereignisse in der Schwebe bleibt (Z, 11), als »Intervall in der Zeit [...] welches ganz von Dingen bestimmt ist, die nicht mehr sind, und von solchen, die noch nicht sind« (Z, 13). Agamben spricht von einem »Raum zwischen der Vergangenheit und der Zukunft« (EM, 148), einem Zustand »in der Zwischenwelt zwischen Altem und Neuem [...] schwebend« (EM, 152), einem »Intervall zwischen dem Nicht-mehr und dem Noch-nicht« (EM, 149).

In beiden Essays wird der Ort des Aufeinandertreffens von Vergangenheit und Zukunft als bedrängende Erfahrung beschrieben, die den Gegenwartsmoment mit Dringlichkeit auflädt. Der Zwischenraum ist für beide eine Kampfstätte, in der die gegenläufigen Kräfte von Vergangenheit und Zukunft in der Gegenwart aufeinanderprallen. Arendt spricht von einem »Schlachtfeld« (Z, 10), Agamben von »Streit« (EM, 148) und, wiederholt, von einem »Konflikt zwischen dem Alten und dem Neuen« sowie »der Spannung zwischen vergangener und kommender Geschichte« (EM, 146, 148). Die Ähn-

57 Giorgio Agamben: L'angelo malinconico, in: L'uomo senza contenuto. Auf deutsch: Giorgio Agamben: Der Engel der Melancholie, in: ders.: Der Mensch ohne Inhalt. Alle Zitate aus diesem Aufsatz sind, wenn nicht anders angegeben, im Text als »EM« mit Seitenangabe zitiert.

lichkeit des Wortlauts von Arendts und Agambens Beschreibung dieses Intervalls lässt gleichzeitig auch jene signifikanten Differenzen erkennen, die ihre quasi entgegengesetzten Vorstellungen eines Auswegs aus dieser bedrängten Lage bedingen. Der wichtigste Ursprung dieser Unterschiede ist unschwer auszumachen. Arendts »Vorlage« ist bei Agamben von Zitaten und Bezügen auf Walter Benjamin überlagert. Überraschend ist dabei, dass dieser über Arendts Benjamin-Aufsatz eingeführt wird. Die einzige Stelle, an der Agambens *Der Engel der Melancholie* Arendt explizit nennt, ist eine Fußnote, die auf diesen Aufsatz verweist.[58] Die Variationen und Transformationen, die Agamben im Aufgreifen einiger Schlüsselstellen aus den beiden 1968 erschienenen Texten Arendts – dem zitierten Benjamin-Aufsatz und dem unerwähnten Vorwort *The Gap between Past and Future* – vornimmt, lassen zu diesem Zeitpunkt, an dem er »in ihre Richtung« weiterzudenken angibt, in ihren Grundzügen schon jene »Abweichungen« von Arendts Denken erkennen, die auch sein späteres Werk kennzeichnen sollen. Sie betreffen hier das Verhältnis zur Tradition, die Auffassung von Geschichte und die Bedingungen der Möglichkeit eines politischen und kulturellen Neubeginns.

Bewahren, Zerstören, Tradieren

Die ersten Seiten von Agambens *Der Engel der Melancholie*, die explizit auf Arendts Benjamin-Essay verweisen, geben einen Einblick in die Dynamik der kleinen, aber ausschlaggebenden Verschiebungen, die Agamben inmitten von fast wortgetreuen Übernahmen vornimmt. Anfangszitat, Wortlaut und Sequenz der Anfangsparagraphen von Agambens Text stimmen teilweise *verbatim* mit dem Anfang des dritten Teils von Arendts Essay überein, in dem sie Benjamins Betrachtungen zum destruktiven Charakter des Zitierens und des Sammelns kommentiert. Agamben führt seinen Essay mit einem Hinweis auf Benjamins Theorie des Zitats ein, der zufolge dieses nicht, wie herkömmlich angenommen, der Überlieferung und Einfühlung von Vergangenem dient, sondern dieses Gewesene durch ein Heraussprengen aus dem ursprünglichen Zusammenhang gewaltsam entfremdet wird und die gedankliche Umgebung, aus der das Zitat stammt, aufbricht. Im ersten Absatz seines Essays zitiert Agamben Benjamins Beschreibung der Kraft des Zitats, die nicht darin liege

58 Vgl. EM, S. 169, dort § 10, Fußnote 2.

zu bewahren, sondern »zu reinigen, aus dem Zusammenhang zu reißen, zu zerstören« (Benjamin zitiert in EM, 138). Im italienischen Original verweist er dabei in einer Fußnote auf die Stelle, an der Arendts Essay dieses Zitat anführt und kommentiert.[59] Bei Arendt wird dieses Zitat mit den Benjamin entnommenen Worten eingeleitet, dass »erst der Verzweifelnde«, und, wie sie hinzufügt, »der an der Gegenwart Verzweifelnde« diese gewaltsame Kraft entdeckt, »doch«, fügt sie einschränkend hinzu, sind »diese Entdecker des Destruktiven ursprünglich von einer ganz anderen Absicht beseelt, nämlich von der Absicht zu bewahren« (WB, 224). Bei Agamben folgen auf das Benjamin-Zitat hingegen Betrachtungen über die »aggressive Kraft« des Zitats und die Erklärung, Benjamin habe verstanden, »daß die Autorität, die das Zitat für sich reklamiert, gerade auf der Zerstörung der Autorität gegründet ist, die einem Text in Hinblick auf seinen Platz in der Geschichte der Kultur zukommt« (EM, 138). Während Arendt auf den darauffolgenden Seiten Benjamins »*Doppelheit* von Bewahren- und Destruierenwollen« (WB, 226) herausstreicht, intensiviert Agamben Benjamins Dialektik der rettenden Zerstörung. Von den »dialektischen Subtilitäten seiner marxistischen Freunde«, die Arendt anderenorts als »Trick« beschreibt, »bei dem immer das Eine in das Andere umschlägt und es erzeugt« (Z, 33) spricht Arendt Benjamin hingegen frei und siedelt ihn als »dichterisch denkenden« in der Nähe Kafkas an (WB, 234). Spricht Arendt von der »*Zweideutigkeit* der Geste mit Bezug auf die Vergangenheit« in Benjamins »Typus des Sammlers« (WB, 227), so betont Agamben, zwar weitgehend Arendts Überlegungen über Authentizität, Zweckentfremdung und Fetischcharakter aufgreifend, die *Zerschlagung* der ursprünglichen Ordnung im Akt des Sammelns. Zwar ist sich auch Arendt der destruktiven Seite des Benjamin'schen Sammlers bewusst, doch versteht sie diese nicht als Angriff auf die traditionelle Ordnung, sondern als Bedürfnis, »den Gegenstand von allem zu reinigen, was an ihm typisch« ist und ihn »nur als Teil eines größeren, lebendigen Zusammenhangs« ausweist (WB, 229). Das Sammeln gilt für sie also als im viel herkömmlicheren Sinn als besondere Wertschätzung des gesammelten Objekts. So liegt für sie das spezifisch Moderne in der Geste von Benjamins Sammler auch nicht im Zerschlagen des Traditionszusammenhangs, sondern in der Stimmigkeit seiner Geste mit den »Gegebenheiten der Zeit«: »Die Figur des Sammlers«, schreibt sie, kann bei Benjamin so

59 Agamben: L'angelo malinconico, S. 157 bzw. 172, FN1.

> »eminent moderne Züge annehmen, weil die Geschichte selbst, nämlich der im Anfang dieses Jahrhunderts vollzogene Traditionsbruch, ihm diese Arbeit des Zerstörens bereits abgenommen hat, um sich seine kostbaren Bruchstücke aus dem Trümmerhaufen des Vergangenen herauszulesen.« (WB, 230)

Das Bergen und Bewahren dieser Schätze, die Arendt mit Perlen und Korallen vergleicht, klingen – auch wenn es dabei um den Schatz der Revolutionen und Momente der Freiheit geht – kaum nach revolutionärem Vokabular.

Zwar ist zweifelhaft, ob Arendts Betonung des bewahrenden Aspekts von Benjamins Umgang mit der Vergangenheit gerecht wird, doch gilt ein solcher Zweifel auch für Agambens in die Gegenrichtung weisende Lektüre, die den destruktiven Impuls von Benjamins Traditionsverständnis in eine Richtung zuspitzt, die Arendt noch weiter entfernt von Benjamin erscheinen lässt. Signifikant ist in diesem Zusammenhang Agambens Kommentar zu Benjamins Aufforderung, die Last der Kulturschätze vom Rücken »abzuschütteln, um sie dergestalt in die Hände zu bekommen«.[60] »Die Überlieferung«, erläutert Agamben, »richtet sich hier nicht darauf, Vergangenes zu verewigen oder zu wiederholen, sondern darauf, es seinem Untergang entgegenzuführen.«[61] Noch in Benjamins Bild des Heraussprengens aus dem Kontinuum der Vergangenheit bleibt allerdings etwas buchstäblich für einen neuen Gebrauch »vorhanden«.

Agamben gesteht zwar Benjamins Vergangenheitsbezug auch einen Aspekt des »Besitzergreifens« des Gewesenen zu, doch ist dieses für ihn – in Anlehnung an Benjamin und einer weiteren dialektischen Volte – das »Niegewesene«.[62] Das utopisch-messianische Reich, das sich hier eröffnet, könnte Arendt fremder nicht sein. »Das Niegewesene« nennt Agamben »die sowohl geschichtliche als auch vollkommen gegenwärtige Heimat des Menschen«.[63] Auch diese Formel klingt wie ein Echo Arendts, allerdings nennt sie »die Heimstätte des Menschen auf Erden«[64] ebenjenen Raum der Gegenwart, der im »stetig fließenden, immerwährenden Strom« der Zeit aus dem Kampf

60 Agamben: Benjamin und das Dämonische, S. 261.
61 Ebd., S. 261-2.
62 Ebd., S. 213-4.
63 Ebd., S. 214. Allerdings ist bei Agamben an anderen Stellen seines Werks auch anderes, etwa »der Genuss«, die »Heimat des Menschen.« Vgl. Giorgio Agamben: Kindheit und Geschichte, S. 152.
64 Hannah Arendt: Vom Leben des Geistes, S. 200.

gegen Vergangenheit und Zukunft Freiheit entstehen lässt. Dessen Ursprung ist keine Beschwörung des Niegewesenen, sondern das »Dazwischentreten des Menschen«.[65]

Gegensätze, die bei Arendt nebeneinander oder nacheinander bestehen bleiben, schlagen bei Agamben durchgehend ineinander um: Die Ansicht, dass das Neue *nur* in der Zerstörung des Alten erscheinen kann, ja, dass es aus der Zerstörung heraus geschieht, steht Arendts Vorstellungen des Neubeginns auch dort entgegen, wo es bei ihr nicht um kulturelle Tradition geht, sondern um geschichtliche Revolution. So betont sie im Schlusskapitel von *Vita Activa*, dass »das Ende des Alten nicht notwendig der Anfang des Neuen ist«, »dass die Befreiung *nicht von selbst* zur Freiheit« führt und es diese erst »nach der Erschaffung eines neuen Gemeinwesens« geben kann.[66] Zwischen dem »Nicht-mehr« und dem »Noch-nicht« liegt für Arendt jener Zwischenraum, den sie den »Hiatus« zwischen alter und neuer Ordnung nennt. Die Unterbrechung des »allmächtigen Zeitkontinuums« zeichnet sie als Intervall, in dem Denken, Politik und Freiheit sich ereignen. Über die Schnittstelle zwischen Altem und Neuem schreibt hingegen Agamben, dass das »Kontinuum der linearen Zeit zerrissen ist, ohne einen Durchgang zu eröffnen zu etwas jenseits ihrer selbst« (A, 150). Wo Arendt einen Raum schafft, sieht Agamben eine Zäsur, wo sie sich einen Weg bahnt, stößt er an einen Kreuzpunkt, wo sie die Möglichkeiten des menschlichen Eingriffs in die Geschichte ermisst, vollzieht er einen Umschlag, der ihn aus dem Zeitkontinuum herauskatapultiert. Ob die Dimensionen der »Lücke zwischen Vergangenheit und Zukunft«, in der Agamben selbst sich in seinem Brief an Arendt situiert, ausreichen, um ihre Hinterlassenschaft darin aufzunehmen, bleibt dahingestellt. Die Relevanz der Metapher der »Lücke in der Zeit« für das Verhältnis der beiden Denker wird aber aus einem weiteren Vergleich ersichtlich.

Arendt, Kafka und der Raum

Arendts Vorwort und Agambens Essays veranschaulichen das »Intervall in der Zeit« anhand zweier kurzer Kafka-Texte, die eine verwandte Topographie aufweisen. Mehr noch als Benjamin wird Kafka zum Kristallisationspunkt des Dialogs, den Agamben hier implizit

65 Ebd., S. 203.
66 Ebd., S. 430-1.

mit Arendt führt und in dem er in vielerlei Hinsicht den grundlegenden Voraussetzungen ihres Denkens widerspricht.

In ihrem Vorwort, das mit René Chars Feststellung der Unmöglichkeit beginnt, die Erfahrung der Résistance, diesen flüchtigen Moment öffentlicher und gemeinschaftlicher Freiheit, in die Nachkriegszeit hinüberzuretten, illustriert Arendt ihre Vorstellung des Intervalls in der Zeit anhand von Kafkas Aufzeichnung »Er«. Sie findet darin eine Darstellung der von Char beklagten Schwierigkeit, das Erbe der Vergangenheit zu übermitteln und durch einen Denkraum, der der in ihr gemachten Erfahrung strukturell nachgebildet ist, an die Zukunft weiterzugeben. Kafkas Parabel beschreibt eine Szene, in der ein Mann zwischen zwei Antagonisten eingezwängt ist: »Er hat zwei Gegner: Der erste bedrängt ihn von hinten, vom Ursprung her. Der zweite verwehrt ihm den Weg nach vorn. Er kämpft mit beiden.« (Z, 11) Jede dieser Kräfte, jene die ihn nach vorne drängt und jene die ihm den Weg verstellt, sollte den Mann eigentlich in seinem Kampf gegen die andere unterstützen, aber, heißt es bei Kafka weiter, »so ist es nur theoretisch. Denn es sind ja nicht nur die zwei Gegner da, sondern auch noch er selbst, und wer kennt eigentlich seine Absichten?« (Z, 11) Dort also, wo der Kämpfende zu leben, zu entscheiden und zu handeln hat, scheitert er, weil niemand, auch nicht er selbst, weiß, was er will. So bleibt dem Mann allein der Traum,

> dass er einmal in einem unbewachten Augenblick – dazu gehört eine Nacht, die so finster wie noch keine war – aus der Kampflinie ausspringt und wegen seiner Kampfeserfahrung zum Richter über seine miteinander kämpfenden Gegner erhoben wird. (Z, 11)

Arendt liest Kafkas Parabel als Denkbild des Menschen, dem in diesem Kampf mit der Vergangenheit und der Zukunft die Gefahr droht, den Boden unter den Füßen zu verlieren. Gegen die Determination durch die Vergangenheit, die den Menschen in eine Richtung vorwärts drängt, die von seinen Ursprüngen, von vorgegebenen Bedingungen und Ereignissen bestimmt ist, und gegen die Hindernisse, die ihm den Weg in eine Zukunft versperren, die sich nicht mehr nach der Vergangenheit richtet, erfährt er jene in der Moderne auch politisch bedeutsam gewordene Lähmung und Desorientierung, die ihn auf sich selbst zurückwirft. In seiner Verzweiflung erträumt er sich als einzigen Ausweg die Möglichkeit, aus dem Zeitkontinuum, also aus der Geschichte, herauszuspringen. Diesen Traum interpretiert Arendt kritisch als Nostalgie einer Rückkehr in einen metaphysischen »zeitlosen, raumlosen, übersinnlichen Bereich« (Z, 15). Arendt entwirft ihrerseits ein Korrektiv zu diesem Traum und schlägt wagemutig vor, »einen Schritt über Kafka« hinauszugehen (Z, 14) und den Ort, an dem in der Parabel Vergangenheit und Zukunft aufeinandertreffen, durch einen Raum zu ersetzen, den sie als »Parallelogramm der Kräfte« verbildlicht (Z, 15). Innerhalb dieser Lücke, die nunmehr räumliche Dimensionen angenommen hat, kann der Mensch eine dritte Kraft ausüben, die in einer diagonalen Linie die Wirkungsmöglichkeit des Mannes markiert und in den Geschichtsverlauf eingreifen kann, indem sie einen aus dem Denken entstandenen Widerstand gegen den frontalen Zusammenstoß der zwei gegnerischen Kräfte ausübt. An dessen Stelle entstünde dann ein Raum, der dem linearen Zeitverlauf entzogen ist und in dem das Denken »in langsamen geordneten Bewegungen sozusagen vorwärts und rückwärts gehen kann« (Z, 16). Kafkas »Er«, so Arendt, »müsste dann nicht aus der Kampflinie herausspringen« und »befände sich nicht, wie es die Parabel fordert, über dem Handgemenge« (Z, 16). Arendts Hoffnung gründet sich auf die Möglichkeit, für den Augenblick der Freiheit einen verfügbaren Raum *innerhalb* der Geschichte zu schaffen und die unterbrochene Überlieferung durch den dort erschlossenen Bereich eines geschichtsbezogenen, politischen Denkens zu kompensieren. Ob es Arendt damit gelingt, »einen Schritt« weiterzugehen, ohne dabei, wie sie meint, »Kafkas Sinn zu verfälschen« (Z, 14), bleibt zweifelhaft. Kafkas »Er« dürfte andere Träume haben.

Ob seine nächtliche Hoffnung wirklich, wie Arendt meint, darin besteht, zum »Schiedsrichter« zu werden, der die miteinander kämpfenden Kräfte der Vergangenheit und der Zukunft mit einem »unparteiischen Auge« (Z, 16) beurteilen kann? In Kafkas Text ist von einem Richter, nicht von einem Schiedsrichter die Rede. Anders als ein Schiedsrichter, der dabei immer auf dem Spielfeld bleibt und *zwischen* den Parteien entscheidet, erhebt sich Kafkas Richter über beide Antagonisten. Sein Traum, aus der Kampflinie herauszuspringen, impliziert nicht eine verbesserte epistemologische Beobachtungsperspektive, sondern eine andere Existenzform. Kafkas Zeitangabe eines »unbewachten Augenblicks« in einer »Nacht so finster wie noch keine war« (Z, 11) wird von Arendt ausgeblendet. Gerade sie aber lässt auf Vorstellungen schließen, die Kafkas nächtlichem, »vielleicht gefährlichem, vielleicht erlösendem« Schreiben, das er in seinem Tagebuch auch als »Herausspringen aus der Totschlägerreihe« beschreibt, näher kommt.[67] Zwar versteht Kafka die in diesem

67 Franz Kafka: Tagebücher. Kritische Ausgabe, S. 892.

»herausspringenden Schreiben« gewonnene Perspektive ebenfalls als Ort »einer höheren Art der Beobachtung«,[68] doch bezeichnet dieser nicht, wie Arendt meint, eine durch die Fähigkeit zu neutralem Urteilen gewonnene und daher andere, nicht länger »gedankenlose« Haltung zur Geschichte, sondern, in aller Wahrscheinlichkeit, ein anderes als Geschichte überhaupt. Arendt greift vielleicht zu kurz, wenn sie Kafka vorwirft, am alten, metaphysischen Traum vom Herausspringen aus der Geschichte festzuhalten, anstatt sich in ihr einen Raum der Freiheit zu schaffen. Den metaphysischen Traum träumt Kafkas von der unerbittlichen Geschichte bedrängter Mann, aber in einem Freiraum neben ihr befindet sich längst der schreibende Kafka selbst. Es ist der Freiraum der Literatur.

Agamben, Kafka und das Niegewesene

Ebenfalls mit Kafka zielt Agambens *L'angelo malinconico* denn auch auf etwas anderes als Geschichte. Dieses Andere kann die Kunst dort erreichen, wo sie, die Geschichte, aber auch die Ästhetik transzendierend, das geschichtliche Sein des Menschen offenbart. Doch Agambens gleichzeitig von Benjamin und Heidegger inspirierte Erwartung geht noch über dieses Potential der Kunst hinaus. Auf das wahrhaft Andere der Geschichte können die Kunst und die Literatur – weil sie noch der Geschichte verhaftet sind – nur hinweisen.

Agambens Aufsatz zeichnet die Genealogie der gegenwärtigen Aufgabe der Kunst nach. Die Denkbewegung, die er dabei durchführt, weist auf eine immer wiederkehrende Figur in seinem späteren Werk – etwa zum Ausnahmezustand[69] oder zu Paulus' Römerbrief[70] – voraus: ein ursprünglich Ungeschiedenes, jedoch obsolet Gewordenes, erfährt eine Spaltung, deren Leugnung ein falsches Ungeschiedenes produziert, das durch die Innewerdung des Spalts als rettender Rest auf eine wahre Ungeschiedenheit hinzielt, die sich an einem messianischen Horizont abzeichnet. Zum Ausgangspunkt nimmt Agamben die Kulturpraxis vormoderner Gesellschaften, in denen der Inhalt der Tradition und der Akt des Überlieferns restlos zusammenfallen. In Abwesenheit eines Bruchs zwischen Vergangenheit und Gegenwart trägt jeder kulturelle Gegenstand dabei unmit-

68 Ebd.
69 Giorgio Agamben: Ausnahmezustand.
70 Giorgio Agamben: Die Zeit, die bleibt. Zur messianischen Struktur vgl. das Kapitel »Als ob nicht« in diesem Buch.

telbar die Glaubensinhalte, die ihm anhaften, in die Zukunft weiter. Kultur hat in solchen mythisch-traditionellen Systemen keinen eigenständigen Wert, der von der Überlieferung abgesondert werden könnte, weil sie zur Gänze in die Praxis der Tradition einfließt und daher an keinem Moment gelagert und aufbewahrt wird. Erst wenn die Tradition ihre Lebenskraft verliert, kommt der Kultur ein unabhängiger Eigenwert zu. Sie wird akkumuliert, erstarrt zum Kulturgut und verkommt zu einem musealen Archiv, das im Leben keine Orientierung mehr geben kann. Zwar steigt der ökonomische Wert der angehäuften Kulturgüter ins Unermessliche, doch sie bieten keinerlei Kriterien für das Denken und Handeln in der Gegenwart mehr. Das gehortete, aber nutzlos gewordene kulturelle Erbe ist nur noch eine Bürde, die den Menschen erdrückt und lähmt.

Diese Diagnose stellt Agamben in Worten, die teilweise unverkennbar an Arendts »Lücke zwischen Vergangenheit und Zukunft« anklingen:

> Wenn eine Kultur aber die Mittel der eigenen Überlieferung verliert, findet sich der Mensch seiner Bezugspunkte beraubt und eingeklemmt zwischen einer Vergangenheit, die sich unablässig auf seinen Schultern auftürmt, und einer Zukunft, die er noch nicht besitzt und die ihm in seinem Kampf mit der Vergangenheit keinerlei Licht spendet. (EM, 143)

Während Agamben von der Vergangenheit ausdrücklich und ausschließlich als Last spricht, heißt es in Arendts Vorwort: »Als erstes ist zu beachten, dass die Vergangenheit als eine Kraft gesehen wird, und zwar nicht, wie in nahezu allen unseren Metaphern, als eine Last, die der Mensch zu schultern hat und deren totes Gewicht die Lebenden auf ihrem Weg in die Zukunft abwerfen können oder sogar müssen.« (Z, 14) Die hindernde Kraft der Vergangenheit liegt für sie also nicht in ihrem erdrückenden Gewicht, sondern in der sich in die Zukunft projizierenden Kontinuität, die jedem Neubeginn entgegensteht. Aber, so Arendt weiter,

> aus der Sicht des Menschen … ist die Zeit nicht ein Kontinuum, nicht ein Flug von ununterbrochen Aufeinanderfolgendem: sie ist in der Mitte, dort wo »Er« steht, aufgebrochen: und sein Standort ist … eine Lücke in der Zeit, die von seinem dauernden Kämpfen, »seinem« Standpunkt-Beziehen … aufrechterhalten wird. Nur weil der Mensch in die Zeit eingefügt ist und nur in dem Maße, in dem

> er auf seinem Boden steht, wird der Fluss der indifferenten Zeit unterbrochen. (Z, 14)

Für Arendt ereignet sich die Unterbrechung des »allmächtigen Zeitkontinuums« durch das »Dazwischentreten des Menschen«. Bei Agamben steht am Punkt, an dem Vergangenheit und Zukunft aufeinanderstoßen, kein Mensch. Für ihn ist dieser Punkt von zwei Engeln besetzt, die Rücken an Rücken stehen. Ihre Gestalten entstammen den Schriften Walter Benjamins. In der nach vorne drängenden Kraft der Vergangenheit sieht Agamben den Sturm, gegen den Benjamins rückwärtsgewandter Engel der Geschichte ankämpft,[71] während der von Benjamin im *Trauerspielbuch*[72] besprochene, von nutzlos gewordenen Gegenständen umgebene Engel in Dürers *Melencolia I* unbeweglich nach vorne schaut. Den melancholischen Engel, der seinen Flug in die Zukunft nicht fortsetzen, ihn also nicht mehr überliefern kann, nennt Agamben den Engel der Kunst. Beide Engel erstarren am Ort, an dem Vergangenheit und Zukunft aufeinandertreffen. Während der Engel der Geschichte gegen den Sturm des Fortschritts vergeblich ins Paradies zurückstrebt, ist, so Agamben, der Dürer'sche Engel, der für die Kunst einsteht, »in einer Art messianischem Stillstand eingefroren« (A, 145). Die Vergangenheit, die vor dem Engel der Geschichte unauflesbar, unlesbar geworden ist, wird in den Augen des Engels der Kunst untradierbar. Doch gewinnt sie durch den entfremdenden Blick, der dieser Spaltung gewahr wird, eine neue Wahrheit. In dieser Entfremdung – der Spaltung selbst – liegt denn auch die neue Aufgabe der Kunst: Sie ist der Rest, der allein den Menschen aus der Bedrängnis zwischen Vergangenheit und Zukunft retten kann, indem sie die Unmöglichkeit der Überlieferung zu ihrem Inhalt macht:

> Über den Umweg der Zerstörung ihrer Überlieferbarkeit gewinnt sie die Vergangenheit *modo negativo* wieder zurück, indem sie aus der Nichtüberlieferbarkeit nach dem Vorbild der ästhetischen Schönheit einen Wert an sich macht und damit dem Menschen einen Raum zwischen der Vergangenheit und der Zukunft eröffnet, in dem er sein Handeln und sein Wissen begründen kann (A, 146).

Anstelle des je aufs Neue zu erringenden Denkraums bei Arendt steht bei Agamben die Entfremdung durch eine negative Ästhetik, die das

71 Walter Benjamin: Gesammelte Schriften I.2, S. 697.
72 Walter Benjamin, Gesammelte Schriften I.1., S. 319.

Intervall in der Zeit überbrückt, in das der Mensch zwischen Vergangenheit und Zukunft eingeschlossen ist. Während Arendts Denkraum eine Bewegungsfreiheit impliziert und die Möglichkeit eines Neubeginns *sui generis* bzw. als Faktum der Gebürtlichkeit gewährleistet sieht, bleibt Agamben, dem für das Denken des Neuen lediglich die Schnittstelle eines Bruchs zur Verfügung steht, nur ein dialektischer Umschlag an Ort und Stelle. Die »bewahrende« Arendt bejaht hier den Traditionsbruch als Chance, der »Zerstörer« Agamben appelliert an einen Blick in den Abgrund. Diesen vollzieht die Kunst, die sich an einer negativen Ästhetik orientiert, insofern sie ihre gegenwärtige Aufgabe erfüllt: der Spaltung innezuwerden. Doch ist auch diese Einlösung der Aufgabe nur eine Zwischenlösung. Die Erlösung steht noch aus.

Der messianischen Gedankenstruktur folgend, die auch noch seine jüngsten Schriften bestimmt, kehrt Agamben die vormoderne, »falsch« gewordene Ununterscheidbarkeit in eine zu erhoffende, erlösende Ununterscheidbarkeit um. Infolge des Traditionsbruchs der Moderne ist die Ununterscheidbarkeit von Tradierung und Tradiertem heute nur unauthentisch, als Simulakrum oder als Kitsch zu haben, denen einzig eine negative Ästhetik entgeht. Die rettende Hoffnung liegt allerdings in der Erwartung, dass auch der Traditionsbruch einst unterbrochen[73] – die »Spaltung gespalten«, die »Division dividiert«[74] – und eine neue, diesmal positive Ununterscheidbarkeit hervorgebracht wird. Die Unmöglichkeit, in vormodernen Gesellschaften zwischen Tradierung und zu Tradierendem zu unterscheiden, die in der Moderne zu einer radikalen Trennung zwischen verlorener Überliefer-

73 Agnes Heller beschreibt den Ausgangspunkt von Arendts Auffassung von Tradition als Paradox: Wie, so fragt sie, kann ein radikaler Neubeginn gleichzeitig weitergegeben, tradiert, als Tradition übernommen werden? Im Zuge ihres Arguments erklärt sie: »Squeezed between the old and the new [...] humans have been thrown into a world of pull and push, but they can disrupt continuity. Beginning anew as the interruption of continuity is the essence of human action. But only continuity can be interrupted for interruption cannot be interrupted.« Agnes Heller: Hannah Arendt on Tradition and New Beginnings, in: Hannah Arendt in Jerusalem, S. 19-33, hier S. 20. Gerade eine solche »Teilung der Teilung«, steht, als rettende Gedankenfigur, im Zentrum von Agambens Denken. Vgl. Giorgio Agamben: Die Zeit, die bleibt, S. 66.

74 Heller erklärt, warum Arendt sich einer dialektischen Aufhebung von Kontinuität und Diskontinuität widersetzt: »She says that one could sublate this contradiction between continuity and discontinuity only if one told a single story about history. But those who tell a single story about history, the master thinkers of the grand narrative, cannot assume a political perspective.« Agnes Heller: Hannah Arendt on Tradition and New Beginnings, S. 20.

barkeit und angehäuftem Kulturgut erstarrt ist und in einer negativen Ästhetik nur unvollständig überbrückt werden kann, soll einst in einen Zustand münden, in dem »Vergangenheit und Gegenwart, zu Überlieferndes und Akt der Überlieferung restlos zusammenfallen«.[75] Dieser erhoffte Zustand bedeutet allerdings keine Rückkehr in die vormoderne Zeit, sondern zielt auf ein gänzlich Neues ab. Wie sich Agamben das ganz Neue denkt, das im Rückgriff auf ein Niegewesenes den Traditionsbruch der Moderne überwinden soll, ist aus dem letzten Abschnitt von *L'angelo malinconico* zu entnehmen. Wie in Arendts Vorwort spielt darin Kafka die Schlüsselrolle, doch ist er hier nicht mehr der im Freiraum Denkende *in* der Geschichte, sondern der Vorbote ihres Endes in der Erlösung.

Denkraum – Mythos – Literatur

Mit dem messianischen Blick des Kunstengels starrt Agambens Kafka auf jenen außerzeitlichen, geschichtslosen Flucht- bzw. Rettungspunkt, den Arendt ihm verwehren möchte. Für Agamben führt Kafka, indem er, in den Worten Benjamins, »›die Wahrheit‹« preisgegeben habe, »›um an der Tradierbarkeit‹ festhalten zu können«,[76] also das zu Überliefernde gänzlich in der Aufgabe des Überlieferns aufgelöst und diese Aufgabe zum einzigen Inhalt der Überlieferung gemacht habe, die negative Ästhetik an ihre äußerste Grenze, an der sie nicht länger an ihren positiven Gegensatz gebunden bleibe. Nicht mehr in der negierenden Zerstörung des angesammelten Kulturguts, sondern in dessen Aufhebung in den Akt der Überlieferung selbst gelinge es Kafkas Kunst, den Ort des Menschen zwischen Vergangenheit und Zukunft zu finden.

Die Unterschiede zwischen diesem Raum und Arendts Vorstellung eines Intervalls in der Zeit treten im Schlussteil von Agambens Essay am deutlichsten hervor. Mit schlüssigen, ihm zweifellos von Benjamin zugespielten Kafka-Zitaten, zieht Agamben – ohne Arendt auch nur zu nennen – gegen die wesentlichen Aspekte ihrer Vorstellung von einer »Lücke in der Zeit« zu Felde. Denkt Arendt sich den Traum des Kafka'schen *Er* als Möglichkeit, auf dem Schauplatz einer in die Geschichte eingefügten Gegenwart zum »Schiedsrichter« über

75 Giorgio Agamben: Benjamin und das Dämonische, S. 262.
76 Benjamin in einem Brief an Gershom Scholem vom 12. Juni 1938. In: Briefe 2, S. 763. Zitiert in A, 151.

Vergangenheit und Zukunft zu werden, so zitiert Agamben Kafkas Aphorismus vom Jüngsten Gericht, das »eigentlich« »ein Standrecht« sei – *un stato d'assiedo* –, das jede Gegenwart zur Verantwortung zieht (EM, 149). Zu messen ist diese Verantwortung für Agamben jedoch weder an der Vergangenheit noch an der Zukunft, sondern an deren messianischem Zusammenfallen, das der Geschichte ein Ende bereiten würde. Denkt Arendt die Lücke in der Zeit als Möglichkeit, sich jeweils »neu und unverdrossen« einen »schmalen Weg der Nicht-Zeit« zu bahnen, den »die Tätigkeit des Denkens in den Zeit-Raum der sterblichen Menschen schlägt«, so zitiert Agamben Kafka: »Es gibt ein Ziel, aber keinen Weg; was wir Weg nennen ist Zögern« (EM, 149). Fern davon, dieses Zögern dekonstruktivistisch zu bejahen, appelliert Agamben an die Verantwortung, ihm – und damit jeglichem Weg, der immer auch ein neues Kontinuum ist – ein Ende zu setzen. Die Route des Wegs, den das Denken sich bahnen kann, sieht Arendt in jenen Momenten der Vergangenheit vorgezeichnet, an denen – wie in der Résistance-Erfahrung Chars – die Freiheit erscheinen konnte. Im Gegenspiel dazu zitiert Agamben Kafka, wenn er sagt, »daß die revolutionären Bewegungen, die alles bisher Gewesene für null und nichtig erklären, Recht haben, denn in Wahrheit ist noch gar nichts geschehen« (EM, 150). Die Ausrichtung dieser Kafka-Zitate, die als Entgegnung auf Arendts »Lücke zwischen Vergangenheit und Zukunft« gelesen werden können, verdichtet sich in einem längeren Zitat aus Kafkas Tagebüchern, mit dem Agamben den Schlussteil seines Essays einleitet und das auffallende Ähnlichkeiten zu jenem Kafka-Text aufweist, der den Kernpunkt von Arendts Vorwort bildet.

Zur Illustration der Situation des menschlichen Unvermögens, zwischen Vergangenheit und Zukunft seinen Platz zu finden, führt Agamben ein Bild aus Kafkas Tagebucheintrag vom 20. Oktober 1917 an, in dem Zugreisende in einem Tunnel einen Unfall hatten,

> und zwar an einer Stelle, wo man das Licht des Anfangs nicht mehr sieht, das Licht des Endes aber nur so winzig, daß der Blick es immerfort suchen muß und immerfort verliert, wobei Anfang und Ende nicht einmal sicher sind (EM, 148).

Die Nähe zum Kafka-Text aus Arendts Vorwort ist evident: Beide Texte Kafkas inszenieren einen negativ besetzten Ort zwischen Vergangenheit und Zukunft. Zwischen diesen beiden sind die Reisenden an der Unfallstelle blockiert wie der Mann in Kafkas »Er«. In beiden

Fällen geht es um die Suche nach einem Ausweg aus der Bedrängnis. Träumt der Mann in Arendts Kafka-Zitat vom Herausspringen aus dem Zeitkontinuum, so richtet sich die Sehnsucht der verunglückten Reisenden im von Agamben zitierten Text auf einen Ausgang aus dem Tunnel. In beiden Texten bleibt der Ausweg hypothetisch: in »Er« ist es ein nächtlicher Traum, im Bild des Tunnels eine Ununterscheidbarkeit im Dunklen. Ebenso bemerkenswert wie diese Parallelen sind jedoch die Unterschiede, die, mitsamt den dazugehörigen Kommentaren, die Bedeutung der jeweiligen Wahl der zitierten Texte einsichtig machen und einen impliziten Dialog zwischen ihnen entspannen.

In Arendts Kafka-Zitat sind, wie sie im Kommentar hervorhebt, die Kräfte der Vergangenheit und der Zukunft unbegrenzt: »die eine, weil aus einer unendlichen Vergangenheit, die andere, weil aus einer unendlichen Zukunft herkommend« (Z, 15). Zeitlich punktiert ist nur der vom »Dazwischentreten des Menschen« markierte Ort der Gegenwart, an dem sich, so Arendt, seinerseits die Möglichkeit eines unendlichen Denkraums erstreckt. Anders in Agambens Kafka-Zitat: Dort geht es nicht um die »Einrichtung« eines Raums zwischen Unendlichkeiten, sondern um das Erspähen des Lichts am Anfang und am Ende einer Dunkelheit, wobei zuletzt deren Unterschied nicht mehr auszumachen ist. Die Bedrängnis liegt bei Agamben nicht, wie in Arendts Interpretation von »Er«, im Kampf gegen Determinationen und Hindernisse, sondern in der Verlorenheit im Dunkel. Seine Hoffnung ist nicht auf einen Freiraum des Denkens und Handelns innerhalb des Kontinuums ausgerichtet, sondern auf einen Ausweg, der nicht so sehr aus der Geschichte herausführt, sondern sie, im Zusammenfallen von Anfang und Ende, abschließt. Auch die jeweilige Behandlung der Zitate weist signifikante Unterschiede auf: Tritt Arendt mit Kafkas Vorstellung kritisch ins Gespräch und greift sie, zur Illustration ihres eigenen Denkens, explizit in sein Bild ein, so siedelt Agamben Kafkas Schriften fast schon buchstäblich »an der letzte[n] irdische[n] Grenze« (EM, 151) an und treibt deren messianische Tendenz auf die Spitze.

Arendt und Agamben fassen ihre Vision von Kafkas Kunst jeweils in ein prägnantes Bild, dessen Vergleich die Unterschiede ihres Denkens in dichtester Form offenbart. Zur Einführung von Kafkas »Er« spricht Arendt von Kafkas Parabeln als »Lichtstrahlen, die nicht die äußere Erscheinung des Geschehenen erhellen, sondern die Kraft von Röntgenstrahlen besitzen, um dessen innere Struktur … bloßzulegen« (Z, 11). Agambens »Engel der Melancholie«, dessen letzter Teil einer Darstellung jener gegenwärtigen Aufgabe der Kunst gewidmet ist, die Kafka am konsequentesten erfüllt, schließt mit den Worten: »Getreu dem Prinzip, nach dem der grundlegende architektonische Mangel eines Hauses erst sichtbar wird, wenn es in Flammen steht, offenbart die Kunst erst dann ihre eigentliche Aufgabe, wenn sie den äußersten Punkt ihres Schicksals erreicht hat« (EM, 152).[77] Der Vergleich zwischen der analytischen Kraft von Röntgenstrahlen, die mit minimalster Zerstörung der Oberfläche und in unterschiedlichen Schattierungen die übereinanderliegenden Lagen und zuletzt das Gestell selbst sichtbar machen, und der dialektischen Bewegung des brennenden Hauses, die dessen Ursprung im Vergehen zur Kenntlichkeit bringt, spricht für sich.

Im Gegensatz zu Arendt geht es Agamben weder darum, einen Raum *in* der Geschichte zu schaffen, noch aus ihr herauszuspringen, sondern um die Notwendigkeit und Möglichkeit, ihr Ende zu denken. Dieses Ziel, so Agamben, steht in jedem »Intervall in der Zeit«, also in jeder Jetztzeit offen – als Pforte, möchte man hinzufügen, »durch welche jede Sekunde der Messias treten« kann.[78] Und weil kein Weg – kein Bezug – zu diesem Ziel führt, kann für Agamben nur die Beharrlichkeit eines Boten, »solo l'ostinazione perennemente in ritardo di un messaggero«,[79] dem nur noch seine Aufgabe bleibt, diese Botschaft zu tragen, dem Menschen einen Raum des Handelns und des Wissens verleihen. Beharrlich sind diese Boten tatsächlich: Sie bereiten noch in Agambens 2005 erschienenem Band *Profanierungen* das messianische Reich vor.[80]

Mit der Botschaft einer »reinen Tradierbarkeit«, die nichts aussagt als ihre eigene Aufgabe, kommt Kafka in der Interpretation Agambens der Erfüllung dieser Aufgabe am nächsten und vollzieht so den »Ansturm gegen die letzte irdische Grenze« (EM, 151). Aber erst jenseits dieser Grenze liegt für Agamben das Ziel: »In diesem Sinne hebt die Kunst, wenn sie einmal am Ende ihres ästhetischen Weges angekommen ist, den Unterschied zwischen der Sache, die tradiert werden soll, und dem Akt der Überlieferung auf, sie macht kehrt und nähert sich dem mythisch-traditionellen System an, innerhalb dessen

77 Agamben radikalisiert hier ein Denkbild Benjamins, indem er ihm eine aktiv-destruktive Dimension verleiht. Bei Benjamin heißt es: »Weil aus den Trümmern großer Bauten die Idee von ihrem Bauplan eindrucksvoller spricht als aus geringen noch so wohl erhaltenen«. Walter Benjamin: Gesammelte Schriften I.1, S. 409.

78 Benjamin: Gesammelte Schriften I.2, S. 704.

79 »Nur die stets verspätete Hartnäckigkeit eines Boten«, Agamben: L'angelo malinconico, S. 171, Übersetzung V.L.

80 Giorgio Agamben: Profanierungen, S. 29.

diese beiden Termini vollkommen identisch waren.« (A, 151) Doch, so Agamben weiter, Kunst allein kann diese Grenze nicht überschreiten. Zwar kann sie, wie im Falle Kafkas, den »Ansturm« proben, doch gelingt es ihr nicht, sie zu transzendieren. In einer signifikanten Variation auf Benjamins Diktum, dass erst der erlösten Menschheit ihre Geschichte in ihrer Gesamtheit zufällt, befreit Agamben den Menschen aus seiner bedrängten Lage, wenn dieser sich seiner Geschichtlichkeit innewird. Doch was sich, in Agambens Vorstellung, daraus ergibt, ließe wohl nicht nur Arendt, sondern auch Benjamin erschauern: »Wenn es dem Menschen gelänge, seine historischen Bedingungen selbst in die Hand zu nehmen und aus seiner paradoxen Situation auszubrechen, [...] so hätte er im selben Augenblick Anteil an einem vollkommenen Bewußtsein, das es ihm erlauben würde, eine neue Kosmogonie ins Leben zu rufen und die Geschichte in den Mythos zu verwandeln« (EM, 152). Mit diesem Traum einer Verwandlung von Geschichte in Mythos übersteigert Agamben den Kafka'schen Mann, den Arendt davon abhalten möchte, aus der Geschichte herauszuspringen.

Und Kafka selbst? Anstelle einer Antwort sei hier auf ein Detail in Agambens Kafka-Zitat hingewiesen, dem eine unmessianische, aber darum nicht minder zerstörerische Sprengkraft innewohnt. Sie könnte sich gegen Agambens messianische Kafka-Interpretation wenden. Im italienischen Original von Agambens *L'angelo malinconico* wie auch in dessen englischer Übersetzung endet Agambens Zitat von Kafkas Bild der verunglückten Reisenden im Tunnel mit den folgenden Worten:

> in un punto da dove non si vede piu la luce dell'ingresso e, quanto a quella dell'uscita, essa appare così minuscola che lo sguardo deve cercarla continuamente e continuamente perderla, e intanto non si è nemmeno sicuri se si tratti del principio o della fine del tunnel.[81]

In Kafkas deutschem Original heißt es hingegen: »... wobei Anfang und Ende nicht einmal sicher sind.«[82] Gibt es für Kafka also doch kein messianisches Zusammenfallen von Anfang und Ende, sondern

81 Wörtlich: »an einem Punkt, von dem aus man das Licht des Eingangs nicht mehr sieht, und jenes des Ausgangs als so winzig erscheint, dass der Blick es ständig suchen muss und ständig verliert, und unterdessen *ist es nicht einmal sicher, ob es sich um den Anfang oder das Ende des Tunnels handelt.*« Giorgio Agamben: L'angelo malinconico, S. 168 (Hvh. V.L.).

82 Franz Kafka: Nachgelassene Schriften und Fragmente II, S. 33.

nur ein großes Fragen aus dem Dunkel des Tunnels heraus? Weder Unendlichkeit noch Ununterscheidbarkeit, sondern jene Ungewissheit, mit der weder politische Theorie noch metaphysische Ästhetik viel anfangen können? Im Dunkel der Ungewissheit kommen wir im Bereich der Literatur an, die weder den Schatz vergangener Revolutionen hütet noch neue Erlösungsmythen erhofft und deren Überlieferung offensichtlich weder als bewahrende Übertragung früherer historischer Erfahrungen noch als revolutionäre Zerschlagung alter Ordnungen, sondern in zahllosen Verrückungen und Verschiebungen, in Fortschreibungen und Fehllektüren die Hindernisse auf dem Weg des Boten überwindet und in dieser verstellten Form je aufs Neue den Adressaten erreicht. Seinem Denkbild der Reisenden im Tunnel fügt Kafka einen Satz hinzu, den Agamben ausgelassen hat: »Rings um uns aber haben wir in der Verwirrung der Sinne oder in der Höchstempfindlichkeit der Sinne lauter Ungeheuer und ein je nach der Laune und Verwundung des Einzelnen entzückendes oder ermüdendes kaleidoskopisches Spiel.«[83]

Kafka selbst würde sich wohl kaum langsam hin und her denkend in Arendts in die Geschichte eingefügtes Parallelogramm einreihen lassen, noch träumte er von einem Ende der Geschichte im Mythos. Aus der »Totschlägerreihe« springt er nur mit seinem »vielleicht gefährlichen, vielleicht erlösenden Trost des Schreibens«.[84] In »einer Nacht, so finster wie noch keine war« (Z, 11), im tiefsten Dunkel des Tunnels, an dem womöglich gar kein Licht den Ausgang auch nur anzeigt, erträumt er sich einen Ausgang und ein Licht, wenn der Abend kommt. Wenn es dunkel wird, sitzt er in einem an die Geschichte und den Mythos angrenzenden Raum am Fenster und treibt ein je nach der Laune und Verwundung seiner Leser anders wahrgenommenes, kaleidoskopisches Spiel, bei dem die kleinste Verschiebung ein anderes, ein immer neues Licht ergibt. Dort schreibt Kafka erdachte und tradierbare Texte, die ankommen, bei Arendt, bei Agamben, bei uns, Texte, die im besten Fall neue Geschichten generieren, über den Boten und die Botschaft, und über ihn, den Kaiser selbst.

83 Ebd.
84 Franz Kafka: Tagebücher, S. 892.

II. Gesetz und Erzählung

Als ob nicht. Messianismus in Agambens Kafka-Lektüren

Wenn offenbar wäre, dass die Kunstreiterin in Kafkas »Auf der Galerie«[1] krank, auf schwankendem Pferd vor unermüdlichem Publikum vom Direktor erbarmungslos und ohne Unterbrechung im Kreise rundum getrieben würde und dies immerfort in die graue Zukunft sich fortsetzte, wenn die Welt in ihrer vollkommenen und endlosen Hinfälligkeit sich zeigte, dann stürzte der junge Galeriebesucher ohne zu zögern in die Manege »und riefe das: Halt«.[2] Nicht nur »ein Halt« riefe er, sondern »das: Halt«, das eine, rettende, erlösende Halt. Da die Welt sich jedoch im Indikativ unserer alltäglichen Wahrnehmung nur im Ausnahmezustand in ihrem abgründigen Verfall zeigt, bedarf es der Offenbarung, dass die schöne Dame, die wir zu sehen meinen, lungensüchtig, der hingebungsvolle Direktor ein Despot und das Beifall klatschende Publikum nur ein Dampfhammer ist, der den Retter davon abhält, die Lage zu erfassen und der »schlechten Unendlichkeit« endgültig Einhalt zu gebieten.[3] Dass der Ausnahmezustand allgegenwärtig ist und der souveräne Machthaber uns im Bann einer ewiggrauen Zukunft hält, hat in letzter Zeit kaum einer so radikal offenbart wie Giorgio Agamben. Die Gefahren der Gegenwart, die sich aus den vorherrschenden Strukturen der modernen Gesellschaft ergeben, lässt er vor unseren Augen bis zu jenem Punkt anwachsen, an dem auch die Vorstellung der notwendigen Rettung messianische Ausmaße annimmt. Retten kann uns nur noch das alles erlösende Halt, das den erbarmungslosen Kreislauf unterbricht, dessen Gesetz suspendiert und den Zirkus in das verwandelt, was er sein sollte, ein freier Raum für glückliche Kinderaugen, ein Spiel.

In Kafkas Erzählung erfolgt die Rettung nicht. Die Wahrnehmung der Erlösungsbedürftigkeit der Welt geht in den »Fanfaren des immer sich anpassenden Orchesters«[4] unter, der falsche Schein des Indikativs siegt über dessen in den Konjunktiv verdrängte Demaskierung. Der Galeriebesucher versinkt in einen schweren Traum, in dem von der Erkenntnis des wahren Zustands der Dinge nur ein unzerstör-

1 Franz Kafka: Erzählungen, S. 251-2.

2 Ebd., S. 251.

3 Vgl. für alternative Interpretationen von Kafkas »Auf der Galerie«: Vivian Liska und Paul North. On Halt!

4 Kafka, Erzählungen, S. 251.

barer Rest bleibt, der den jungen Mann zum Weinen bringt. Das erlösende »Halt!« ist ausgeblieben, der »entscheidende Augenblick der Menschheit« ist weiterhin »immerwährend«, denn, so das Ende dieses späten Aphorismus Kafkas, »es ist noch nichts geschehen«.[5] Es ist noch nichts geschehen, es sei denn, wir lesen Kafkas Erzählung im Sinne Agambens weiter und erkennen das rettende Ereignis schon in diesem Rest, der Offenbarung des totalen Ausnahmezustands selbst. In ihr ereignete sich dann auch die Umkehr vom Indikativ des trügerischen Alltagsbewusstseins in einen anderen Konjunktiv, der nicht länger ein Versäumnis anzeigte, in den erbarmungslosen Kreislauf einzugreifen, sondern eine Potentialität, die sie rettet. Die hinfällige Zirkusreiterin wäre dann, als leidete sie nicht, das Beifall klatschende Publikum, als huldigte es der Reiterin nicht, der Direktor, als beutete er sie nicht aus, und der Galeriebesucher, als weinte er nicht, wie es in Paulus' erstem Brief an die Korinther heißt: »Das sage ich aber, liebe Brüder, die Zeit ist kurz [...] Fortan müssen die da weinen sein, als weinten sie nicht, und die sich freuten, als freuten sie sich nicht, und die diese Welt gebrauchen, als gebrauchten sie sie nicht. Denn das Wesen dieser Welt vergeht« (Kor.1, 7, 29-31).

Der messianische Umschlag

Im Versuch einer an Jacob Taubes orientierten Aufhebung des Unterschieds zwischen christlicher Heilsgeschichte und jüdischem Messianismus[6] schreibt Agamben sich auf eigenwillige Weise in die Tradition der politisch-theologischen Denker des 20. Jahrhunderts ein. Die »messianische Aufgabe« unserer Zeit konzipiert er weder als Verbleiben in einem Zustand des Wartens noch als Nachleben eines bereits erfolgten Ereignisses. Agamben setzt sich vom Kirchendogma ab, das nach der verkündeten Aufhebung der alten Gesetzesschrift neue Gebote verordnet. Bedeutsamer ist die Distanz, die er zu den messianischen Theorien jüdischer Denker von Gershom Scholem bis Jacques Derrida einnimmt. Der »schlechten Unendlichkeit«, die er in diesen schriftorientierten Theorien am Werk sieht, setzt Agamben eine Denkfigur entgegen, die der endlos deutbaren Schriftlichkeit Einhalt gebietet. Dabei bezieht er sich auf Paulus und Walter Benjamin als Leitfiguren, deren Visionen er ineinander ver-

5 Franz Kafka: Nachgelassene Schriften und Fragmente II, S. 114.
6 Jacob Taubes: Die politische Theologie des Paulus.

schränkt, indem er Paulus »jüdisch«[7] und Walter Benjamin paulinisch[8] liest.

Das *Hos me* des Paulus, dieses »Als ob nicht«, nennt Agamben in *Die Zeit, die bleibt*, seiner von Jacob Taubes inspirierten Lektüre des Römerbriefs,[9] »die strengste Definition des messianischen Lebens« (ZB, 34). Es enthält jenen Umschlag, der nicht auf ein spezifisches, anderes Sein ausgerichtet ist, sondern das Bestehende aus einer inhärenten Spannung heraus auf sich selbst zurückfaltet, ohne es dabei in seinen Gegensatz oder mit sich selbst zusammenfallen zu lassen. Das *Hos me* bewirkt eine »Teilung der Teilung«, eine Division, die die Unterscheidung zwischen Gegensätzlichem selbst durchtrennt und dabei einen den Umschlag erst zuwege bringenden Rest freilegt (ZB, 66). Dieser Rest suspendiert nicht nur die Unterscheidung, die das Prinzip des Gesetzes ausmacht, sondern kehrt auch die daraus folgende lebensfeindliche in eine erlösende Ununterscheidbarkeit um. Diese Figur unterliegt Agambens gesamter Struktur des Messianischen, das auf ein Vergehen der Welt in ihrem derzeitigen Zustand ausgerichtet ist, und bestimmt seine Theorie des »Ausnahmezustands, in dem wir leben«.[10] Die messianische Aufhebung von Gegensätzen durch die »Teilung einer Teilung«, aus dem der rettende, unentscheidbare Rest hervorgeht, ereignet sich in analoger Weise auf der Ebene des Gesetzes, der Sprache und der Zeit. So versteht Agamben Paulus' messianische Botschaft der Enthebung der jüdischen Gesetzesschrift nicht als Ankündigung von etwas Neuem, sondern als Zerschneiden der Teilung, die unterscheidet, als Durchkreuzung der Divisionen, die das Gesetz hervorbringt.[11] Diese Durchkreuzung hinterlässt einen messianischen Rest, der nicht das Objekt des Heils ist, sondern dessen Instrument, indem er – gleichzeitig Mittel und Antizipation der Erlösung – das Gesetz suspendiert. Eine gleichartige Struktur un-

7 Agamben nennt, in der Nachfolge von Jacob Taubes, Paulus' Botschaft das »anspruchsvollste messianische[] Traktat der jüdischen Tradition« – wobei er erstaunlicherweise betont, dass er dabei Paulus keineswegs einer »judaisierenden Lektüre unterzieht«. Giorgio Agamben. Die Zeit, die bleibt. Ein Kommentar zum Römerbrief, S. 12. Im Text als »ZB« mit Seitenangabe zitiert.

8 Der letzte Abschnitt von *Die Zeit, die bleibt* (S. 153-162) befasst sich mit diesem Argument.

9 Taubes: Theologie des Paulus.

10 Agamben übernimmt diesen Ausdruck aus: Walter Benjamin: Über den Begriff der Geschichte, in: Gesammelte Schriften I. 2, S. 691-704, hier S. 697.

11 So hebt Paulus etwa, Agamben zufolge, die Trennung zwischen Juden und Nichtjuden auf und hinterlässt ein dem *Hos me* nachempfundenes Drittes, den Nicht-Nichtjuden (ZB, 62-68).

terliegt Agambens Bestimmung der Sprache, die »nicht einfach in einen unendlichen Aufschub aufgehoben ist«, sondern sich, im Gegenteil, »auf sich selbst richtet« und »den Überschuss des Bedeutens über jede Bedeutung erfüllt und deaktiviert, die Sprachen löscht« (ZB, 152). Der messianische Rest ist eine bedeutungslose »Potenz des Sagens«, die, wie im Fall des Gesetzes, einen neuen, von allen Codes entbundenen Gebrauch eröffnet (ZB, 151). Der Aufhebung des Gesetzes und der Aufhebung der Verweisungsstruktur der Sprache entspricht eine Aufhebung der Unterscheidung zwischen chronologischer und erlöster Zeit, die in gleicher Weise auf sich selbst zurückbezogen wird. Die messianische Zeit – *ho nun kairos* – fällt weder »mit dem Ende der Zeit und dem Äon der Zukunft, noch mit der profanen, chronologischen Zeit zusammen«. Sie ist vielmehr »eine Zäsur, die, indem sie die Teilung zwischen den beiden Zeiten selbst teilt, in ihr einen Rest einführt, der die Teilung überschreitet« (ZB, 77). Dabei ergibt sich jedoch keine Aufhebung in ein Drittes, sondern die messianische Zeit ist »die Zeit, die bleibt«. In diesem Sinn interpretiert Agamben Kafkas Aufzeichnung, dass »der Messias erst kommen wird, wenn er nicht mehr nötig sein wird, er wird erst einen Tag nach seiner Ankunft kommen, er wird nicht am letzten Tag kommen, sondern am allerletzten« (ZB, 85). Was häufig im Sinne einer jüdischen Ethik interpretiert wird, der zufolge der Mensch die Bedingungen seiner Erlösung erst selbst herbeiführen muss, wird bei Agamben zu einer Bestimmung der messianischen Zeit als Intervall innerhalb der chronologischen Zeit, ist also der Struktur des Messianischen inhärent. So heißt es in *Die Zeit, die bleibt*: »Der Messias ist bereits gekommen, das messianische Ereignis ist bereits geschehen, aber seine Anwesenheit enthält eine andere Zeit« (ZB, 85). Diese ist jedoch nicht als eine Zeit des Aufschubs zu verstehen, sondern als Jetztzeit, die es zu ergreifen gilt. Diese Zeit ist heute.

Messianismus und Ausnahmezustand

»Vom politisch-juridischen Standpunkt aus betrachtet«, schreibt Agamben in *Homo sacer*, »ist der Messianismus eine Theorie des Ausnahmezustands; nur wird ihn eben nicht die geltende Autorität ausrufen, sondern der Messias, der ihre Macht subvertiert.«[12] Den

12 Giorgio Agamben: Homo Sacer. Die souveräne Macht und das nackte Leben, S. 68. Im Text als »HS« mit Seitenangabe zitiert.

Antinomien messianischen Denkens entsprechend, beruhen die Bedingungen der Erlösung Agamben zufolge also auf derselben Struktur wie jene des Verfalls: In beiden gilt die Selbstsuspendierung des Gesetzes. Bannt jedoch der schlechte Ausnahmezustand den gesamten Planeten in das lebenszerstörende Gesetz, so enthebt der von Benjamin übernommene Begriff eines »wirklichen«, messianischen Ausnahmezustands die Geltung des Gesetzes und erlöst das nackte Leben aus dem Bann in eine neue Freiheit, eine unauflösbare Lebensform. Erst wenn das Leben das Gesetz und nicht das Gesetz das Leben gänzlich subsumiert hat, löst sich der Bann und tritt der Zustand der erlösten Menschheit ein. Die Frage nach dem Wie dieses Umschlags am »Punkt der Indistinktion« nennt Agamben seinen Strukturdiagrammen zum Trotz »einen gordischen Knoten, nicht so sehr [...] Lösung einer logischen oder mathematischen Aufgabe«, sondern »ein Rätsel« (HS, 59). Daher mag es nicht abwegig sein, eine mögliche Antwort weniger in Agambens theoretischen Schriften als in seinen Lektüren literarischer Texte zu suchen. Sein wiederholter Rückgriff auf Erzählungen und Parabeln Kafkas erhellt die Tragweite und die Problematik seines messianischen Entwurfs und macht diesen auf konkrete und spezifische Weise hinterfragbar.

In seinem Brief an Gershom Scholem vom 15. September 1934 nennt Benjamin seine Arbeit zu Kafka »den Kreuzweg der Wege meines Denkens«.[13] Ähnliches könnte Agamben sagen, wobei dieser, wie noch zu zeigen ist, den »Kreuzweg« in doppeltem Sinne beim Wort nimmt: als in entgegengesetzte Richtungen gleichzeitig weisenden Punkt der Ununterscheidbarkeit und als letzten irdischen Weg des Erlösers. Für Agamben ist Kafkas Werk wie für Benjamin, aber auch für Scholem, Adorno und Derrida, ein Laboratorium messianischen Denkens. Ob dabei Wissenschaft oder Alchemie betrieben wird, ist dabei nicht immer auszumachen. In einem weiteren Brief an Scholem erklärt Benjamin seine Schwierigkeiten, seinen Kafka-Essay zu Ende zu bringen. Er habe es hier, schreibt er, »mit zwei Enden [eines Bogens] zugleich zu tun, nämlich dem politischen und dem mystischen« (BB, 624). In ähnlicher Weise treffen auch in Agambens Kafka-Lektüren diese zwei Pole seines Denkens aufeinander. In seinen Interpretationen Kafka'scher Erzählungen setzt er sich teils explizit, teils implizit von Scholem, Adorno und Derrida ab und schließt sich, zumindest seinen eigenen Aussagen zufolge, weitgehend Benjamins

13 Walter Benjamin: Briefe 2, hg. v. Gershom Scholem und Theodor W. Adorno, S. 620. Im Text als »BB« mit Seitenangabe zitiert.

Erläuterungen zum Prager Autor an. Dass Benjamins Denken dabei – und sei es oft nur um ein Geringes – christologisch zurechtgerückt wird, um zuletzt auch Kafka zum Pauliner werden zu lassen, gehört zu den bedenklicheren Gesten in Agambens Œuvre.

In *Ausnahmezustand* beschreibt Agamben die zwei für ihn, wie auch für Benjamin, bedeutsamen Aspekte von Kafkas Werk: die kritische Diagnose des Weltzustands und die darin enthaltenen Spuren einer rettenden Umkehr dieser Verhältnisse. In seinem Brief an Scholem vom 12. Juni 1938 schreibt Benjamin, die in Kafkas Werk vorzufindende »negative Charakteristik des Tatbestands« werde »wohl durchweg chancenreicher sein als die positive« (BB, 763). Ähnliches gilt für Agambens Bestimmung der Bedeutung Kafkas für sein Denken. Zum einen findet er in dessen Werk die »genaueste Darstellung des Lebens im Ausnahmezustand« vor, zum anderen sind »Kafkas Figuren«, so Agamben »deshalb für uns interessant«, weil sie versuchen, »jede mit einer eigenen Strategie«, diese »gespenstische Form des Rechts im Ausnahmezustand« zu studieren und zu deaktivieren, mit ihr zu ›spielen‹.[14] Auch bei Agamben – und dies gilt möglicherweise für sein gesamtes Denken – ist die negative Diagnose des Weltzustands, die er anhand von Kafkas Werk illustriert, überzeugender als der rettende Zugriff, den er darin zu Tage fördert. In seinen Interpretationen von Kafkas Parabel »Vor dem Gesetz«, von »In der Strafkolonie« und in zahlreichen flüchtigeren Anspielungen auf Erzählungen Kafkas – »Prometheus«, »Das Schweigen der Sirenen«, »Der neue Advokat«, »Von den Gleichnissen«, »Der Schlag ans Hoftor« und andere – inszeniert Agamben seine Vorstellung des Ausnahmezustands und dessen Umschlags durch eine Deaktivierung des Gesetzes. Mit zuweilen gewaltsamen, wahrlich »mortifizierenden« Mitteln entreißt er einige Schlüsselfiguren Kafkas den bestehenden Deutungen und schreibt sie in sein messianisches Denken ein. Dessen *dynamis* und *telos* gilt es hier aus seinen Kafka-Lektüren herauszulesen.

Eine Eigenart der Kafka'schen Allegorien erkennt Agamben in deren »Ausgang«, der, wie er in *Homo Sacer* schreibt, »die Möglichkeit birgt, die Bedeutung völlig umzukehren« (HS, 68). Auf dieses verstörende Ende der Erzählungen sind Agambens Kafka-Lektüren auch ausgerichtet. Sie beruhen auf der messianischen Struktur des Umschlags vom bannenden in den wirklichen Ausnahmezustand und folgen der Bewegung einer »Teilung der Teilung«, deren Rest

14 Giorgio Agamben: Ausnahmezustand, S. 77.

die Geltung der Gesetzeskraft aufhebt und den Bann löst. Kafkas Parabeln entsprechen Agamben zufolge den Bedingungen des Lebens im Ausnahmezustand, dessen wesentlicher Zug darin liegt, dass in ihm das Gesetz aus seinen Grenzen getreten ist und es unmöglich geworden ist, es vom Leben zu unterscheiden. So verweist Agamben auf Kafkas »Schlag ans Hoftor«, um den Zustand zu beschreiben, der »vom Ersten Weltkrieg an in der Massengesellschaft und den totalitären Staaten« die »leere Potenz des Gesetzes« mit dem Leben zusammenfallen lässt und in dieser vollkommen verwalteten Welt »die unschuldigste Geste« dem urteilenden Zugriff der Kontrollinstanzen ausliefert (HS, 63). Dies ist, so Agamben, der Zustand der »schlechten Ununterscheidbarkeit«, den Benjamin in Kafkas Werk als »Leben« bezeichnet, »wie es im Dorf am Schlossberg geführt wird« (HS, 66). Agamben greift zur Darstellung dieses Zustands auf dessen unterschiedliche Interpretationen bei Scholem und Benjamin zurück: »Auf der einen Seite diejenige Scholems, die darin eine Geltung ohne Bedeutung sieht; auf der anderen Seite Benjamins Sichtweise, für die der zur Regel gewordene Ausnahmezustand anzeigt, dass das Gesetz dabei ist, sich aufzuzehren und mit dem Leben, das es regulieren sollte, zu verschwimmen« (HS, 65). Der Umschlag vom Leben unter dem bannenden Gesetz in den wirklichen Ausnahmezustand, in dem auch dessen Geltung endgültig aufgehoben ist, ereignet sich für Agamben exemplarisch in Kafkas Parabel »Vor dem Gesetz«.

Vor dem Gesetz

In Kafkas Parabel sieht Agamben eine Darstellung der Struktur des souveränen Banns. In der Situation des Mannes vom Lande, der vom Türhüter vor dem Gesetz nicht eingelassen wird, zeigt sich für ihn in reinster Form die Macht des Gesetzes, das keine Bedeutung mehr hat, aber dennoch zu gelten nicht aufhört. Das Offenstehen der Tür verweist Agamben zufolge auf die Welt im Ausnahmezustand. Kein Gebot verbietet dem Mann den Eintritt in das Gesetz, doch ist er von diesem buchstäblich in einen Bann befangen, der ihn gleichzeitig ein- und ausschließt, ihn weder eintreten noch ihn sich vom Gesetz abwenden lässt. Im Gegensatz zu herkömmlichen Interpretationen, die in der Parabel ein Scheitern des Mannes vom Lande sehen, der vergeblich vor der Tür des Gesetzes verharrt, bis der Türhüter sagt: »ich gehe jetzt und schließe sie«, versteht Agamben das Verhalten des Mannes als »komplizierte und geduldige Strategie, die Schließung zu erreichen, um die Geltung [des Gesetzes] zu unterbrechen« (HS, 66). Dieser radikalen Geste nicht unähnlich, beendet Agamben selbst mit seiner Interpretation jene »schlechte Unendlichkeit«, die er implizit Scholems »Leben im Aufschub« und explizit Derridas Interpretation der Parabel vorhält. In der konstitutiven Unabschließbarkeit, die Derrida aus der Parabel herausliest, sieht Agamben einen »blockierten Messianismus« (ZB, 117), der zur Paralyse des gegenwärtigen Zustands beiträgt. Dieser Haltung steht die Provokation von Agambens Mann vom Lande entgegen, die zum Schließen der Gesetzestür führt: Er erfüllt die messianische Aufgabe der Suspendierung des Gesetzes und führt dabei den Umschlag des bannenden in den wirklichen Ausnahmezustand herbei.

In der Interaktion zwischen dem Türhüter und dem Mann vom Lande erkennt Agamben eine Verdoppelung der Christusfigur, die er der jüdischen Tradition der zwei Messiasse, eines zerstörenden und eines erlösenden, entnimmt. In der christlichen Tradition, die Kafka, so Agamben, von Max Brods Buch *Heidentum, Christentum, Judentum* kannte, fallen diese zwei Figuren zusammen.[15] Agambens Aufgreifen dieser christlichen Tradition einer »bi-unitären« Erlöserfigur in seiner Interpretation von Kafkas Texten bedingt dann auch seine paulinische Lektüre der Parabel. So liest er die doppelte Aufgabe von Kafkas »Messias vom Lande« als Legislator und Erlöser im Sinne einer internen Dialektik zwischen diesen Aufgaben und Positionen, die den Umschlag bewirkt: Der Türhüter ist der Souverän über das Gesetz, der wartende Mann vom Lande Statthalter des bloßen Lebens, dessen Opfer und Komplize zugleich. Das Schließen der Tür hebt die Unterscheidung zwischen diesen Funktionen auf, »dividiert die Division« und löst den Bann.

Agamben spricht explizit von einer »Strategie« – also einer kalkulierten Zielsetzung – des Mannes vom Lande, mit der er die Türe zum Schließen und das Gesetz zu seiner Suspension bringt. Eine solche zielstrebige Ausrichtung steht im Gegensatz zu Benjamins prägnanter Vorstellung der »Herbeiführung des wirklichen Ausnahmezustands.« Benjamins Figur, in der »messianische Intensität« und »Dynamis des Profanen« zwei parallele, in entgegengesetzte Richtungen weisende, einander beschleunigende Pfeile abgeben, hat nicht die zielstrebige – also »strategische« – Deaktivierung des Gesetzes im Blick. Nicht an dessen profanierender Ungültigkeitserklärung ist die

15 Giorgio Agamben: Der Messias und der Souverän, in: Die Macht des Denkens, S. 306. Im Text als »MS« mit Seitenangabe zitiert.

Herbeiführung des Reichs auszurichten, sondern am profanen und irdischen Glücksstreben der Menschheit selbst.[16] Agamben betont hingegen den destruktiven Impuls und dessen Nähe zum häretischen Messias Sabbatai Zwi, für den »›die Verletzung der Thora ihre Erfüllung‹« und »[d]ie Erfüllung der Tora [...] ihre Vergessenheit« (MS, 298) sei. Diese mystisch inspirierte Antinomie schließt Agamben mit der Deaktivierung der Tora, der geschriebenen Gesetzesordnung bei Paulus, zusammen und diese wiederum mit seiner eigenen Vorstellung einer Therapie des heutigen Weltzustands.

Agamben unterstreicht seine Deutung des Mannes vom Lande als Christusfigur, indem er aufzeigt, dass dieser die Erfüllung seiner messianischen Aufgabe nur scheinbar mit seinem Leben bezahlt. Er hebt hervor, dass in Kafkas Text nicht vom Tod des Mannes, sondern nur von seinem nahen Ende die Rede ist und unterstreicht so die christologische Ausrichtung seiner Lektüre. Die Zeit, die nach dem Zuschlagen der Gesetzestür noch bleibt, entspräche Agambens Bestimmung der messianischen Zeit als Restzeit. Ob sich in dieser Zeit bereits etwas ereignet hat, ist schwer auszumachen: So sagt er in einer Glosse, die er, die Miniatur in einer Handschrift des 15. Jahrhunderts heranziehend, seiner Interpretation hinzufügt: »Denn der Messias wird erst eintreten können, *nachdem* das Tor geschlossen ist« (HS, 67). Wenige Zeilen später heißt es allerdings von der Ankunft des Messias: »Die erste *Konsequenz* dieser Ankunft ist die Erfüllung und Aufzehrung des Gesetzes« (HS, 68). Es bedarf Agambens Bestimmung der messianischen Zeit als »Intervall in der Zeit«, um diese Inkonsequenzen stimmig werden zu lassen. Ob die Aufhebung des Gesetzes Bedingung oder Folge der Ankunft des Messias ist und ob das Gesetz potentiell bereits aufgehoben wurde oder sich einst erübrigen wird, ist nicht ergründbar. Die Verwischung dieser Unterscheidungen, die durch die Aufhebung der chronologischen Zeit möglich wird, mag Agambens Intention sein, doch lässt sie die Frage offen, ob schon etwas geschehen ist. Der Schlusssatz von Agambens Interpretation gibt möglicherweise Aufschluss: Dass in Kafkas Parabel, wie es zuletzt heißt, »tatsächlich etwas geschehen ist, das nicht zu geschehen scheint« (HS, 68), weist auf den paulinischen Gestus der Offenbarung des bereits Geschehenen, aber bislang Unsichtbaren

16 Benjamins Vorstellung ist, so Irving Wohlfarth, »mit dem antinomischen Modell einer profanen Übertretung höherer Gesetze nicht zu vereinen [...] Mit einem Wort: Er ist profan, nicht profanierend.« Irving Wohlfarth: Nihilistischer Messianismus. Zu Walter Benjamins ›theologisch-politischem Fragment‹, S. 182.

hin. Die messianische Aufgabe, es zu offenbaren, erfüllt Agamben selbst.

In der Strafkolonie

In seiner Deutung von »Vor dem Gesetz« (HS, 60-70) vergleicht Agamben die Struktur des Gesetzes mit der Struktur der Sprache, die, wie das Gesetz, den Menschen einem unumgänglichen Code unterwirft. Einen Bann übt die Sprache aus, weil der Sprechende im Versuch, die Wirklichkeit zu benennen, immer schon in ihr befangen ist und er das, was in ihr nicht gesagt werden kann, nur durch diese Nicht-Erreichbarkeit in der Sprache selbst erfassen, also auch nicht aus ihr »austreten« kann. So steht für Agamben »unsere Zeit vor der Sprache wie in der Parabel der Mann vom Lande vor dem Gesetz« (HS, 65) in einem Bann, den einzig die »Teilung der Teilung«, die Durchtrennung der bedeutungsschaffenden Differenzen, also die Aufhebung der Zeichenstruktur der Sprache lösen kann. Das Ende der Schrift, des Mediums, in dem die Sprache ihren Mangel an Unmittelbarkeit und ihre daraus resultierende Erklärungsbedürftigkeit am offensichtlichsten manifestiert, fällt mit der Aufhebung des Gesetzes zusammen.[17] Es ist daher nicht erstaunlich, dass Agamben im Akt der Absage an das Schreiben eine messianische Geste erkennt.

In Agambens Lektüre von »In der Strafkolonie«[18] liegt der Zusammenhang von Gesetz und Schrift in der schreibenden Foltermaschine auf der Hand, doch geht Agamben einen radikalen Schritt weiter als die bisherigen Deutungen der Erzählung und lässt Gesetz und Sprache gänzlich zusammenfallen: »Kafkas Legende«, schreibt er, »wird um vieles klarer, wenn man begreift, dass der Folterapparat ... in Wirklichkeit die Sprache ist« (IP, 121). Dass die Maschine »vor allem ein Instrument der Rechtsprechung und der Bestrafung« und auch, so Agamben weiter, »die Sprache auf Erden und für die Menschen ein solches Werkzeug ist (IP, 121)«, entspricht jener von Benjamin übernommenen, mystischen Sprachtheorie, der zufolge die Willkür der Zeichen bzw. der Verlust der adamitischen Namenssprache eine Folge des Sündenfalls ist, der sich in der bürgerlichen Moderne fortsetzt und heute das nicht mehr wahrgenommene Symptom der Un-

17 Vgl. Giorgio Agamben: Idee der Prosa, S. 121-4. Vgl. auch Vivian Liska: Der Messias in der Schriftmaschine. Giorgio Agambens Lektüre von Kafkas *In der Strafkolonie*, in: A. Martin Hainz: Heilige vs. Unheilige Schrift.

18 Agamben: Idee der Prosa, S. 121-4. Im Text als »IP« mit Seitenangabe zitiert.

erlöstheit des Menschen ist. Erst der Messias wird ihn und mit ihm auch die Sprache befreien. Die Zerstörung der Foltermaschine am Ende von Kafkas »In der Strafkolonie« liest Agamben im Licht dieser Erlösungsvorstellung.

In seinen Ausführungen zum Ausnahmezustand lässt Agamben der messianischen Aufhebung des Banns eine Auflösung der Sprache entsprechen. Sprache erscheint hier als Schrift, also in jenem Zustand, der ihre Nähe zum Gesetz am eindeutigsten offenbart. Wie, so Agamben, im »wirklichen« Ausnahmezustand »dem Gesetz, das sich im Unbestimmten des Lebens verliert, jedoch ein Leben entgegensteht, das sich in einer symmetrischen, aber umgekehrten Bewegung vollständig in Gesetz verwandelt« (HS, 66), so kehrt sich auch das Verhältnis von Leben und Schrift um. Agamben zitiert und kommentiert Benjamin: »Der Undurchdringbarkeit einer Schrift«, die im schlechten Ausnahmezustand »unentzifferbar geworden ist und sich als Leben darbietet«, steht im messianischen Zustand »die absolute Intelligibilität eines in Schrift aufgelösten Lebens« entgegen (HS, 66). In diesem Sinn liest Agamben die Strafe der Verurteilten in Kafkas »In der Strafkolonie« als Gesetz und undurchdringliche Schrift, die ihnen ihre Schuld in die Haut einritzt, bis sich, in der sechsten Stunde ihrer Folterung, der Umschlag ereignet und sie in die »absolute Intelligibilität« ihres nunmehr integral lesbaren Lebens erlöst sind. An diesem Punkt zerbirst die Schriftmaschine, tritt die Sprache in einen anderen Zustand ein.

Im Gegensatz zu Benjamins »wirklichem«, messianischem »Ausnahmezustand« eines »in Schrift aufgelösten Lebens« löst Agamben, für den – explizit in der Nachfolge Paulus' (MS, 298) – Gesetz, Tora und Schrift als das zu Überwindende zusammenfallen, zuletzt die Schrift selbst auf. Agambens messianische Auflösung der Schrift entspricht Paulus' Aufhebung des geschriebenen Gesetzes, die er in *Die Zeit, die bleibt* beschreibt: Die neue Botschaft »kann nicht so etwas wie ein geschriebener Text sein, der neue und andere Vorschriften enthielte. Sie ist, wie es die außerordentliche Stelle vor dem neuen Bund sagt, kein mit Tinte oder Steintafeln, sondern ein mit dem Hauch Gottes in die Herzen aus Fleisch geschriebener Brief – d.h. kein Text, sondern das Leben der messianischen Gemeinschaft selbst, nicht *Schrift*, sondern *Lebensform*« (ZB, 137). Diese Lebensform ist, wie die in Buchstaben aufgelöste Tora, der Zustand der reinen Potentialität, in der die Unterscheidung zwischen Geschehenem und Ungeschehenem sich in einer *restitutio in integrum* der Möglichkeiten aufhebt. Die Konsequenzen dieser Potentialisierung der Vergangenheit für die Empirie der Geschichte – eine wiederholt geäußerte Kritik an Agambens Denken[19] – sind an dessen Zitat »einer zeitgenössischen Romanfigur« am Beginn seiner Interpretation von »In der Strafkolonie« zu ersehen: »Ich werde Ihnen ein furchtbares Geheimnis verraten: die Sprache ist die Strafe. In sie müssen alle Dinge eingehen und in ihr müssen alle wieder vergehen nach ihrer Schuld und dem Ausmaß ihrer Schuld« (IP, 121). Diese Worte entnimmt Agamben dem Roman *Malina* von Ingeborg Bachmann, der sein Text auch gewidmet ist. Die Schuld, von der an der zitierten Stelle in Bachmanns Roman die Rede ist, verbleibt jedoch nicht in einer ontologischen Unbestimmtheit, sondern erhält eine spezifische Bedeutung in einem spezifischen, geschichtlichen Umfeld. Es geht um Österreich in der Nachkriegszeit: »Man ist ja längst zu den Tagesordnungen der neuen Welt übergegangen ...Von hier aus gesehen ... muss man die Vergangenheit ganz ableiden ... in ihren Ländern sitzen sie, die wahren Unzeitgemäßen, denn sie sind sprachlos, es sind die Sprachlosen, die zu allen Zeiten regieren. Ich werde Ihnen ein furchtbares Geheimnis verraten ...«[20] Darauf folgt das von Agamben angeführte Zitat. Es geht Bachmann um die verschwiegene Schuld der nationalsozialistischen Vergangenheit. Die Sprachlosen sind die Verschweiger, das Eingehen in die Sprache ist eine Offenbarung ihrer Schuld, sie ist Medium der Gerechtigkeit.

Bei Agamben erfolgt Gerechtigkeit nicht etwa wie bei Bachmann *in* der Sprache, sondern in ihrer erlösenden Zerstörung. Der rettende Umschlag ereignet sich im Zerbersten der Maschine, denn hier siegt »die Rechtsprechung über die Rechtsprechung, die Sprache über die Sprache« (IP 123-4). »Statt zu strafen, mordet« (IP, 123) die Egge nunmehr: An diesem Punkt, an dem das Gesetz aufgehoben wird, offenbart es sein mörderisches Wesen, verschwindet der Unterschied zwischen Strafe und Mord. An diesem äußersten Punkt der Ununterscheidbarkeit ereignet sich in der Offenbarung des mörderischen Wesens des Gesetzes die Erlösung. So deutet Agamben auch das Ende der Erzählung, an dem der Offizier den Verurteilten befreit und sich selbst in die sich dabei zerstörende Maschine begibt, allerdings ohne, wie die anderen Verurteilten vor ihm, die versprochene Erlösung zu erfahren.

19 Vgl. Philippe Mesnard; Claudine Kahan; Giorgio Agamben: A l'épreuve d'Auschwitz; Dominick LaCapra: Approaching Limit Events: Siting Agamben, in: Michael Bernard-Donals und Richard Glejzer: Witnessing the Disaster, S. 262-304; Geoffrey Hartman. Scars of the Spirit: The Struggle against Inauthenticity.

20 Ingeborg Bachmann: Malina, S. 96.

Agamben lässt gängige Deutungen hinter sich, denen zufolge der Offizier in seiner Eigenschaft als Richter die in die Maschine eingegebene Vorschrift »Sei gerecht!« (IP, 123) und damit seine Ungerechtigkeit abbüßt, während gleichzeitig die Maschine als Komplizin seiner Schuld zugrunde geht. Agambens Lektüre zielt auf die Erlösung, die sich in der Zerstörung der Schriftmaschine ereignet. So handelt es sich für ihn »bei der Vorschrift ›sei gerecht!‹ nicht um ein Gebot, das der Offizier *verletzt* hätte, sondern um die Anweisung, die zur Zerstörung der Maschine selbst *auffordert*« (IP, 123, Hvh. V.L.). Gerechtigkeit gebietet demnach die Zerstörung der Rechtsprechung, und, insofern die Foltermaschine für Agamben die Sprache ist, die Auflösung der Sprache. Den paulinischen Ursprung dieser Vorstellung bezeugt das Zitat aus *Brief an die Korinther* gegen Ende von *Die Zeit, die bleibt*: Dort »vollzieht und deaktiviert« die Erlösung »den Überschuss der Bedeutung in jedem Bedeuteten, löscht die Sprachen« (ZB, 152). Darauf zielt denn auch Agambens Lektüre von Kafkas Erzählung.

Wie der Mann vom Lande vor dem Gesetz das Schließen der Tür *strategisch* provoziert hat, so hat, Agamben zufolge, der Offizier »*den Befehl mit der Absicht* gegeben, die Maschine zu zerstören« (IP, 123, Hvh. V.L.). Dass dieser – ein wirklicher Souverän, der als Einziger das Gesetz aufheben kann – wie der Mann vom Lande auch eine Christusfigur ist, ergibt sich nach den von Agamben suggerierten Voraussetzungen aus Kafkas Beschreibung des sterbenden Offiziers von selbst. Das Bild des Sterbenden mit dem »ruhigen, überzeugten Blick« und der »Stirn durchbohrt von der Spitze des großen eisernen Stachels« (IP, 124) könnte dem Dornenbekrönten nicht ähnlicher sein. Dass er in der sechsten Stunde – der biblischen Sterbensstunde Christi – nicht, wie die anderen, die Erlösung erfährt, erweist sich in diesem Kontext als schlüssig. »Für ihn«, erklärt Agamben, »gab es in der Sprache schon zu diesem Zeitpunkt nichts mehr zu verstehen« (IP, 124). Er, der gekommen ist, um das Gesetz aufzuheben, wusste offensichtlich schon immer vom wahren Sinn der Sprache, deren messianische Bestimmung es ist, nichts mehr zu bedeuten und nicht mehr gedeutet werden zu müssen. Diese Offenbarung gilt es nach »der sechsten Stunde« zu erfassen. Wenn des Offiziers »Gesichtsausdruck im Tode derselbe ist wie im Leben« (IP, 124), so weil er, wie Christus, nicht wirklich stirbt und somit die größte aller Ununterscheidbarkeiten verkörpert, jene zwischen Leben und Tod.

Indem Agamben gerade den gewaltsamen, machtvollen Souverän, den Offizier, zur Christusfigur werden lässt, bekräftigt er seine

Vorstellung eines messianischen Umschlags der Extreme am »Punkt der Indistinktion«. In seinem Akt – der rätselhaften Zerstörung der Gesetzesmaschine – vollzieht sich die Transformation vom falschen in den wirklichen Ausnahmezustand, von der geltenden Autorität in »die Macht, die sie subvertiert«, vom Souverän in den Messias. Möglich wird diese ungewöhnliche Deutung von Kafka nur dank der unendlichen Auslegungsmöglichkeiten der Schrift selbst. In einem weiteren Text, der sich auf Kafka bezieht, ruft Agamben allerdings in Voraussicht auf messianische Zustände auch der Unendlichkeit der Auslegungen und Erklärungen sein rettendes »Halt« entgegen.

Das Unerklärliche

Um das Ende der Erklärungen geht es im letzten Text in *Idee der Prosa*, »Kafka gegen seine Interpreten verteidigt« (IP, 149-50). Auch hier sind Bann und Sprache im Spiel, auch hier bewirkt ein Umschlag am Punkt der Ununterscheidbarkeit die Erlösung am »Tag der Herrlichkeit«. Schon im ersten Satz – »Über das Unerklärliche berichten verschiedene Sagen« – wird die Folie des Textes erkennbar. Im Anschluss an Kafkas »Prometheus«-Text, der mit den Worten »Von Prometheus berichten vier Sagen«[21] beginnt und die zunehmende Entfernung der Erklärungen von ihrem »Wahrheitsgrund« durch den menschlichen Aufklärungsdrang in der felsenfesten Beständigkeit des Unerklärlichen enden lässt, spielt Agamben seine eigene Version des Ursprungs und Vergehens der Welterklärungen durch.

Wie schon der Titel andeutet, geht es Agamben in diesem Text weniger um Kafka als um seine Interpreten. »Kafka gegen seine Interpreten verteidigt« ist eine poetische Streitschrift gegen jene Theorien, die in der unendlichen Auslegungsmöglichkeit der Schriften nicht so sehr die größtmögliche Annäherung an ihren Wahrheitsgehalt, sondern die äußerste Wahrung ihres unverfügbaren Kerns sehen. Meinten schon die Vorväter heutiger Exegeten, dass »die einzige Weise, zu erklären, dass es nichts zu erklären gibt, die sei, dafür Erklärungen zu liefern«, so bleibt auch für deren Nachfahren, die Agamben »die derzeitigen Hüter des Tempels« nennt, das Unerklärliche allein in den Erklärungen unversehrt (IP, 149). Die Vertreter des Dogmas von der Unendlichkeit der Erklärungen des Unerklärlichen sind für Agamben die neuen Hohepriester, von denen wir – und natürlich Kafka – ver-

21 Franz Kafka: Erzählungen, S. 246.

teidigt und geschützt werden sollen. Oder etwa gar erlöst? Denn wie der Türhüter vor dem Gesetz bewirken diese Tempelhüter vor dem Unerklärlichen heute einen Bann, der ihrem selbstauferlegten Gebot – dem Befehl »Erkläre!« – entspringt, das Unerklärliche durch Erklärungen wahren zu müssen. Die Analogie mit Agambens Darstellung des Ausnahmezustands liegt auf der Hand: Wie dem Gesetz und wie der Sprache, kann man sich, wie es auch hier lautet, »diesem Befehl nicht entziehen«, weil jede Haltung, die man dem Unerklärlichen gegenüber einnimmt, jede Beziehung, die man zu ihm herstellt, »bedeutsam« wird, unmittelbar zu einer Erklärung gerinnt und somit unweigerlich das Unerklärliche verfehlt. Wie im »schlechten« Ausnahmezustand werden in diesem Bann Erklärung und zu Erklärendes ununterscheidbar. In einer waghalsigen Umkehrung dieser Ununterscheidbarkeit löst Agamben das Gesetz der Beziehung selbst auf und entwirft auch hier den Umschlag in eine erlösende Ununterscheidbarkeit, die dem »wirklichen«, messianischen »Ausnahmezustand« entspräche.

Agamben greift auch in »Kafka vor seinen Interpreten verteidigt« auf »alte Patriarchen« zurück, die, wie es hier weiter heißt, dieser Lehre »eine unabtrennbare *Nachschrift*« – also wie Paulus buchstäblich eine Schrift nach der (jüdischen) Gesetzesschrift – angefügt haben, die »von den derzeitigen Hütern des Tempels« – sprich Derrida, Paul de Man und Konsorten[22] – entfernt worden ist. »In ihr hieß es«, so Agamben weiter, »dass die Erklärungen nicht in alle Ewigkeit fortdauern sollten und dass eines Tages, den sie den Tag der Herrlichkeit« nannten, der »Tanz um das Unerklärliche ein Ende habe« (IP, 150). Der Idolatrie des in jüngeren Theorien endlos beschworenen goldenen Kalbs des Unerklärlichen, dem nur die Unabschließbarkeit der Erklärungen gerecht werden könne, erteilt Agamben hier eine dezidierte Absage. In der nicht länger »erwartenden«, sondern messianischen Zeit, in der wir leben, ist für ihn »die Aufgabe der Erklärungen erschöpft« (IP, 150). Sie haben ihre Bedeutung verloren und üben nur noch ihre leere, bannende Geltung aus. Wie Paulus'

22 Vgl. Werner Hamacher: »Es ist eine Binsenweisheit, dass jeder Text eine unbegrenzbare Fülle von Interpretationen, Applikationen und Reaktionen ermöglicht; entscheidend ist aber, dass diese Deutungsmannigfaltigkeit keine bedauernswerte Insuffizienz der Interpreten indiziert, die sich in einem messianischen Augenblick heilen ließe, sondern dass sie ein struktureller Effekt der Verfassung der Sprache selbst ist, der jede hermeneutische Grundlegung der Literaturwissenschaft Rechnung zu tragen hat.« Werner Hamacher: Lectio. De Mans Imperativ, in: ders.: Entferntes Verstehen, Frankfurt a.M. 1998, S. 151-94, hier S. 177.

Hos me, wie Agambens Deutungen von »Vor dem Gesetz« und »In der Strafkolonie« löst sich der Bann mit der De-aktivierung des Gebots. Sie entspricht aufs Genaueste der Figur der »Herbeiführung des wirklichen Ausnahmezustands« durch die Offenbarung der Nichtigkeit des gebotenen »Erkläre!«: »Aber im Augenblick, da [die Erklärungen] ihre eigene Leere offenbaren, lassen sie das Unerklärliche frei [...]. Denn unerklärlich waren in Wirklichkeit nur die Erklärungen, und um sie zu erklären, wurde die Sage erfunden. Dasjenige aber, das nicht zu erklären war, ist gänzlich in dem erhalten, das nichts mehr erklärt« (IP, 150). Ganz im Zeichen des messianischen Umschlags der heillosen in eine rettende Ununterscheidbarkeit kündigt Agamben auch hier die schlechte Unendlichkeit der ewig aufgeschobenen Verweisungen und Vermittlungen auf und verkündet – ein neuer Paulus – den herrlichen, messianischen Tag, an dem der Erklärungsbefehl suspendiert ist und die Sprache nicht mehr bedeutet und das Unerklärliche nicht mehr erklärt wird, sondern die Sprache mit dem Unerklärlichen zusammenfällt und nur noch sich selbst sagt.

Auch bei Kafka bleibt zuletzt nichts als das »unerklärliche Felsgebirge«, doch ein wesentlicher Unterschied liegt in der Stellung und Funktion der Sage in Kafkas und in Agambens Text. »Die Sage«, so der Schluss von Kafkas »Prometheus«, »versucht das Unerklärliche zu erklären. Da sie aus einem Wahrheitsgrund kommt, muss sie wieder im Unerklärlichen enden.« Für Agamben, »wurde die Sage erfunden, um die Erklärungen zu erklären«, ist also vom Unerklärlichen noch um einen Vermittlungsgrad weiter entfernt als die Erklärungen. In Kafkas letztem Satz muss die Sage »wieder im Unerklärlichen enden«, weil sie aus einem Wahrheitsgrund kommt. Von diesem ist der Kafka'sche Text auch ausgegangen, aus ihm heraus entwickelt er seine Erklärungen: Die Sage – und mit ihr die Literatur – ist bei ihm, in der Gestalt Prometheus', der »Verrat der Götter an d[en] Menschen«. Sie hat den Göttern das Unerklärliche geraubt und es den Menschen überbracht. So bleibt die Sage in Kafkas Text auch Subjekt des letzten Gedankens. Agambens messianische Absage an die Erklärungen und Sagen restituiert hingegen das Unerklärliche den Göttern. Ist in Kafkas »Prometheus« die Sage selbst die Götterbeute, die ihnen das Unerklärliche in die Hände gibt, so wird sie für Agamben, wie die Sprache selbst, zur Strafe an diesem Raub. Nicht zufällig lässt er die Sage in seinem allerletzten Satz dann auch hinter sich. Auch bei Kafka mündet die Sage im Unerklärlichen, doch diese bleibt gerade in ihrem Scheitern offen für weitere Auslegungsmöglichkeiten, auch für jene Agambens, die nichts mehr erklärt. Die paulinische

Enthebung des Erklärungsgebots, das von den Tempelhütern erlöst, vollzieht Agamben hier selbst. In einem weiteren Text, der sich auf Kafka bezieht, ruft Agamben in Voraussicht auf messianische Zustände denn auch der Unendlichkeit der Schrift-Auslegungen sein rettendes »Halt« entgegen.

Die Studierenden

Auch in »Idee des Studiums«, einem Text aus *Idee der Prosa* (IP, 51-54), korrespondiert Agambens messianische Hoffnung mit dem Ende des Studiums der Schrift. In diesem Text bezieht sich Agamben nur vorübergehend auf Kafka, kommt darin jedoch Benjamins Darstellung von Kafkas messianischen Figuren am Nächsten – und geht auch hier einen Schritt weiter. »Idee des Studiums« beruht auf einer eigenwilligen Lektüre des letzten Abschnitts von Benjamins Kafka-Essay[23] und handelt vom messianischen Potential der Studierenden. In *Ausnahmezustand* verbindet Agamben dieses Potential mit Benjamins »Kritik der Gewalt«: »Der Demaskierung der mythischen Rechtsgewalt – also der Aufhebung des Ausnahmezustands – entspricht in Benjamins Kafka-Aufsatz *als eine Art Rest* das enigmatische Bild eines Rechts, das nicht mehr ausgeübt, sondern nur studiert wird.« (A, 76)

»Eine Art Rest« sind die Studierenden, die Agamben von Benjamins Kafka-Aufsatz übernimmt, denn sie sind an jenem Schwellenbereich angesiedelt, an dem der messianische Umschlag sich vollzieht. Schon in Benjamins Kafka-Essay sind die Studierenden Vorboten des Messias, denn sie sind diejenigen, die über »das Beste« wachen: »die Möglichkeit der Erlösung« (K, 434). Das Studium ist für Benjamin insofern rettende Umkehr, als es dem Vergessen des Vergangenen entgegenwirkt. Dass es dabei nicht um eine Wiederherstellung dieses Vergangenen geht, wie Agamben in »Walter Benjamin und das Dämonische«[24] ausführt, sondern um das nie Geschehene, also um eine Restitution der Möglichkeit an das Vergangene, bestimmt auch die messianische Aufgabe, die für ihn dem Studium zukommt.

In »Idee des Studiums« geht Agamben vom Begriff des Talmud aus, der nach der Zerstörung des Tempels die Opferrituale ersetzt

23 Walter Benjamin: Franz Kafka. Zur zehnten Wiederkehr seines Todestages, S. 410-38. Im Text als »K« mit Seitenangabe zitiert.

24 Giorgio Agamben: Walter Benjamin und das Dämonische, in: ders.: Die Macht des Denkens. Gesammelte Essays, S. 237-74.

und nunmehr die jüdische Identität bestimmt. Das Studium schwächt die Herrschaft der Priester, die Schriftgelehrten gewinnen an Einfluss und nach der zweiten Zerstörung des Tempels wird das Studium zum wahren Tempel Israels. Der Gestalt des Studierenden wächst dadurch eine messianische Bedeutung, ein »Heilsanspruch« zu. Agamben beschreibt das Studium selbst als Polarität zwischen der Leidenschaft des Studierenden für die endlosen Deutungsmöglichkeiten der Schriften und dem Begehren, das, angespornt vom »messianischen Erbe«, ihn drängt, »zu einem Schluss zu kommen« (IP, 52).[25] Agamben beschreibt einen dieser beiden Pole ganz im Sinne der unendlichen Auslegungen, mit denen die heutigen Tempelhüter das selbstauferlegte Gebot »Erkläre!« befolgen und mit ihm das Unerklärliche umtanzen. Diesem Tanz stellt Agamben, sich auf die *melancholia philologica* berufend, die Trauer über das Unvollendbare entgegen. Die Unendlichkeit des Studiums assoziiert er auch hier mit einem Gesetz, jenem »Gesetz der guten Nachbarschaft«, das Aby Warburg zum Motto seiner Bibliothek gemacht hat und das Agamben hier »labyrinthisch und trügerisch« (IP, 52) nennt, weil es die Unmöglichkeit eines Ankommens und Vollendens bedingt. Dass diese Unmöglichkeit nicht nur Lust, sondern auch Trauer mit sich trägt, führt Agamben zum Ausgangspunkt des messianischen Umschlags: »Denn wenig«, so seine Erklärung dieser Trauer »ist bitterer als der allzu lange Aufenthalt in der Sphäre der reinen Potenz« (IP, 53). Ohne Zweifel ist »reine Potenz« hier mit dem »unendliche[n] Aufschub« gleichgesetzt, der von Scholem bis Derrida die jüdische messianische Tradition bestimmt. So endet Agambens »Idee des Studiums« auch mit jener Wendung, die, wie im Falle des Ausnahmezustands, die schlechte Unendlichkeit »reiner Potenz« in eine wirkliche umschlagen lässt und den Bann der Trauer löst. Dieser Umschlag ereignet sich am Punkt der äußersten Indistinktion, der auf die extremste Form des Leidens am »Gesetz« des unendlichen Studiums folgt. Er ereignet sich in einer Gestalt, die, wie Agamben selbst bemerkt, schon vor

25 Dieses Verständnis des Talmud-Studiums steht der rabbinischen Auffassung diametral entgegen. So heißt es in Maimonides' *Mischne Thora*: »Die Gelehrten und Propheten wünschten das messianische Zeitalter zu erleben, nicht deswegen, um die ganze Welt zu beherrschen oder um über Völker zu befehlen, auch nicht, um von den Völkern gepriesen zu werden oder um zu essen, zu trinken und zu jubeln, sondern bloß um sich sorglos mit der heiligen Schrift und den Wissenschaften beschäftigen zu können, auf dass über sie kein Gewalttätiger noch Störer Etwas zu sagen hätte, sodass sie durch ihren frommen Wandel zum Leben der künftigen Welt gelangen könnten.« Maimonides, *Mischne Thora*, Könige und ihre Kriege, XII.

ihm als Christus-Figur bezeichnet wurde und die Vorlage zu Kafkas Studierenden abgibt.

Die exemplarische Verkörperung des Studiums sieht Agamben in den Studenten Kafkas und Robert Walsers, vor allem aber im Studenten Melvilles, der in einer Kammer hockt, die, wie Kafkas Schreibstube, »in allem einem Grabe ähnlich sah« (IP, 54). Dort lässt Agamben dann auch die erlösende Umkehr ins Leben geschehen. »Die qualvollste Ausprägung« des Studierenden ist für ihn »Bartleby, der Schreiber, der aufgehört hat zu schreiben« (IP, 54) und somit das Ende des Studiums »vollzieht«, also buchstäblich dessen Gesetz überschreitet. In seinem Bartleby gewidmeten Essay »Bartleby oder Kontingenz«[26] beschreibt Agamben Melvilles Kopisten als neuen Messias, als »Schreiber im Sinne der Evangelien, und seine Absage an das Gesetz, eine Art sich vom ›alten Buchstaben‹ zu befreien« (B, 71). Agamben widerspricht jenen Kritikern, die, wie Gilles Deleuze, in Bartleby eine Christus-Figur sehen, die »gekommen ist, um das alte Gesetz abzuschaffen und ein neues Gebot einzusetzen«. Die messianische Funktion Bartlebys liegt für ihn nicht darin, eine neue Gesetzestafel zu bringen, sondern »die Tora zu vollenden, indem er sie vollständig zerstört« (B, 72). »Hier«, so Agamben weiter, »endet endgültig die Reise des Buchstabens, der, auf Botschaften des Lebens, zum Tode eilt« (B, 75). So endet also der Buchstabe, der tötet, auf dass der Geist auferstehe. Bartlebys Geste der Verweigerung, sein Aufgeben des Schreibens, das Agamben als Aufhebung der Schrift liest, erlöst auch das Studium »von der Trauer« der Unendlichkeit, »die es entstellte« (IP, 54).

Die Erlösung des »entstellten Lebens« ist hingegen für Benjamin die messianische Aufgabe des Studiums selbst. Zu deren Illustration zieht er Kafkas Kurztext »Wunsch, Indianer zu werden« heran. Diesen reitenden Flug »über die glatt gemähte Heide, schon ohne Pferdekopf und Pferdehals« beschreibt Benjamin als Erfüllung der »Phantasie des seligen Reiters«, der »der Vergangenheit auf leerer fröhlicher Reise entgegenbraust«, um das Vergessene, das für ihn das Entstellte ist, zu erlösen (K, 436). Im vorletzten Absatz seines Essays nimmt er die »Phantasie des seligen Reiters« wieder auf und vergleicht sie mit Studierenden ohne Schrift und Gesetz. »Kafkas Studenten«, so Benjamin, »sind Schüler, denen die Schrift abhandengekommen ist. Nun hält sie nichts mehr auf der leeren fröhlichen Fahrt« (K, 437). Diese

26 Giorgio Agamben: Bartleby oder Kontingenz. Gefolgt von: Die absolute Immanenz. Im Text als »B« mit Seitenangabe zitiert.

phantasierte Fahrt ohne Pferdehals und Pferdekopf, ohne Gesetz und Wirklichkeit, mag vielleicht fröhlich sein, sie ist aber auch ebenso leer und imaginär wie Bartlebys »reine Potentialität«. In diesem Sinn fährt Benjamin fort und unterscheidet den Weg Kafkas von jenem des »seligen Reiters« und seiner Fahrt: »Kafka aber hat das Gesetz der seinen gefunden.« Dieses Gesetz hat er, so Benjamin als Einleitung zu seinem Zitat von Kafkas »Die Wahrheit über Sancho Pansa«, »einer Niederschrift anvertraut, die nicht nur darum seine vollendetste wurde, weil sie eine Auslegung ist.« (K, 437) Also doch ein Gesetz, doch eine Auslegung?

Bei Agamben soll das Gesetz zunächst studiert statt praktiziert, aber zuletzt nicht als Lehre tradiert, sondern *als Tora* »von Kopf bis Fuß zerstört« werden. Auch Benjamin insistiert darauf, dass die tradierbare Haggada, die Lehre, der gesetzesförmigen Halacha, den Geboten, »nicht schlicht sich zu Füßen« legen, sondern »unversehens eine gewichtige Pranke« gegen sie erheben solle (BB, 763). Doch den Schritt Agambens vollzieht Benjamin nicht: der gesetzlosen, schriftlosen »leeren, fröhlichen Fahrt« zieht dieser Kafkas Auslegung eines alten Textes vor, in der Cervantes' idealistischer, versponnener Reiter Don Quijote, der die Welt retten will und dabei die Wirklichkeit aus den Augen verliert, nur eine Phantasie des pragmatischen, verantwortungsvollen Sancho Pansa ist, der dem davonstürmenden Reiter »gleichmütig« und »aus einem gewissen Verantwortungsgefühl« folgt, ihn nicht aus den Augen verlieren will, damit er keine Dummheiten macht:

> Sancho Pansa, der sich übrigens dessen nie gerühmt hat, gelang es im Laufe der Jahre, durch Beistellung einer Menge Ritter- und Räuberromane in den Abend- und Nachtstunden seinen Teufel, dem er später den Namen Don Quixote gab, derart von sich abzulenken, daß dieser dann haltlos die verrücktesten Taten aufführte, die aber mangels eines vorbestimmten Gegenstandes, der eben Sancho Pansa hätte sein sollen, niemandem schadeten. Sancho Pansa, ein freier Mann, folgte gleichmütig, vielleicht aus einem gewissen Verantwortlichkeitsgefühl, dem Don Quixote auf seinen Zügen und hatte davon eine große und nützliche Unterhaltung bis an sein Ende. (K, 438)

In seinem Brief an Gershom Scholem vom 11. August 1934 wiederholt Benjamin seine restlose Bewunderung für Kafkas »Die Wahrheit über Sancho Pansa« mit dem Nachsatz: »Sancho Pansas Dasein ist musterhaft, weil es eigentlich im Nachlesen des eignen wenn auch närrischen und donquichotesquen (sic!) besteht« (BB, 618). Nicht in der Phantasiewelt des ins Leere reitenden Don Quijote, wohl aber in jener von Kafkas schreibendem Sancho Pansa kann auch eine Auslegung alter Schriften vollendet sein. Vollendet ist für Benjamin Kafkas Auslegung von Cervantes' Roman, in der Sancho Pansa »durch Beistellung einer Menge Ritter- und Räuberromane« (K, 437) seinen destruktiven Teufel in Zaum hält, um gerade auf diesem Weg den Weltrücken von seiner Last zu befreien. In dieser Schrift liegt Benjamin zufolge das, was er, wie er Scholem schreibt, im Übrigen für den »toten Punkt von Kafkas Werk« hält, dessen »Gesetz« (BB, 618). Den Bann, den dieses Gesetz ausübt, bezieht es nicht von einer souveränen Macht, sondern als »große nützliche Unterhaltung«, die dem Zirkus der Literatur ganz und gar anverwandt ist.

Coda

»Was«, fragt Agamben am Schluss des letzten Textes seiner Aufsatzsammlung *Profanierungen,*[27] »was sollen wir mit unseren Phantasien tun?« Der Text trägt den Titel »Die sechs schönsten Minuten der Filmgeschichte« und besteht, wie Kafkas »Sancho Pansa«, in den Worten Benjamins »eigentlich im Nachlesen des eignen wenn auch närrischen und donquichotesquen«. Auf einer einzigen Seite lässt er vor unseren Augen aus einer Collage von Kafka-Texten eine wunderliche Szene im Kino einer Provinzstadt entstehen. Sancho Pansa betritt das Kino auf der Suche nach Don Quijote und findet ihn

> abseits sitzend und auf die Leinwand starrend. Der Saal ist fast voll, der oberste Rang – eine Art Theatergalerie – ist voll besetzt mit lärmenden Kindern. Nach einigen vergeblichen Versuchen, zu Don Quijote zu gelangen, setzt sich Sancho widerwillig ins Parkett neben ein kleines Mädchen (Dulcinea?), das ihm einen Lutscher anbietet. Die Vorführung hat angefangen, es ist ein Kostümfilm, die Leinwand wird von bewaffneten Rittern überquert, plötzlich erscheint eine Frau, die sich in Gefahr befindet. Mit einem Schlag springt Don Quijote auf, zieht sein Schwert aus der Scheide, stürzt sich auf die Leinwand, und seine Hiebe beginnen den Stoff zu

27 Giorgio Agamben: Profanierungen, S. 92-3. Im Text als »PR« mit Seitenangabe zitiert.

> zerreißen. [...] Der schwarze Riss, den das Schwert aufgetan hat, verschlingt unerbittlich die Bilder. Am Ende bleibt nichts mehr übrig, man sieht nur noch die Holzstruktur, an der sie festgemacht war. Das Publikum verlässt empört den Saal, aber die Kinder im obersten Rang hören nicht auf, Don Quijote fanatisch Mut zuzuschreien. Nur das kleine Mädchen im Parkett schaut ihn tadelnd an (PR, 92).

In einer Verschränkung von Kafkas »Die Wahrheit über Sancho Pansa« und »Auf der Galerie« dichtet Agamben Kafkas Cervantes-Kontrafaktur weiter und bringt sich selber ein. Anders als Kafkas Galeriebesucher, der es versäumt, hinabzueilen und »Halt« zu rufen, um die gequälte Zirkusreiterin zu retten, springt Don Quijote auf und rettet die gefährdete Dulcinea. Diese Rettung bringt allerdings die Zerstörung der Illusionen mit sich. Zwar wird der Retter weiterhin von seinen revolutionsgesinnten Bewunderern auf der Galerie angefeuert, doch das Alter ego der historischen Dulcinea auf der Leinwand, also die ganz gegenwärtige Wohlstands-Dulcinea mit dem Lutscher im Parkett, fühlt sich um ihre Unterhaltung geprellt. Agamben lässt dieser Kinoszene letzte, zweifellos selbstbezogene Gedanken folgen:

> Was sollen wir mit unseren Phantasien tun? Sie lieben, ihnen glauben – bis zu dem Punkt, da wir sie zerstören, entstellen müssen ...? Doch wenn sie sich am Ende als leer und unerfüllt erweisen, wenn sie das Nichts zeigen, aus dem sie gemacht sind, erst dann heißt es, den Preis für ihre Wahrheit zu bezahlen, zu begreifen, dass Dulcinea, die wir gerettet haben – uns nicht lieben kann. (PR, 92)

Mit einem nicht zu übersehenden Rest an Ironie zeichnet Agamben hier die Zweifel des Retters nach dem Akt. Selbstrelativierend kehrt er dabei seinen eigenen Sancho Pansa hervor, der den gefährlichen Teufel seiner Erlösungsphantasien in der Gestalt Don Quijotes vorausschickt, ihn dabei jedoch wachsam und selbstreflektierend nicht aus den Augen verliert. Die allgegenwärtige Rettungsbedürftigkeit der Welt mitsamt den dazugehörigen messianischen Entwürfen sind sein Halt-Ruf, mit dem er den Kreislauf unterbrechen und, wie Don Quijote seine bedrohte Dulcinea, den hinfälligen Planeten retten möchte, ja, gerettet hat. Doch diese Rettung hat die Filmleinwand der Illusionen einer heilen Welt zerstört und dessen verborgene Maschinerie offenbart. Mit einem Blick auf seine zukünftigen Kritiker weiß der demaskierende Denker, dass die Welt, wie Dulcinea ihren Retter, ihn dafür nicht lieben, sondern ihn ans Kreuz schlagen wird für seine Enthüllung der Wahrheit, nach der am Ende von der Welt wenig mehr übrig bleibt als eine traurige Holzstruktur.

So lächelt am Ende der neue Messias über sich selbst und lässt die sechste, die Sterbensstunde des verkannten und gescholtenen Erlösers, umschlagen in die sechs schönsten Minuten der Filmgeschichte, in denen er selbst figuriert. Aus dieser Miniatur einer Selbsterkenntnis seiner eigenen Geste spricht nicht nur die radikale Phantasie eines späten Metaphysikers, sondern auch die sonst in seinem Werk kaum vernehmbare Stimme des Literaten Giorgio Agamben. Literatur offenbart die Holzstruktur der rettenden Demaskierung, die Pose des Retters selbst. In seiner eigenen Kafka-Kontrafaktur begleitet er, »ein freier Mann, gleichmütig, und vielleicht aus einem gewissen Verantwortlichkeitsgefühl«, seinen Don Quijote auf seinen Zügen. Er hat uns damit bis an dieses Ende eine große, nützliche Unterhaltung bereitet. Ob die Welt dadurch die Last vom Rücken in die Hände bekommt, bleibt dahingestellt.

Kafka. Erzählung und Gesetz

> Wenn ihr eine Welt wollt, dann ist vollkommene Gerechtigkeit unmöglich. Und wenn ihr vollkommene Gerechtigkeit wollt, dann ist eine Welt unmöglich.
> Bereshit Rabba 49, 9

> Die Krähen behaupten, eine einzige Krähe könnte den Himmel zerstören. Das ist zweifellos, beweist aber nichts gegen den Himmel, denn Himmel bedeuten eben: Unmöglichkeit von Krähen.[28]

In seinem Brief an Gershom Scholem vom 11. August 1934 nennt Walter Benjamin das Gesetz den »toten Punkt« in Kafkas Werk.[29] In seinen Notizen zu diesem Brief spricht Benjamin abfällig von Kafkas »stete[m] Drängen auf das Gesetz« und bezeichnet es als »Schublade des Geheimniskrämers« und als »Begriff, mit dem er [s]ich nicht einlassen möchte« (BK, 154). Aus den darauffolgenden Sätzen wird allerdings deutlich, dass Benjamin die Auseinandersetzung mit dem Gesetz bei Kafka nur insofern scheut, als dieses auf den *Begriff* gebracht werden soll, denn, so Benjamin weiter, »sollte er in Kafkas Werk dennoch eine Funktion haben … so wird auch eine Interpretation die von Bildern ausgeht – wie die meinige – auf sie führen« (BK, 154). Die Unterscheidung zwischen begrifflicher Festlegung, die Benjamin ablehnt, und bildlicher, also im weiteren Sinne metaphorischer Darstellung, die er einigermaßen billigt und praktiziert, weist auf die auffallende, wenn auch schwer deutbare Bildsprache hin, mit der Benjamin sich der Bedeutung des Gesetzes bei Kafka annähert. Tatsächlich befasst Benjamin sich, im Widerspruch zu seiner angekündigten Weigerung, ebenso in seinem großen Essay »Franz Kafka. Zum zehnten Jahrestag seines Todes« wie in seinem Briefwechsel mit Scholem ausführlich mit Fragen des Gesetzes im Werk des Prager Autors. Diese Ausführungen gilt es im Folgenden mit den zahlreichen Betrachtungen zu diesem Thema in den Schriften Giorgio Agambens zu vergleichen. Dabei sollen ebenso die Gemeinsamkeiten wie die Unterschiede der beiden Denker und deren ideeller Horizont herausgestrichen werden, um Einsicht in die Ausrichtung des »Nach-

28 Franz Kafka: Nachgelassene Schriften und Fragmente II, S. 51.
29 Walter Benjamin: Benjamin über Kafka. Texte, Briefzeugnisse, Aufzeichnungen, S. 78-79. Im Text als »BK« mit Seitenangabe zitiert.

lebens« von Benjamins Gedankengut bei einem seiner bedeutendsten heutigen Erben zu gewinnen.

Erzählung und Gesetz bei Kafka

»Vor dem Gesetz steht ein Türhüter. Zu diesem Türhüter kommt ein Mann vom Lande.«[30] Diese ersten Sätze von Kafkas berühmter Parabel »Vor dem Gesetz« stellen eine archetypische Erzählsituation dar. In dem Aufeinandertreffen des Verbs »stehen« und des Verbs »kommen« wird etwas Statischem und Dauerhaftem der Beginn einer Handlung, eine mögliche Begegnung gegenübergestellt. Diese Erzählsituation ist im Kontext des Gesetzes eingebettet, von dem im Allgemeinen angenommen wird, dass es im Widerspruch zum Erzählerischen steht. Denn das Gesetz in seinem allgemein gültigen, kodifizierten und impersonalen Wesen ist unvereinbar mit der Einzigartigkeit und der Zeit- und Situationsgebundenheit des gelebten Lebens eines bestimmten Menschen, das immer auch eine Erzählung konstituiert. Was ereignet sich, wenn der Mann zum Türhüter kommt, wenn die Erzählung auf das Gesetz trifft?

Kafkas Parabel ist einer der meist gelesenen und interpretierten Texte des vergangenen Jahrhunderts. Sie beschreibt eine Szene, in der ein Mann Zugang zum Gesetz sucht. Ihm wird der Eintritt verweigert, und so wartet er an der Tür bis ans Ende seines Lebens, an dem der Türhüter dem Mann, der noch einen Lichtschimmer aus der Tür dringen sieht, mitteilt, dass dieser Eingang zum Gesetz allein für ihn bestimmt war und dass er ihn jetzt schließen wird. Die Parabel besteht im Wesentlichen aus einer Beschreibung der Verhandlungen des Mannes mit dem Türhüter. Zunächst kann vom Wesen des Gesetzes mit einiger Gewissheit nur gesagt werden, dass es eine unveränderliche Instanz darstellt, im Gegensatz zu dem Mann, der einen Ursprung, eine Geschichte und ein Geschick hat. Dieser Mann ist ein Jedermann, der – wie wir erfahren – vom Lande kommt, von einem Ort, der mit dem einfachen Leben assoziiert wird, und an einen Ort – den Ort des Gesetzes – gelangt, der eine unheimliche Aura ausstrahlt. Wir erfahren, dass der Mann seine Heimat verlassen hat und auf eine Reise gegangen ist, dass er ein Ziel hat – den Zugang zum Gesetz – und dass er an dessen Tor gelangt, wo er warten, suchen, denken, diskutieren, fluchen und verhandeln wird, bevor er alt wird und stirbt, vermutlich ohne sein Ziel erreicht zu haben.

30 Franz Kafka: Der Process, Frankfurt a.M. 2002, S. 292-5.

Dass der Mann vom Lande – wie vielfach bemerkt wurde[31] – eine wörtliche Übersetzung des hebräischen Wortes *Am Ha'aretz* ist, das in »aretz« auf »Erde« verweist, aber auch jemanden bezeichnet, der des Gesetzes unkundig ist, unterstreicht seine Kreatürlichkeit. Abgesehen davon, dass der *Am Ha'aretz* wegen seiner Unwissenheit außerhalb des Gesetzes steht, wird er implizit auch in einen Gegensatz zum *Talmid Chacham* gerückt, zu demjenigen, der das Gesetz studiert und kennt. Allerdings bleibt dahingestellt, ob der *Am Ha'aretz,* sollte er je ein *Talmid Chacham* werden, durch die Tür zum Gesetz, also in dieses eintreten würde. Der Türhüter, sowohl Mittler wie Hindernis dieser Begegnung, wird als der unterste Repräsentant des Gesetzes beschrieben. Er ist eine Art juridische oder rabbinische Autorität, die die Trennung, aber auch die Verbindung zwischen dem Gesetz markiert, von dem gesagt wird, dass es »steht«, also unveränderlich ist, und dem Mann, der »kommt«, der eine Geschichte hat, zwar nur eine minimale, aber dennoch eine Geschichte.

In Kafkas Parabel bleibt das Gesetz nicht nur unerreichbar für den Mann vom Lande, es entzieht sich auch den Versuchen des Lesers, seine Bedeutung und seine Wirkung zu erfassen. Trotz der zahllosen Interpretationen von Kafkas auf das Gesetz bezogenen Texten – hierzu zählen »Vor dem Gesetz«, aber auch die Romanfragmente *Der Process*, in dem die Parabel eine Schlüsselrolle spielt, und in geringerem Maße *Das Schloss* sowie die Erzählungen »In der Strafkolonie«, »Der neue Advokat« und »Zur Frage der Gesetze« – bleibt es unklar, ob das Gesetz in seinem Werk in juridischen, sozialen und politischen, oder aber in metaphysischen, theologischen und religiösen Begriffen zu verstehen ist. Diese Unklarheit hat zahllose, häufig einander widersprechende Interpretationen hervorgerufen und oft unvereinbare Auffassungen von Gerechtigkeit und vom Verhältnis zwischen Erzählung und Gesetz gezeitigt. Im Folgenden soll der Begriff der Gerechtigkeit bei wichtigen Denkern untersucht werden, die in ihren Lektüren von Kafkas Werk ebenso den religiösen wie den weltlichen Bereich in Betracht ziehen. Dabei soll es in erster Linie um die Rolle gehen, die diese Interpretationen der Beziehung zwischen dem Gesetz als einem autoritativen, normativen Ordnungssystem und der Erzählung als einem Ausdruck des kreatürlichen Lebens zuweisen.

31 Beispielsweise hat bereits 1966 Heinz Polizer auf die Parallelen zwischen Kafkas Mann vom Lande und dem Hebräischen Am-Ha'Aretz hingewiesen. Vgl. Eli Schonfeld: Am-ha'aretz: The Law of the Singular. Kafka's Hidden Knowledge.

Die beiden Systeme, die am häufigsten mit Kafkas Beschäftigung mit dem Gesetz in Zusammenhang gebracht werden, sind der juridische Apparat des modernen Staates einerseits und die jüdische Gesetzestradition andererseits. Die meisten Interpretationen von Kafkas auf das Gesetz bezogenen Geschichten betrachten diese aus einer dieser beiden Perspektiven. Dort wo Kafka ausschließlich in einem säkularen Kontext betrachtet wird – das übliche Verfahren bei Forschern, die sich mit dem Thema »Literatur und Recht« befassen –, wird dieser entweder als Kritiker des juridischen Systems seiner Zeit dargestellt[32] oder als ein Autor, der die gegenwärtige Lage präfiguriert und daher Einsichten in die Unzulänglichkeit der zeitgenössischen gerichtlichen Verfahren vermittelt.[33] Im Gegensatz dazu setzen die Interpretationen von Kafkas Gesetzeserzählungen, die sich auf die jüdische Tradition berufen, im Allgemeinen das Gesetz mit dem göttlichen Gericht und seiner Unzugänglichkeit gleich, also mit der jüdischen Vorstellung von Gott als dem allmächtigen, aber unendlich fernen Anderen des Menschen. Beide Ansätze lassen außer Acht, dass Kafka möglicherweise die Frage absichtlich offenlässt, ob das Gesetz in weltlichen oder religiösen Kategorien zu denken sei. Ebenso unbestimmbar bleibt die Haltung Kafkas gegenüber der Gültigkeit und Rechtschaffenheit des Gesetzes überhaupt.

Kurz und präzise schreibt Walter Benjamin, dass nicht entschieden werden kann, ob Kafkas Werk »der Hebung oder dem Verscharren des Gesetzes gewidmet [ist]. Auf diese Fragen hat Kafka, so meine ich, keine Antwort gehabt.«[34] Es ist in der Tat schwierig zu bestimmen, ob in Kafkas Welt die Gerechtigkeit dadurch verhindert wird, dass das Gesetz allgegenwärtig ist, oder dadurch, dass es so entstellt,

32 Vgl. Theodore Ziolkowski, der Kafkas Werk als paradigmatische Darstellung der Krise des Rechtssystems im frühen 20. Jahrhundert liest und vor allem das Verhältnis von Recht und Ethik bzw. die Ineinssetzung von Moral und Recht ins Auge fasst. Ziolkowski zeigt, wie die diesbezüglichen Debatten – vor allem jene zwischen den Rechtssystemen der Habsburger Monarchie und dem Deutschen Reich seit 1871 – Kafkas literarische Texte beeinflusst haben. Er weist darauf hin, dass Kafkas *Process* die absurden Vorgehensweisen des Habsburger Systems parodiert, aber ebenso dem wilhelminischen System kritisch gegenübersteht. Vgl. Theodore Ziolkowski: The Mirror of Justice: Literary Reflections of Legal Crisis, S. 225-6.

33 Vgl. Patrick J. Glen: An Essay on Franz Kafka, Lawrence Joseph and the Possibilities of Jurisprudential Literature; Douglas E. Litowitz: Franz Kafka's Outsider Jurisprudence; Graham M. Smith: Reading Kafka's Trial Politically. Justice. Law. Power.

34 Walter Benjamin: Gesammelte Briefe, 1931-1934, S. 459. Im Text als »GB« mit Seitenangabe zitiert.

kompromittiert und gelähmt ist, dass es von Gesetzlosigkeit nicht mehr zu unterscheiden ist. Noch schwieriger ist es, eine mögliche Alternative zum trostlosen Zustand der Welt zu entwerfen, wie er sich in Kafkas Erzählungen darstellt. Gleichzeitig fehlt dem Gesetz – und das ist paradox genug – seine grundlegendste Funktion, und zwar jene, Unterscheidungen und Grenzen zu markieren, die eine moralische und gerechte Ordnung ermöglichen.

Kafkas Weltordnung ist in der Tat so beschaffen, dass sie alle Schranken aufhebt und alle Grenzen verwischt. In seinem Roman *Das Schloss* herrscht das Gesetz überall und nirgends, jeder gehört zum System der Machthaber, aber jeder wird auch von ihm terrorisiert. Die Beamten empfangen die Kläger in Wirtshäusern und Schlafzimmern. Der Protagonist ist in einem undurchdringlichen, von den Herren dieser Welt gesponnenen Netz gefangen, das ihn tödlich ermüdet. In ähnlicher Weise ist das Gesetz in *Der Process* undurchdringlich. Der zuständige Gerichtshof ist nicht zu finden oder auf dunklen Dachböden angesiedelt, die Gesetzesbücher erweisen sich als pornographische Heftchen, die Richter und Rechtsanwälte sind entweder unsichtbar oder falsch. Dennoch hat ihre Autorität eine tödliche Wirkung.

Gesetz und Gesetzlosigkeit

Es steht außer Frage, dass das Gesetz in der Welt von Kafkas Erzählungen aus der Ordnung getreten ist. Die Folgen dieses Zustands sind in sehr verschiedener und häufig gegensätzlicher Weise interpretiert worden. In seinem Brief an Gershom Scholem vom 15. September 1934 nennt Benjamin seine Arbeit zu Kafka »den Kreuzweg der Wege meines Denkens« (GB, 497). Ähnliches könnte Giorgio Agamben sagen, der heute als einer der radikalsten und umstrittensten Kritiker des juridischen und politischen Systems unserer Zeit gilt. Seine Diagnose des Weltzustands könnte schwärzer kaum sein und seine Vorstellungen von dessen Heilung kaum extremer. Seinem Befund eines allgegenwärtigen Ausnahmezustands setzt Agamben einen ebenso extremen wie komplexen Entwurf der messianischen Erlösung entgegen.[35] Dabei gibt er vor, Benjamins Perspektive auf Kafkas Werk zu übernehmen. Agamben nimmt allerdings, wie noch zu zeigen ist, den erwähnten »Kreuzweg« in doppeltem Sinne beim Wort:

35 Vgl. dazu auch Vivian Liska: Giorgio Agambens leerer Messianismus.

als in entgegengesetzte Richtungen gleichzeitig weisenden Punkt der Ununterscheidbarkeit und als »via crucis«, als letzten irdischen Weg des Erlösers.

Bekannt wurde Agamben mit seiner Beschreibung der globalen Weltlage anhand von Begriffen wie dem »homo sacer«, dem Individuum, das aus dem Rechtssystem herausfällt, dem »nackten Leben«, das von den biopolitischen Zugriffen einer souveränen Macht in Bann gehalten wird, dem »Ausnahmezustand«, der – in Anklang an Carl Schmitt und Walter Benjamin – zur Regel geworden ist, und dem des »ubiquitären Lagers«, das Agamben generell als »Nomos der Moderne« bestimmt. Die Vorstellung vom Heil, die er diesem gegenwärtigen Zustand entgegenhält, entspricht der Radikalität seines Katastrophendenkens und ist nicht zu trennen von seinem Begriff eines Gesetzes, das repressiv über das Leben herrscht und das es aufzuheben gilt. Der »Ausnahmezustand« ist eine Situation, in der ein mächtiger Souverän die bestehenden Gesetze aufgehoben hat und stattdessen seine eigene Macht und Herrschaft auf jeden Aspekt des Lebens seiner Untertanen ausdehnt, indem er ihnen seine Ordnung aufzwingt. Während der vom Souverän ausgerufene Ausnahmezustand jeden Bereich des Lebens durchdringt und den ganzen Planeten einem willkürlichen und repressiven Gesetz unterwirft, soll die messianische Umkehr dieser Situation das Gesetz abschaffen und das Leben in eine neue Freiheit entlassen. Erst wenn das Leben das Gesetz in der Weise in sich aufgenommen hat, dass es das Gesetz aufhebt, anstatt das Gesetz über das Leben herrschen zu lassen – ein Vorgang, dem eine endgültige Erfüllung und daraus erfolgende Suspendierung des Gesetzes entsprechen würde –, wird Agamben zufolge die Menschheit erlöst.

Agamben leitet seine Lektüre von Kafkas »Vor dem Gesetz« mit der Behauptung ein, er interpretiere die Parabel »aus der Perspektive von Walter Benjamins Konzeption eines messianischen Gesetzes« (P, 172). Benjamin selbst gibt nirgendwo eine ausführliche Interpretation der Parabel und spricht lediglich von der »wolkigen Stelle« in deren Mitte, die zu »nicht enden wollenden Erwägungen« Anlass gibt (BK, 20), die sich sehr deutlich von Agambens paulinischer Lektüre unterscheiden. Ohne Zweifel gibt es Ähnlichkeiten zwischen Agambens und Benjamins Ansichten über das säkulare Rechtssystem. Wie Agamben sieht auch Benjamin in den staatlichen Gesetzen verborgene Instrumente einer missbräuchlichen Souveränität. In seinem Essay »Zur Kritik der Gewalt« weist er auf die mythische Natur der Gesetze hin, und in seinen Texten zu Kafka zeigt er, so tief er in die persönlichsten und intimsten Bereiche der menschlichen Existenz eindringt, dass es »ununterscheidbar wird« (HS, 63) vom Leben selbst. Wie Agamben sieht auch Benjamin in Kafkas Romanen *Der Process* und mehr noch in *Das Schloss* eine zutreffende Illustration einer Welt, in der dunkle Gesetzesinstanzen den Menschen unbegründete, undurchsichtige und repressive Vorschriften auferlegen, während ihnen das Gesetz, dem sie unterworfen sind, unbekannt bleibt. Für Benjamin ist die schreckliche Welt von Kafkas Romanen eine des »Sumpfdaseins der Menschheit in gänzlicher Promiskuität«, die »niedrigste Stufe menschlicher Existenz«.[36] Er nennt diese Welt eine prähistorische »Sumpfwelt«, in der jedermann schuldig ist und zugleich ein Opfer des Gesetzes. Es ist vor allem, so Rodolphe Gasché, eine Welt, die »eine Unterscheidung zwischen richtig und falsch«[37] unmöglich macht. Sie ist stattdessen »geradezu durch die Unmöglichkeit einer klaren Entscheidung bestimmt, eine Unmöglichkeit, die die Ordnung des Unrechts aufrechterhält und damit selbst die Möglichkeit von Gerechtigkeit ausschließt«.[38] In seinem Kafka-Essay weist Benjamin darauf hin, dass das Leben in Kafkas Romanen paradoxerweise durch die Gleichzeitigkeit eines allgegenwärtigen Gesetzes und absoluter Gesetzlosigkeit gekennzeichnet ist. Anders als für Agamben ist für ihn diese Gesetzlosigkeit gleichermaßen – wenn nicht gar mehr als die Tyrannei des Gesetzes – für den Terror in Kafkas Welt verantwortlich. Mit Begriffen absoluter Gesetzlosigkeit beschreibt Benjamin das Leben im Dorf in Kafkas Roman *Das Schloss*: »Man sieht, auch diese Oberen sind so gesetzlos, dass sie auf einer Stufe mit den Untersten erscheinen, und ohne Scheidewände wimmeln die Geschöpfe aller Ordnungen durcheinander, heimlich nur solidarisch in dem einen einzigen Gefühl der Angst« (BK, 44). Diese Gesetzlosigkeit, schreibt Benjamin, unterliegt einem historischen Entwicklungsprozess. Am ausführlichsten befasst er sich mit diesem Prozess in der Skizze eines nicht ausgeführten Essays mit dem Titel »Versuch eines Schemas zu Kafka« (BK, 116). Dieser nur eine Seite umfassende Text entwirft *in nuce* eine Theorie der Europäischen Kulturgeschichte. Er beschreibt

36 Walter Benjamin: Gesammelte Schriften II.3, S. 1205. Im Text als »GS II.3« mit Seitenangabe zitiert.

37 Gasché schreibt: »More precisely, it is a law that inhibits the possibility of discriminating between right and wrong. It is constituted by the very impossibility of a clear decision – an impossibility by which this law perpetuates the order of the wrong (*Unrecht*), thus also excluding the very possibility of justice (*Gerechtigkeit*).« Rodolphe Gasché: The Stelliferous Fold: Toward a Virtual Law of Literature's Self-Formation, S. 278-9.

38 Ebd., S. 278.

die Welt in Kafkas Romanen als eine prähistorische Sumpfwelt, die Kafka, wie Benjamin schreibt, »mit der gesetzlichen des Judentums konfrontiert [...] Ihre Reinigungs- und Speisegesetze – also die Halacha im engeren Sinne – beziehen sich auf eine Vorwelt, von der nichts mehr erhalten ist als diese Abwehrmaßnahmen gegen sie« (BK, 116).[39]

»Kafkas Bücher«, so Benjamin weiter, »enthalten die fehlende Haggada zu dieser Halacha. Aufs innigste verschränkt aber mit diesem haggadischen Text enthalten sie einen prophetischen« (BK, 116). Die Welt, wie sie sich in *Der Process* und *Das Schloss* zeigt, diese Welt ohne Trennungen und Unterscheidungen, ohne Grenzen und ohne Ordnung, ist so zugleich eine prähistorische Vorwelt, mit der Kafka aber auch prophetisch die Wiederkehr dieser repressiven Gesetzlosigkeit in der Gegenwart ankündigt. In seinen Notizen zum Kafka-Essay schreibt Benjamin: »Kafkas Romane spielen in einer Sumpfwelt. Aber diese Welt ist dann auch wieder die unsere: eben darum, weil wir sie nicht bewältigt, sondern nur verdrängt und vergessen haben.« (GS II.3, 1236) Die gesetzlose Welt der Vorgeschichte, die Kafka beschreibt, enthält für Benjamin auch einen Hinweis auf seine eigene Gegenwart: Als Jude, der in den dreißiger Jahren schreibt, vergleicht Benjamin das Gesetzessystem seiner Zeit mit Kafkas Sumpfwelt, in der die Gesetze, anstatt das Leben zu ordnen, in die alltägliche Existenz eindringen und mit absoluter Gesetzlosigkeit identisch werden. Insoweit scheint diese Beschreibung der Wirkung der staatlichen Gesetze kaum von Agambens Sicht der Dinge abzuweichen. Der entscheidende Unterschied jedoch liegt darin, dass für Benjamin dieser prähistorische und zugleich gegenwärtige Zustand, in dem das Gesetz eine »Bastardisierung« mit der Gesetzlosigkeit eingegangen ist und in der alle Unterscheidungen aufgehoben sind, im Kontrast zum Judentum steht und nicht, wie bei Agamben, mit ihm identifiziert wird. Für Benjamin liegt die Möglichkeit einer Abwehr der Sumpfwelt im jüdischen Gesetz selbst. Nicht nur wäre es unterschieden von einem staatlichen, allein auf der bloßen Gewaltausübung beruhenden Gesetz. Es ist – oder eher, es wäre – sein Gegengift. In einem Brief an Scholem vom 11. August 1934 schreibt Benjamin: »Das Werk der Torah nämlich ist – wenn wir uns an Kafkas

39 Es ist auffällig, dass sich so bedeutende Kafka-Interpreten wie Beda Allemann, der sich mit Benjamins Kafka-Lektüre und dessen Diskussionen mit oder über Scholem, Max Brod und Hans-Joachim Schoeps auseinandergesetzt hat, Benjamins explizite Heranziehung des Verhältnisses von Halacha und Haggada unerwähnt lässt. Vgl. Beda Allemann: Fragen an die judaistische Kafka-Deutung, in: Kafka und das Judentum, S. 35-70.

Darstellung halten – vereitelt worden (GB, 478). In den vorbereitenden Notizen für diesen Brief fügt Benjamin hinzu: »Und alles, was einst von Moses geleistet wurde, wäre in unserem Weltzeitalter nachzuholen« (GS II,3, 1246). In dieser überraschenden Verteidigung des jüdischen Gesetzes unterscheidet sich Benjamin von Agamben, indem er der mythischen, gesetzlosen Welt der Prähistorie wie der Moderne, wie sie von Kafka beschrieben wird, die jüdische Welt der Halacha entgegensetzt. Aber Benjamin stellt auch sicher, dass seine Überlegungen zur halachischen Dimension von Kafkas Texten sich von einer jüdischen *theologischen* Lesart unterscheiden. In der Skizze zu seinem ungeschrieben gebliebenen Essay hält er fest: »[Kafkas] Prophetie auf eine allernächste Zukunft« – damit ist der Zustand der Welt zu Benjamins eigener Zeit gemeint – »ist für Kafka weit wichtiger als die jüdischen *Theologumena*, die man allein in seinem Werk hat finden wollen. [...] Die Prophetie ist wichtiger als Gott.« (BK, 117) Ohne Zweifel hatte Benjamin bei diesen Worten Max Brod im Sinn, den er auch an anderer Stelle wegen seiner theologischen Auslegung Kafkas heftig kritisiert. Aber sie können auch an seinen wichtigsten Gesprächspartner in Sachen Kafka gerichtet sein, an Gershom Scholem, obwohl Scholems auf der Kabbala beruhende Theologie sich fundamental von jener Brods unterscheidet.

Die Erfüllung des Gesetzes

Zwischen 1925 und 1938 standen Benjamin und Scholem in einem stetigen Briefaustausch über Kafkas Werk, der zu dessen eindringlichsten Interpretationen gerechnet werden kann. Im Laufe dieses Briefwechsels kamen bedeutende Meinungsverschiedenheiten zwischen den beiden Freunden zum Vorschein. Diese Unterschiede betreffen die Rolle der Theologie für die Interpretation Kafkas, die Natur und die Bedeutung des Gesetzes in Kafkas Werk und das Verständnis von Halacha und Haggada in diesem Kontext. All diese Unterschiede lassen sich dahin gehend zusammenfassen, dass die beiden Freunde eine sehr verschiedene Auffassung von Gerechtigkeit und jüdischer Tradition vertreten. Überraschenderweise ist Scholem, der normalerweise für den »jüdischeren« Denker der beiden gehalten wird, weiter von zentralen Aspekten der jüdischen Tradition entfernt als Benjamin. Weniger überraschend ist es, dass Benjamin jene Aspekte dieser Tradition, die sich eher auf den zwischenmenschlichen, genauer den politischen Bereich als auf den göttlichen beziehen, mehr interessieren als Scholem.

Benjamin und Scholem stimmen in der Begründung einer theologischen Lektüre Kafkas nicht überein. In seiner Antwort auf Benjamins Darstellung von Kafkas Welt als einer Sumpfwelt und ihrem Gegenbild in der Tora schreibt Scholem: »Die Existenz des geheimen [kabbalistischen eher als halachischen] Gesetzes macht deine Interpretation kaputt: es dürfte in einer vormythischen Welt chimärischer Vermischung nicht da sein, ganz zu schweigen von der so besonderen Art, in der es seine Existenz doch ankündigt. *Da* bist Du mit der Ausschaltung der Theologie viel zu weit gegangen, das Kind mit dem Bade auszuschütten (BK, 72). Scholem betrachtet in der Tat »die Möglichkeit des Gottesurteils als den einzigen Gegenstand der Kafkaschen Produktion« (BK, 64). Kafkas Werk und insbesondere »Vor dem Gesetz« ist für ihn die zutreffendste Illustration einer verschwundenen Transzendenz. Scholem beruft sich auf Kafka als den ultimativen Zeugen für eine negative Theologie, in der – mit Stéphane Mosès zu sprechen – »das Bewußtsein der unwiderruflichen Abwesenheit Gottes den sichersten Weg ergäbe, um ihn zu finden«.[40] Mosès betont, dass Kafka »diesseits jenes Punktes ›abgrundloser Verzweiflung‹« und damit für Scholem immer noch im Kontext von Offenbarung stehe, allerdings »einen Grenzfall in der Geschichte der Offenbarung«[41] darstelle. Es ist – und hier stimmt Kafka nach Scholem mit den häretischen Kabbalisten überein – »die Offenbarung des Nichts« (BK, 82). Während Scholem in theologischen Kategorien über Kafkas Bezugnahme auf das Gesetz denkt, ist Benjamin, obwohl er eine gewisse »beschattete« theologische Dimension in seinen eigenen Schriften anerkennt (BK, 76), weniger an Gott interessiert und befasst sich stattdessen mehr mit den Verfahren der jüdischen talmudischen Tradition. Insbesondere im Zusammenspiel von Halacha und Haggada erkennt er eine mögliche Alternative zur trostlosen Welt, wie sie in Kafkas fiktionalen Texten geschildert und in der geschichtlichen Realität von Benjamins Zeit sichtbar wird. Statt eine kabbalistische »Offenbarung des Nichts« wahrzunehmen, betrachtet Benjamin die aktuellen Vorgänge in der Welt der Menschen als Kafkas vordringliche Sorge. Er spricht von der »Fixierung Kafkas an diesen seinen einen und einzigen Gegenstand, die Entstellung des Daseins.« Ausdrücklich bezieht er sich dabei auf Kafkas prophetische Vision des Weltzustandes, der in Benjamins Lebenszeit Realität

40 Stéphane Mosès: Der Engel der Geschichte. Rosenzweig, Benjamin, Scholem, S. 194.
41 Ebd.

werden sollte, insbesondere »die fast unverständlichen Entstellungen des Daseins [...] die das Heraufkommen der Gesetze verraten« (BK, 41). Dennoch führt Benjamin auch die jüdische Perspektive wieder ein, die er für unabdingbar für ein richtiges Verständnis Kafkas hält, indem er diese Entstellungen in Begriffen einer Welt definiert, »in der die Torah vereitelt«, in der sie ihre Wirkung eingebüßt hat (BK, 78). Scholem und Benjamin haben des Weiteren eine unterschiedliche Auffassung von der Halacha (GB, 458-65). Im Gegensatz zu Benjamin, der sie als Gegengift zum chaotischen Zustand der prähistorischen und gegenwärtigen Sumpfwelt begreift, ist Scholem der Halacha gegenüber voller Skepsis: Für ihn steht Kafka in der Tradition der häretischen, antinomischen Kabbalisten eines Sabbatai Zwi, des Führers einer messianischen Sekte aus dem 17. Jahrhundert. Über die Halacha, schreibt Scholem an Benjamin: »Nicht, lieber Walter, ihre *Abwesenheit* in einer präanimistischen Welt«, sondern *»ihre Unvollziehbarkeit* ist das Problem« (BK, 75). Scholem kommt der paulinischen Sichtweise Agambens sehr nahe, wenn er die Halacha »das absolut Konkrete als das Unvollziehbare schlechthin« nennt (BK, 66). Dies entspricht Scholems Sicht auf Kafka, der – wie er Mosès zufolge glaubt – »ständig die konkrete Realität der menschlichen Existenz mit dem Ideal einer absoluten Gerechtigkeit [konfrontiert] – ein Ideal, das die jüdische Tradition in der Vorstellung vom Gottesurteil versinnbildlicht«.[42] Das Ideal absoluter Gerechtigkeit im Judentum ist jedoch – genau wie die Erfüllung des Gesetzes – nicht von dieser Welt. Indem Scholem die Möglichkeit einer Erfüllung des Gesetzes voraussetzt, macht er sich, wenn auch noch so abgeschwächt, das paulinische Argument aus dem Römerbrief zu eigen, dass das jüdische Gesetz aufgehoben werden soll, weil man ihm im Leben niemals gerecht werden kann. Für Paulus ist das jüdische Gesetz in der Tat die Quelle aller Sündhaftigkeit.[43] Für ihn hat das Kommen Christi und sein Tod am Kreuz ein für alle Mal das Gesetz erfüllt, und die Werke – damit sind die Mitzwot, die Gebote, gemeint – müssen daher durch die Innerlichkeit der göttlichen Gnade und Liebe ersetzt werden. Allerdings geht Scholems antinomische Haltung nicht so weit: weder in seiner Kafka-Interpretation noch in seinem Austausch mit Benjamin und anderswo. Sein anarchistischer Impuls verbleibt in den Grenzen der antinomischen jüdischen Kabbala und Kafka

42 Ebd., S. 192.

43 »Was wollen wir denn nun sagen? Ist das Gesetz Sünde? Das sei ferne! Aber die Sünde erkannte ich nicht, außer durchs Gesetz.« (Römer, 7,7)

für ihn ein später Vertreter dieser Tradition. Auch in der Auffassung von Bedeutung und Funktion der Haggada stimmen Benjamin und Scholem nicht überein. Zunächst scheint das im Vergleich, den Benjamin zwischen der Haggada und Kafkas Erzählungen konstruiert, nicht der Fall zu sein: »Kafkas Dichtungen sind von Hause aus Gleichnisse. Aber«, so Benjamin an Scholem, »sie legen sich der Lehre nicht schlicht zu Füßen wie sich die Haggada der Halacha zu Füßen legt. Wenn sie sich gekuscht haben, heben sie unversehens eine gewichtige Pranke gegen sie« (BK, 87). Scholem betrachtet diese Sätze als Bestätigung seiner eigenen Sicht auf Kafkas antinomische, also der Halacha gegenüber abgeneigte Haltung. Während Benjamins Bild von der mächtigen Pranke, die gegen die Gesetze erhoben ist, in der Tat auf diese Weise verstanden werden kann, verfehlt Scholem die Nuancen der Geste, die Benjamin beschreibt. Scholem hat zwar in der Tat recht, wenn er gegen Benjamin einwendet, dass »die Antinomie des Haggadischen, die du erwähnst, keine der kafkaschen Haggada alleine [ist], sie gründet eher in der Natur des Haggadischen selber« (BK, 89). Allerdings hat er nur teilweise recht. Nicht nur ist Benjamins Bild von der erhobenen Pranke, wie sich noch zeigen wird, nicht wirklich antinomisch, noch beziehen sich alle Haggadot in dieser Weise auf die Halacha.

Der israelische Philosoph Mosche Halbertal unterscheidet drei verschiedene Formen der Beziehung zwischen Haggada und Halacha: »Die erste und einfachste«, schreibt er, »besteht darin, dass die Erzählung eine Grundlage für das Gesetz bereitstellt«; die zweite betont die Art und Weise, in der die Erzählung einen Übergang zu einer konkreteren Anwendung der Gesetzeskenntnis ermöglicht; die dritte Art, die Halbertal »die subtilste« nennt, trifft auf Benjamins Bild der mächtigen Pranke zu. In dieser dritten, gewissermaßen subversiven Form, schreibt Halbertal, »weist die Erzählung das Gesetz in seine Schranken und macht dessen Grenzen sichtbar«.[44] Diese letzte Form ist jene, auf die sich Benjamins Darstellung von Kafkas haggadischer Dimension bezieht. Entscheidend ist dabei jedoch, sie von einem antinomischen Verhältnis zur Halacha abzugrenzen.

Ein genauerer Blick auf die Unterscheidung, die Benjamin zwischen Kafkas Erzählungen und der Haggada macht, lässt erkennen, dass Letztere keineswegs darauf ausgerichtet ist, das Gesetz aufzuheben. Was impliziert Benjamins seltsames Bild der »gewichtigen

44 Moshe Halbertal: At the Threshold of Forgiveness. A Study of Law and Narrative in the Talmud, S. 34.

Pranke«, die gegen die Halacha erhoben ist? Zunächst und vor allem das mächtige Glied eines Löwen oder Bären, das die Gegenwart eines kreatürlichen Wesens suggeriert. Zudem beschreibt Benjamins Bild die Geste einer Drohung, die von der Kreatur gegen das Gesetz gerichtet ist. Schließlich bezeichnet es eine Bewegung, die etwas abwehren will. Eine nähere Erläuterung zu den Implikationen dieses Bildes enthält Benjamins Essay »Franz Kafka: Beim Bau der chinesischen Mauer«, wo Benjamin ebenfalls die Analogie zwischen Kafkas Schriften und der Haggada aufzeigt. In einem Abschnitt, der unmittelbar auf die Diagnose von Kafkas Fixierung auf »diesen seinen einen und einzigen Gegenstand – die Entstellung des Daseins« folgt, erläutert Benjamin, dass Kafkas Prosa der Haggada in dem ähnlich ist, was »beim Leser den Eindruck der Verstocktheit hervorrufen« kann. Diesen beschreibt er als erzählerischen Modus eines Schreibens, der sich jeder Moral, die aus ihm gezogen werden könnte, entzieht. Über Kafkas Erzählungen schreibt Benjamin:

> Man hat hier an die Form der Haggadah zu erinnern; so heißen bei den Juden Geschichten und Anekdoten des rabbinischen Schrifttums, die der Erklärung und Bestätigung der Lehre – der Halacha dienen. Wie die haggadischen Teile des Talmud, so sind auch diese Bücher Erzählungen, eine Haggadah, die immerfort innehält, in den ausführlichsten Beschreibungen verweilt, immer in der Hoffnung und Angst zugleich, die halachische Order und Formel, die Lehre könnte ihr unterwegs zustoßen. (BK, 41-2)

Benjamin nennt dieses Zögern, die Ambivalenz zwischen Hoffnung und Furcht, dem Gesetz zu begegnen und in dieses einzumünden, »Verzögerung«, ein Begriff, der mit einer kleinen Verschiebung auf das Genaueste auf das Warten des Mannes vom Lande vor der Tür des Gesetzes passen würde. Und Benjamin fährt fort, »dass das Gesetz als solches bei Kafka – wie in diesen Haggadot – sich nirgends ausspricht, das und nichts anderes ist die gnädige Fügung des Fragments« (BK, 42). Die Haggada vermeidet es, zur Halacha zu werden ganz wie Kafkas Parabeln, oder eher Antiparabeln, aus denen sich keine Lehre oder Moral ableiten lässt. Ganz wie die gewichtige, gegen die Halacha erhobene Pranke, gleicht die Haggada Kafkas Schriften darin, dass beide davor haltmachen, dem Gesetz zu begegnen, und zugleich dem Gesetz seine Grenzen aufweisen. Es sind die Grenzen, die vom kreatürlichen, gelebten Leben selbst gesetzt werden. Aber es ist entscheidend für die Deutung von Benjamins Bild, dass die

Pranke die Halacha nicht vernichtet. Ihre Geste sollte nicht mit einer antinomischen Überschreitung oder der Abschaffung des Gesetzes verwechselt werden. Stattdessen entspricht sie der Struktur einer dynamischen Vermittlung zwischen Halacha und Haggada, zwischen Erzählung und Gesetz, die der jüdischen Idee der Gerechtigkeit inhärent ist. Erkenntlich wird somit – mehr am »Bild«, das Benjamin verwendet, als an seiner »Arbeit am Begriff« – der Unterschied zwischen seinem jüdisch-materialistischen Verständnis des Gesetzes und Agambens Haltung, die ebenso Benjamin wie Kafka für einen post-marxistischen Anarchismus vereinnahmt.

Was vor dem Gesetz geschieht

Was hat sich demnach »vor dem Gesetz« ereignet? Für Agamben ist es etwas, »das schon stattgefunden hat, aber noch nicht sichtbar ist« – eine Erfüllung des Gesetzes, die jedoch noch ein zweites Kommen voraussetzt, damit alle sie sehen können. Für Derrida ist es etwas, »das darin erfolgreich ist, nicht stattzufinden« – ein unendlicher Aufschub, der der unbegrenzten Offenheit menschlicher Erwartungen entspricht. Für Scholem ist es »die Offenbarung des Nichts« – der Glaubenssatz einer negativen Theologie. Und für Benjamin schließlich ist es das Kommen des Mannes vom Lande zum Gesetz im Sinne der Haggada, die zur Halacha kommt. Für ihn wie für Kafka ist es dieses Kommen des Mannes und der Erzählung zum Gesetz, ein Kommen, das dem Gesetz Einhalt gebietet und vor ihm haltmacht, ohne es aufzuheben. Dies ist es, was sich *vor* dem Gesetz ereignet und *vor* dem Gesetz bleibt.

In der Tat kann nur ein *Am Ha'aretz* es sich wünschen, ins Gesetz »einzutreten«, einer der nicht weiß, dass der Zugang zum Gesetz nicht in einem solchen Eintreten bestehen kann, der nicht weiß, dass die Verhandlungen mit seinen Repräsentanten, den rabbinischen Auslegungen, in der talmudischen Tradition die Begegnung mit dem Gesetz selbst ist. Wenn er ein *Talmid Chacham* wäre, würde er den talmudischen Spruch *»Tzedek, Tzedek Tirdof«* (»Gerechtigkeit, Gerechtigkeit, strebe nach ihr!«) kennen. Nach der Gerechtigkeit soll man streben, aber in diesem Spruch ist auch impliziert, dass sie nicht erreicht und nicht erfüllt werden kann. Dem Mann vom Lande in Kafkas Parabel – und uns als ihren Lesern – wird vor Augen geführt, dass die Tür zum Gesetz offen steht, dass sie aber nicht betreten oder erfüllt werden kann. Aber es bedarf auch eines *Am Ha'aretz* wie des Mannes vom Lande, um sich dem Gesetz zu nähern, um zu ihm zu »kommen«, um das menschliche, das kreatürliche Element der Haggada zur Halacha zu bringen, um deren Grenzen aufzuzeigen. Nicht um das Gesetz aufzuheben oder es abzuschaffen, sondern um die notwendige Interaktion von Gesetz und Erzählung zu markieren, die den Begriff der Gerechtigkeit in der jüdischen Tradition konstituiert. Kafka selbst bringt die Haggada seiner Geschichten zur Halacha, die Dimension der menschlichen Erfahrung vor das unveränderliche Gesetz. Nur in diesem gegenstrebigen Zusammensein kann das Gesetz für diesen einen, diesen einzelnen Mann bestimmt sein. Wenn der Mann vom Lande, dieses singuläre Dasein, stirbt, schließt sich auch die Tür zum Gesetz. Die Erfüllung der Gerechtigkeit kann im Judentum nur nach dem Tode erreicht werden, durch das göttliche Gericht oder nach dem Kommen des Messias. Denn wie es in *Midrash Bereshit Rabba* heißt: »Wenn ihr eine Welt wollt, dann ist vollkommene Gerechtigkeit unmöglich. Und wenn ihr vollkommene Gerechtigkeit wollt, dann ist eine Welt unmöglich.«[45] Das Gesetz muss durch den Mann vom Lande, durch die Haggada und die Erzählung, beschränkt werden, um die notwendige menschliche Dimension einzubringen, die das Gesetz in die Lage versetzt, dem gelebten Leben zu entsprechen. Es ist in diesem Sinne, dass Kafka in seinem Tagebuch schreibt: »Aus dem Talmud: Geht ein Gelehrter auf Brautschau, so soll er sich einen amhorez [das ist die jiddische Aussprache von Am Ha'aretz] mitnehmen, da er zu sehr in seine Gelehrsamkeit versenkt das Notwendige nicht merken würde.«[46] Wie die Halacha die Haggada braucht, so ist der Mann vom Lande der notwendige Begleiter des *Talmid Chacham*, denn der »amhorez« kann das »Notwendige« sehen, das, was notwendig ist fürs Leben.

Coda

Die einleitenden Motti, die dem Talmud, *Bereshit Rabba*, und Kafkas Notizen entnommen sind, scheinen auf den ersten Blick nichts miteinander zu tun zu haben: In welcher Beziehung zu Krähen steht der Kommentar zur strengen Gerechtigkeit aus *Bereshit Rabba*? »Die Krähen behaupten, eine einzige Krähe könnte den Himmel zerstören. Das ist zweifellos, beweist aber nichts gegen den Himmel, denn Him-

45 Talmud: Bereshit Rabba 49,9.
46 Franz Kafka: Tagebücher, S. 112 (Eintrag vom 29. November 1911).

mel bedeuteten eben: Unmöglichkeit von Krähen.« Krähe ist eine fast wörtliche Übersetzung des Wortes *kavka*, das auf Tschechisch »Dohle« bedeutet, ein krähenähnlicher Vogel also. Kafka und die anderen Krähen sind Erzähler, die glauben, dass die Erzählung und, als deren Korrelat, die Singularität des kreatürlichen Daseins der Krähen, die himmlische Wahrheit und die absolute Autorität des Gesetzes zunichtemachen können. In Wahrheit bedrohen zwar die Erzählung und das einzelne Leben das Gesetz, können ihm aber letzten Endes nichts anhaben. Das himmlische Absolute ist dazu fähig, die Krähen abzuwehren und sich angesichts ihrer chaotischen Angelegenheiten ungerührt zu zeigen; in diesem Fall allerdings gäbe es keine Welt mehr für Krähen, für Erzähler oder für Menschen.

»Schreckliche Dinge – genug!« Kafka, Hiob und Theodizee

Der Begriff *Theodizee* benennt das Problem der Rechtfertigung Gottes angesichts des von ihm erschaffenen oder geduldeten Übels in der Welt. Das Buch Hiob wurde, wie kaum ein anderes, als radikale Theodizee gelesen. Als Verkörperung des Leidenden in der hebräischen Bibel stellt die Figur Hiobs die größte Herausforderung an die Gleichzeitigkeit göttlicher Allmacht und Güte dar. Hiobs Leiden, seine Klagen und Anklagen gegen Gott und seine letztendliche Unterwerfung vor der Schaustellung göttlicher Herrlichkeit am Ende des Buches Hiob können tatsächlich als ultimative Rechtfertigung Gottes gelesen werden. Kafkas Werk gilt hingegen als Inbegriff der modernen Antwortlosigkeit auf Fragen der Gerechtigkeit Gottes angesichts der Hinfälligkeit des Menschen. Dennoch wurde Kafka, obwohl er Hiob nie beim Namen nennt, auffallend oft in Bezug auf diese biblische Figur gelesen.

Kritiker haben wiederholt weitreichende Parallelen zwischen Kafkas Werk und dem Buch Hiob gezogen. So sieht etwa Northrop Frye in *Der Große Code* die Schriften Kafkas »als eine Reihe von Kommentaren zum Buch Hiob« und bezeichnet Kafkas Roman *Der Prozess,* als »eine Art *Midrasch*« (Auslegung) zu diesem biblischen Buch.[47] Andere halten Kafkas Roman für »eine bewusste Parallele zum Buch Hiob«[48] und nennen ihn seine »wahre« und selbst »unentbehrliche Übersetzung«;[49] es wurde behauptet, dass Kafka in diesem Roman »Hiobs Geschichte zu seiner unerbittlichen und katastrophalen Grenze treibt«[50] und dass »das Gericht im Roman *Der Prozess* das gleiche moralische Wertesystem bekräftigt wie das Buch Hiob«.[51] Harold Fisch, für den Kafkas Werk »ein tiefgreifender und anhaltender Versuch ist, Hiob für den modernen Menschen darzustellen«, bemerkt 1998, dass »die Analogie mit Hiob ein Gemeinplatz der Kafka-Forschung«[52] geworden ist.

Die radikalsten Parallelen zwischen Hiob und Kafka zogen jedoch

47 Northrop Frye: The Great Code. The Bible and Literature, S. 195.
48 Donald M. Kartiganer: Job and Joseph K. Myth in Kafka's ›The Trial‹, S. 31.
49 Harold Fisch: New Stories for Old. Biblical Patterns in the Novel, S. 98.
50 Susan E. Schreiner: Where Shall Wisdom Be Found? Calvin's Exegesis of Job from Medieval and Modern Perspectives, S. 181.
51 Stuart Lasine: The Trials of Job and Kafka's Josef K., S. 187.
52 Fisch: New Stories for Old, S. 89.

einige deutsch-jüdische Denker der späten zwanziger und dreißiger Jahre. In ihrem Essay von 1929, *Das Hiob-Problem bei Franz Kafka*, behauptet Margarete Susman, keine anderen modernen Werke trügen »reiner und tiefer als jene Kafkas die Züge der uralten Auseinandersetzung Hiobs mit seinem Gott«.[53] Max Brod bezeichnet in seinem Aufsatz *Franz Kafkas Grunderlebnis* von 1931 und in seiner 1937 erschienenen Biographie Kafkas »die alte Hiobsfrage«[54] als Kern des Lebens und Werks seines Freundes. In einem Brief an Walter Benjamin vom 1. August 1931 schreibt Gershom Scholem: »Ich würde dir raten, jede Untersuchung über Kafka vom Buche Hiob aus zu beginnen«.[55] Martin Buber erklärt: »In der Tat hat Franz Kafka in seinen Werken die größte Hiob-Interpretation unseres Zeitalters gegeben«.[56] 1934 behauptet Günther Anders – allerdings ohne konkrete Beweise zu liefern –, dass das Buch Hiob Kafka sein Leben lang begleitet habe.[57]

Für diese deutsch-jüdischen Denker, die zu Kafkas frühesten und prominentesten Interpreten gehörten, erfasst dieser wie kein anderer die Befindlichkeit des modernen Menschen. Sie lesen Kafka im Kontext ihrer jeweiligen Bestrebungen, die Moderne im Licht jüdischer Schriften zu betrachten, die Grundlagen des Judentums im Angesicht des Bruchs mit der Tradition neu zu denken und allgemein die Möglichkeiten einer göttlichen Ordnung nach dem »Tod Gottes« zu reflektieren. In der Figur des Hiob, der mit Gott hadert, sehen sie einen Vorläufer des zweifelnden Gottsuchers in der Moderne. Die multiperspektivische Erzählweise des Buches Hiob, seine narrativen Widersprüche und Ungereimtheiten, eignen sich ganz besonders für das Bedürfnis dieser Denker, die jüdische biblische Tradition mit der modernen Welt, wie sie in Kafkas Schriften paradigmatisch zum Ausdruck kommt, in Einklang zu bringen.

53 Margarete Susman: Das Hiob-Problem bei Franz Kafka, in: Der Morgen. Monatsschrift der Juden in Deutschland 1 (1925), S. 31-49, hier S. 49. Im Text als »HP« mit Seitenangabe zitiert.

54 Max Brod: Über Franz Kafka, Frankfurt a.M. 1966, S. 158. Im Text als »FK« mit Seitenangabe zitiert.

55 Brief von Gershom Scholem an Walter Benjamin, 1. August 1931, in: Benjamin, Walter: Benjamin über Kafka. Texte, Briefzeugnisse, Aufzeichnungen, S. 63-93, hier S. 64. Im Text als »BK« mit Seitenangabe zitiert.

56 Martin Buber: Warum und wie wir die Schrift übersetzten, S. 174.

57 Günther Anders: Kafka Pro und Contra, S. 91. Obwohl keine expliziten Beweise vorliegen, dass Kafka das Buch Hiob wirklich gelesen hatte, war er sich zweifellos des Buches bewusst, nicht zuletzt durch seine Lektüre von Kierkegaards *Die Wiederholung*, wie in seiner Korrespondenz mit Max Brod dokumentiert, und durch Stücke jiddischer Theatergruppen, die Kafka besuchte und die sich auf Hiob bezogen.

Die hermeneutischen Schwierigkeiten des Buches Hiob und vor allem seine zutiefst paradoxe Natur machen es zu einer privilegierten Folie für Kafkas Werk. Das Buch Hiob lässt, wie Kafkas Schriften, keine klare Moral oder Botschaft erkennen. Schon die Hiobsfrage an sich ist ein Paradox: Wenn es auf der Welt keine Gerechtigkeit gibt, wenn Gerechte und Sündige gleichermaßen leiden, wie kann Gott dann der Gütige und der Allmächtige sein? Das Buch Hiob enthält jedoch noch andere, spezifischere Paradoxa. Anders als seine Freunde und vermeintlichen Tröster, die die Wege Gottes rechtfertigen und das Leiden unterschiedlich als Strafe, Prüfung oder Lektion auslegen, rebelliert Hiob gegen Gott und bezichtigt ihn der Ungerechtigkeit, der Gleichgültigkeit und des Unnahbarkeit. Doch Hiob tut dies in einem überaus direkten und intimen Appell, der gleichzeitig Gottes Nähe voraussetzt. Ein verwandtes Paradox ist die überraschende Antwort Gottes auf Hiobs Klagen: Trotz seines Aufbegehrens lobt Gott seine Haltung und weist die Worte der Freunde, die die göttliche Ordnung bejahen, als leere Schmeicheleien zurück. Schließlich bleibt der Dialog zwischen Gott und Hiob am Schluss des Buches rätselhaft. In seiner Rede aus dem Wirbelwind antwortet Gott auf ganz und gar unbefriedigende Weise auf Hiobs Vorwürfe. Dennoch unterwirft Hiob sich Gott schließlich »in Staub und Asche« (Hiob 42,6).

Verwandte Paradoxa und unlösbare hermeneutische Unstimmigkeiten sind auch in Kafkas Werk zu finden. So wiederholt Kafka fast wörtlich die zentrale Frage Hiobs nach der Gerechtigkeit Gottes, der »den Frommen und den Gottlosen« gleichermaßen zunichtemacht (Hiob 9,22). Ein Tagebucheintrag Kafkas vom 30. September 1915 klingt wie ein Echo dieser Frage. In Bezug auf die Protagonisten von *Der Verschollene* und *Der Process* bemerkt Kafka, dass »der Schuldlose und der Schuldige […] schließlich beide unterschiedslos strafweise umgebracht« werden.[58] Viele von Kafkas Texten kreisen auch um das Paradox von Nähe und gleichzeitiger Unnahbarkeit; darunter sind der »Brief an den Vater«, »Vor dem Gesetz« oder die weniger bekannten Erzählungen »Eine kleine Frau« oder »Gemeinschaft«, in denen der Protagonist Vertrautheit und sogar eine gewisse Intimität mit einem Gegner aufweist. Es können noch weitere Paradoxa der Hiobserzählung mit Geschichten Kafkas verglichen werden: so ähneln Hiobs trügerisch rechtschaffene Freunde der Katze aus Kafkas *Kleiner Fabel*, die der Maus – mit tödlichen Konsequenzen – empfiehlt, sich umzudrehen; die plötzliche Unterwerfung Hiobs infolge

58 Franz Kafka: Tagebücher, S. 757.

der Zurschaustellung von Gottes Macht erinnert an das Ende des *Urteils*, in dem sich der Sohn auf den väterlichen Schuldspruch hin im Fluss ertränkt.

Um die Eigenheiten von Kafkas Prosa zu fassen, gilt es allerdings, bestimmte formale Merkmale im Auge zu behalten, die seine Texte auszeichnen. In ständig sich wiederholenden »aber«, »jedoch« und »trotzdem« manifestiert sich ein stilistisches Element, das die Möglichkeit eröffnet, jede Aussage zurückzunehmen, dieselbe Aussage wenig später mit einer winzigen Verschiebung wiederaufzunehmen, um sie dann oft noch im selben Satz von Neuem zu verwerfen. Diese Eigenschaft, die als »unendlicher Regress«[59] oder als »rotierende Dialektik«[60] beschrieben wurde, gehört zu den schwerwiegendsten Manifestationen moderner Antwortlosigkeit in Kafkas Werk. Lesarten, die dieser Charakteristik seines Schreibens nicht Rechnung tragen und die Unentscheidbarkeit seiner Prosa verraten, tendieren dazu, diese auf endgültige Aussagen festzulegen, die allerdings mehr über die Interpreten aussagen als über Kafkas Werk.

Alle genannten deutsch-jüdischen Denker, die sich in ihren Kommentaren zu Kafkas Schriften auf das Buch Hiob beziehen, verhandeln diese Paradoxa in einem Sinne, der an Günther Anders' Befund anklingt, dass die Moderne für Kafka zwar als gottlose Welt erscheint, diese Erfahrung jedoch selbst eine »religiöse Tatsache« ist.[61] Diese Interpretationen bieten, wenn auch auf unterschiedliche Weise, selektive Lesarten des Buches Hiob, die dessen Paradoxa auflösen und die daraus entstandenen »Lösungen« auf Kafkas Werk projizieren. Das Buch Hiob und Kafkas Schriften werden auf diese Weise ihres Widerstands gegen jegliche versöhnliche Auflösung beraubt und münden in Illustrationen diverser theologischer Konstrukte. Besonders auffallend ist dies in Susmans und Brods Darstellung des Zusammenhangs zwischen Hiob und Kafka. Beide beziehen sich in ihren jeweiligen Analysen von Kafka auf das Buch Hiob, aber sie schließen von den Parallelen zwischen der biblischen Figur und seinem modernen Gegenstück auf radikal unterschiedliche Vorstellungen Kafkas und auf die Beziehung zwischen Gott und Mensch in der Moderne überhaupt. Dennoch unterliegt ihrem Denken über den Zusammenhang von Hiob und Kafka eine jeweils unterschiedliche, aber unverkennbare Theodizee.

59 Jason Baker: Introduction, in: Kafka: The Metamorphosis and Other Stories, xvi.
60 Martin Walser: Beschreibung einer Form, S. 84.
61 Anders: Kafka Pro und Contra, S. 82.

Das Leiden retten: Margarete Susmans jüdisch-christliche Theodizee

Susmans Aufsatz »Das Hiob-Problem bei Franz Kafka« von 1929 zählt zu den frühesten deutschen Studien zu Kafkas Werk überhaupt. Er zeichnet ein philosophisches Portrait des Prager Autors im Kontext einer Interpretation Hiobs und eines entsprechenden Verständnisses des Schicksals und der Mission des jüdischen Volkes. Für Susman ist Kafka der paradigmatische Vertreter der Hiob'schen Erfahrung in der Moderne. Hiobs Not – sein Leiden, seine verzweifelte Hoffnung, von Gott erhört zu werden, seine Suche nach göttlicher Gerechtigkeit – wird von ihr in Kafkas Zeit, die von jeder Richtung, jedem Gewicht, jeder Bedeutung entleert ist, als besonders akut gesehen. Die Beziehung zwischen Schuld und Leiden, die schon im Buch Hiobs problematisiert ist, wird nunmehr völlig unfassbar. In Susmans Worten liegt Kafkas künstlerische Leistung darin, »die Form des Nichts selbst« gefunden zu haben.[62] Und doch gibt sein Werk Susman zufolge zu verstehen, dass ein verstecktes, allmächtiges Gesetz jeden Aspekt des Lebens durchdringt, selbst wenn dieses Gesetz so absolut unerreichbar geworden ist, dass es nicht mehr wahrgenommen werden kann und nur Chaos und Verwirrung zurücklässt. Kafkas Werk vermittelt für sie »die von Gott alleingelassene Welt«. »Und doch«, so Susman weiter, ist dies »das große Mysterium: obwohl Er sie verlassen hat, ist alles in ihr seine Offenbarung«.[63]

Indem Susman ihre Argumentation auf eine dialektische Umkehrung von Gegensätzen gründet, löst sie die Unstimmigkeiten und Widersprüche auf, die aus ihren Deutungen Hiobs, Kafkas und dem Vergleich der beiden entstehen. Ihre Argumentationsweise beruht zwar, ähnlich der Schreibweise Kafkas, auf der betonten Wiederholung der Worte »aber« und »jedoch«. Diese rhetorische Form hat bei den beiden Autoren allerdings eine entgegengesetzte Funktion und Wirkung: In Kafka weist sie auf eine unendliche Oszillation zwischen verschiedenen Möglichkeiten hin, die nie einen Abschluss findet. Susman setzt sie hingegen ein, um die Negativität, die sie in Kafkas Vision diagnostiziert, in eine positive Affirmation umzukehren und so daraus ein geeignetes Werkzeug für eine vollzogene Theodizee zu machen.

Es ist Susmans ausdrückliche Absicht, die Paradoxa des Buches Hiob und die Komplexität von Kafkas Werk in eine Theodizee

62 Susman: Das Hiob-Problem, S. 39.
63 Ebd., S. 47.

aufzulösen. Für sie sind das Buch Hiob und die Schriften in seiner Tradition – vor allem solche über die Juden im Exil, und allen voran Kafkas Werk – eine Rechtfertigung der göttlichen Ordnung. Susman beschreibt jüdisches Denken als eine Folge der Zwangslage der Juden als Opfer:

> Sein Leiden selbst, dessen Grund es nicht erkennt, zwingt das Judentum […] zu immer erneuten Versuchen, Gott zu rechtfertigen: die Entstehung des Leides und der Schuld und ihren Zusammenhang im Leben zu erklären. Es gibt keine große Leistung des Judentums im Exil, die nicht in ihrem Kern eine Theodizee wäre.[64]

Zu diesem Zweck und mit dem Mittel einer fortwährenden dialektischen Umkehrung löst sie das zentrale Paradox des Buches Hiob, das Leiden der Unschuldigen, auf. Darüber hinaus zeichnet sie Hiob als einen, der, obwohl er »nicht ablassen [kann], seine eigene Schuld zu suchen«,[65] sie nicht finden kann, weil er bis zum Ende nicht versteht, dass diese Schuld nicht in ihm persönlich liegt, sondern in der menschlichen Sündhaftigkeit an sich. Für Susman ist es gerade Hiobs Unschuld, die sein Leiden an Bedeutung gewinnen und zu einer Offenbarung der radikalen Alterität Gottes werden lässt: Das Leiden der Schuldigen wäre eine reine Kausalität und könnte so in ein menschliches Maß zurückgeführt werden. Ähnlich, und mit noch größerem Nachdruck, findet sie in Kafka einen Vertreter und Sprecher für die Armen und Leidenden. So ist Kafka für Susman noch rechtschaffener als Hiob, denn »Kafka fleht nicht für sich persönlich wie Hiob, sondern für seine Welt«.[66] Es ist, so Susman, im Leiden solcher Figuren wie Kafkas krankem Hungerkünstler, der hinfälligen Zirkusreiterin, dem versagenden Akrobaten, in dem die Offenbarung der versteckten, göttlichen Macht sich vollzieht.

Dieser Sicht entsprechend, spitzt Susmans Interpretation Kafkas auch die anderen Paradoxa im Buch Hiob zu – und löst sie auf. So identifiziert sie Hiobs intime Klage an einen fernen Gott mit Kafkas umfassendem Monolog an einen Gott, der sich in modernen Zeiten völlig zurückgezogen hat. Auf ähnliche Weise werden das Paradox von Gottes Lob des blasphemischen Anklägers Hiob und Gottes Zurückweisung seiner Freunde, die versucht hatten, die göttliche

64 Ebd., S. 36.
65 Ebd., S. 33.
66 Ebd., S. 42.

Ordnung zu rechtfertigen, in Susmans Aufsatz zu einer Vorstellung Kafkas als endgültigem Vertreter der Juden, der von Gott auserwählt wurde, obwohl – oder vielmehr gerade weil – er eine Welt darstellt, aus der alle Gerechtigkeit verschwunden ist. Für Susman stellt das Paradox von Hiobs Unterwerfung unter Gott nach dessen unzulänglicher Antwort aus dem Wirbelwind – seine Demonstration der Erhabenheit seiner Schöpfung, die in keiner Weise Hiobs Hinterfragen von Gottes Anspruch auf Gerechtigkeit beantwortet – die wahre Erleuchtung von Hiobs Erfahrung göttlicher Offenbarung dar. Gerade weil sich Gott dem menschlichen Verständnis entzieht, wird Hiobs Unterwerfung zu einem umfassenden Ausdruck seines Glaubens. Nicht Hiob der Rebell, sondern Hiob der Märtyrer ist für Susman Emblem des jüdischen Volkes und Modell des *homo religiosus* überhaupt.

Susman unterstreicht diesen Punkt auf markante Weise, indem sie anmerkt, dass Kafka im Angesicht eines Gottes, der undurchdringlich schweigsam bleibt, sich des Protestes enthält: »Kafka klagt nicht«, bemerkt sie.[67] Er klagt oder protestiert nicht, weil die Entfernung zu Gott in seiner Zeit zu groß geworden sei. Gottes Rückzug sei so absolut, dass niemand mehr da ist, um dem Klagenden zuzuhören, geschweige denn ihm zu antworten. Dass Kafka nicht klagt, ist für Susman ein Ausdruck reiner Frömmigkeit. In der radikalsten Umkehr von Gegensätzen befürwortet sie die Reaktion des Opfers (das Susman als »den Gerichteten« bezeichnet), das, wie Hiob und Kafka, sein Schicksal akzeptiert: »Die vollkommen fraglose Hingabe erscheint als die einzige Kraft, die [...] aus dem vollkommen ausweglosen Nichts wenigstens für Augenblicke herausführt«.[68] Wie Hiob, und so auch das jüdische Volk, wird Kafka, indem er das Leiden der Menschheit auf sich nimmt, zu einer Christus-Figur, die für die gesamte Menschheit leidet – und sie damit errettet.

Susman stützt ihre Interpretation auf eine Vermengung jüdischer und christlicher Theologumena. Für sie sind Hiobs Vorwürfe gegen Gott auf direkte Weise mit dem Judentum als Gesetzesreligion verbunden: In dieser Auffassung setzen die Juden, so Susman, mehr als andere, göttliche Gerechtigkeit voraus und sind berechtigt, sie zu erwarten. Aber Susmans Vorstellung des Judentums hat unverkennbar auch christliche Untertöne. Im Gegensatz zur jüdischen

67 Ebd., S. 46.

68 Ebd., S. 45-6. Zu Gershom Scholems zu Recht entrüsteter Reaktion auf Susmans Haltung vgl. Gershom Scholem: Judaica 2, S. 42.

Tradition, in der die Auserwählung der Juden auf ihrer Annahme der Tora und ihrer Gesetze basiert, steht jüdische Auserwählung für Susman in direkter Beziehung zum Leiden. Dieser christlichen Idee zufolge manifestiert sich der jüdische Sonderstatus in einer gläubigen Unterwerfung unter ihr leidvolles Schicksal.

Gleichzeitig, und widersprüchlich, beschreibt Susman das Leiden der Juden als göttliche Vergeltung für ihre Vergehen. Wie ein Echo der Rede von Hiobs Freunden, die sein Leiden als eine Strafe für seine Sünden rechtfertigten, hält sie die Distanzierung von Gott und die jüdische Assimilation für eine Ursache der göttlichen Strafe, die wiederum das Zeichen der jüdischen Auserwähltheit ist. Im 1946 erschienenen *Das Buch Hiob und das Schicksal des jüdischen Volkes,* in dem sie sich nur sporadisch auf Kafka bezieht, wird Susman diese Analyse noch einen Schritt weiterführen. Hier argumentiert sie, dass das Leiden der Juden nicht nur eine Manifestation des Privilegs ist, das Gott seinem Volk verleiht, sondern dass es auch die wahre Mission der Juden in der Welt darstellt. Privileg und Mission der Juden gingen verloren, wenn ihr Zustand als exiliertes, heimatloses Volk weniger bedrängend wird, ihre Rolle als Sündenbock der Weltnationen ein Ende findet. Diese problematische Theodizee Susmans ist ansatzweise bereits in ihrer Interpretation Kafkas als Hiob-Figur zu erkennen.

Die Kluft überbrücken: Max Brods positive jüdische Theologie

Susmans Schriften zu Kafka und Hiob zirkulierten weitläufig unter ihren Zeitgenossen, darunter Felix Weltsch, Hans-Joachim Schoeps, Gershom Scholem und Max Brod, die sich auf ihre Arbeit bezogen. Obwohl Brods Schriften über Kafka sich nicht offen gegen Susman richten, kommen sie dennoch einer Polemik gegen ihre Lesart des Autors gleich. In diesen Schriften beruft sich Brod oft auf die »Hiobsfrage« und zitiert in seiner Kafka-Biographie ausgedehnte Passagen aus Hiobs Klagen und Protesten. Diese Bezüge decken sich teilweise mit Susmans, doch Brod negiert implizit die Parallelen, die Susman in ihrer Kafka-Lektüre postuliert. Er lehnt die Vorstellung eines »repräsentativen Leidens« ab und sieht menschliche Sündhaftigkeit als bloß »zufällige« Schwäche – Zweifel an Gott entstammen einem Missverständnis göttlicher Gerechtigkeit. In dem einzigen expliziten Hinweis auf Susmans Interpretation der Beziehung zwischen Kafka und Hiob bestreitet Brod ihre Erklärung historisch entstandener Unterschiede zwischen den beiden. Für Brod leiten sich diese Unterschiede nicht von der wachsenden Kluft zwischen Gott und Mensch in der Moderne ab; stattdessen liegen sie in Hiobs arroganter Gewissheit seiner eigenen Integrität und Unschuld. Anders als Hiob, so Brod, erkennt Kafka, dass er sündhaft ist. Susman betrachtet diese Demut als eine Unterwerfung unter Gottes Herrlichkeit; für Brod handelt es sich dabei eher um einen Mangel an Lebenskraft, den er – im Gegensatz zu Susmans Glorifizierung des Exils – in zionistischen Begriffen diagnostiziert: »Als Glied eines Volkes ohne Land kann man nicht richtig leben«.[69]

Anders als Susman löst Brod die Paradoxa des Buches Hiob nicht durch dialektische Umkehrungen von Gegensätzen auf. Er harmonisiert sie vielmehr, indem er von ihrer Problematisierung absieht und sie stattdessen nebeneinanderstehen lässt. Wie bei Susman folgt jedem von Brods Bezügen auf Hiob ein »aber«. Doch diese »aber« bedeuten eigentlich »aber auch« und fügen damit unvereinbare Positionen glatt zusammen. Dies geschieht paradigmatisch in einem von Brods Schlüsselsätzen, der Hiobs Leiden mit der Verzweiflung in Kafkas Welt in Einklang bringt, und in dem er anmerkt, »daß weitaus in überwiegender Mehrheit Sätze, die den Menschen entmachten, auf den Leser eindringen. Aber die Thesen der Freiheit und Hoffnung sind *auch da*!«[70] Für Brod stellt Kafkas Prosa, wie das Buch Hiob, einen scheinbar grausamen, unmoralischen Gott dar; dies ist jedoch nur wahr, wenn man es bei der menschlichen Perspektive belässt und Kafkas Glauben an eine gütige göttliche Macht ausschließt. In Brods Lesart stellt Kafka immer wieder »die alte Hiobsfrage«.[71] Anders als Susman löst Brod das Paradox, warum Hiob sich zuletzt Gott unterwirft, obwohl er keine ausreichende Antwort erhalten hat, nicht auf. Stattdessen bekräftigt er sowohl Hiobs als Kafkas jeweilige Rebellion und lässt dabei *zugleich* Gottes Gerechtigkeit intakt, indem er fremde Mächte einführt, die zwischen Gott und Mensch agieren: Für Brod ist es nicht Gott, der für die Ungerechtigkeit und Grausamkeit der Welt verantwortlich ist, sondern es sind »Zwischeninstanzen voll Tücke und Gift«.[72] So behauptet er, dass für Kafka Gott unendlich gut sei, ungeachtet der Verwirrungen, die durch diese »Zwischeninstanzen« gestiftet werden. Die Unendlichkeit, die Brod hier der Güte von Kafkas Gott zuschreibt, ist in dessen Schriften kaum belegbar,

69 Brod: Über Franz Kafka, S. 153.
70 Ebd. S. 151.
71 Ebd., S. 151 und 158.
72 Ebd., S. 162.

also offensichtlich eine Projektion des Interpreten. Obwohl Kafkas Werk tatsächlich eine Vorstellung von Unendlichkeit vermittelt, ist sie jedoch von anderer Art als Brods Behauptung eines grenzenlosen Vertrauens in die Güte Gottes. Kafkas Unendlichkeit manifestiert sich vielmehr in seiner Schreibweise eines endlosen Zögerns, das nie zu einem letzten Urteil wird. Obwohl Brod Kafkas Skepsis nicht abstreitet, weist er ausdrücklich jede Möglichkeit zurück, diese Skepsis ins Unendliche auszudehnen: »Also doch nicht ›grenzenlos skeptisch‹? Nein, die Grenze war da, eine sehr ferne Grenze«.[73]

In seinen Verweisen auf das Buch Hiob spricht Brod das gleiche Problem an wie Susman: die Inkommensurabilität der menschlichen und der göttlichen Sphäre. In ihrer Herangehensweise an dieses Problem werden allerdings grundlegende Unterschiede zwischen den jeweiligen Ansichten deutlich. Während Susman sowohl im Buch Hiob wie in Kafkas Werk die Unmöglichkeit der Zusammenführung dieser beiden Sphären als den wahrhaften Ort göttlicher Offenbarung bezeichnet, sieht Brod in Kafka die Bejahung eines gemeinsamen Grundes zwischen ihnen. Er findet in Kafka lediglich eine »Undeutlichkeit« in der Beziehung zwischen den beiden Sphären vor;[74] auch versöhnt Brod auf wenig überzeugende Weise Kafkas Ansichten mit der traditionellen jüdischen Auffassung, wonach ethische Gebote als das Reich der Begegnung zwischen Gott und Mensch dienen. Zudem findet man bei Brod, mehr noch als bei Susman, einen Widerhall von Hiobs Freunden, die an einer unmittelbaren Kausalität zwischen Leiden und Schuld festhalten. Somit besiegelt auch Brod seine moderne Theodizee.

»Das Nichts der Offenbarung«: Gershom Scholems Negative Theologie

In einer expliziten Zurückweisung jeglicher Versuche einer Gottesrechtfertigung wendet sich Gershom Scholem gegen die Prämissen der theologisch inspirierten Kafka-Interpretationen seiner Zeitgenossen Susman und Brod: Nicht Hiob, der fromm Unterwürfige und Ehrfürchtige, sondern Hiob, der Ankläger Gottes, wird ihm zum Vorfahren des Autors von *Der Process*. Davon zeugt die Erwähnung Hiobs in einem Gedicht, das sich auf Kafkas Roman bezieht und das

73 Ebd., S. 153.
74 Ebd., S. 152 und 162.

Scholem Benjamin zusammen mit einem Exemplar des Buches im Juli 1934 zusandte.

Mit der Figur des Hiob setzte sich Scholem allerdings bereits viel früher auseinander. In den Jahren 1917-1918 beschäftigte er sich eingehend mit dem Buch Hiob, wie zahlreiche Tagebucheintragungen aus dieser Zeit, vor allem im Kontext seiner Aufzeichnungen zu hebräischen Klageliedern und zur Klage als sprachliche Gattung, belegen.[75] In diesen Jahren entsteht auch seine mit einem längeren Kommentar versehene poetische Übersetzung[76] von Hiobs bekanntestem Monolog, dessen Klage über den Tag seiner Geburt. Das Verhältnis von Scholems frühen Reflexionen über Hiob zu seiner späteren Zusammenschau von Hiob und Kafka gibt Aufschluss über einen Wandel in Scholems Denken und Schreiben, der sich in die Unterscheidung von Klage und Anklage fassen lässt.

Scholems Assoziationen von Kafkas Texten mit dem Buch Hiob sind spärlicher und rätselhafter als jene von Susman oder Brod, doch entwickelt auch er aus diesem Vergleich eine komplexe theologische Interpretation. Scholem lehnt die ihm bekannten Deutungsmuster sowohl von Susmans christologischer Lesart als auch von Brods positiver jüdischer Theologie ab. Er wendet sich ausdrücklich gegen die Versuche einer Theodizee, die er in den Kafka-Kommentaren dieser Lektüren zu Recht vermutet. Dennoch ist auch er nicht immun gegen Versuchungen, die grundlegenden Paradoxa im Buch Hiob, die bis in die heutige Zeit so oft zum Vergleich mit Kafka Anlass gegeben haben, aufzulösen.

Diese Paradoxa sind vielfältig. Sie betreffen zunächst die Hiobs-

75 Vgl. mehrere Aufsätze zu diesem Thema in Ilit Ferber und Paula Schwebel: Lament in Jewish Thought: Philosophical, Theological and Literary Perspectives, insb. Bernd Witte: Silence, Solitude, and Suicide: Gershom Scholem's Paradoxical Theory of Lamentation, S. 173-84; Sigrid Weigel: The Role of Lamentation for Scholem's Theory of Poetry and Language; S. 185-204; Daniel Weidner: Movement of Language and Transience: Lament, Mourning, and the Tradition of Elegy in Early Scholem, S. 237-56 und Paula Schwebel: The Tradition in Ruins: Walter Benjamin and Gershom Scholem on Language and Lament, S. 277-304.

76 Sigrid Weigel bemerkt zu Recht, dass man »im Sinne [von Scholems] frühen, aus der Sprache der Klage abgeleiteten Dichtungstheorien diese Übersetzungen und nicht seine eigenen Gedichte als seine eigentliche Dichtung betrachten [müsste]«. In Sigrid Weigel: Scholems Gedichte und seine Dichtungstheorie. Klage, Adressierung, Gabe und das Problem einer biblischen Sprache in unserer Zeit, S. 33. Ein Vergleich der literarischen Qualität von Scholems Kafka-Gedicht mit seiner Übersetzung von Hiobs Klage bestätigt diese Einschätzung.

frage selbst: Wenn es auf der Welt keine Gerechtigkeit gibt, wenn Gerechte und Sündige gleichermaßen leiden, wie kann Gott dann der Gütige und der Allmächtige sein? Aber auch Teilaspekte des Hiob-Buches sind widersprüchlich: Wie kann Hiob gegen Gott rebellieren, ihn der Ungerechtigkeit, der Gleichgültigkeit und der Unnahbarkeit bezichtigen und ihn dennoch gleichzeitig in einem direkten und sogar intimen Appell anreden, der Gottes Nähe voraussetzt? Wieso lobt Gott den lästernden Hiob, während er die Worte seiner Freunde, die die göttliche Ordnung bejahen, als leere Schmeicheleien zurückweist? Warum unterwirft Hiob sich zuletzt Gott »in Staub und Asche« (Hiob 42,6) trotz Gottes unzulänglicher Antwort »aus dem Sturme«? (Hiob 38,1).

Verwandte unlösbare hermeneutische Unstimmigkeiten sind auch in Kafkas Werk zu finden. So wiederholt Kafka fast wörtlich die zentrale Frage Hiobs nach der Gerechtigkeit Gottes, der »Schlichte und Schuldige« gleichermaßen zunichtemacht (Hiob 9,22). Ein Tagebucheintrag Kafkas von 1915 über das Schicksal der Protagonisten von *Der Verschollene* und *Der Process* klingt wie ein Echo dieser Frage, wenn er bemerkt, dass »der Schuldlose und der Schuldige [...] schließlich beide unterschiedslos strafweise umgebracht« werden.[77] Während Susman und, auf ganz andere Weise, Brod diese Paradoxa theologisch aussöhnen, führen sie bei Scholem zu einer umgekehrten Schlussfolgerung, die jedoch eine nicht minder schlüssige Verurteilung eines sich der Verantwortung entziehenden Gottes darstellt. Scholem verwirft zwar implizit Susmans dialektische Verschränkung von Leiden und Auserwählung und lehnt ebenso Brods Idee einer lediglich fehlerhaften menschlichen Wahrnehmung göttlicher Gerechtigkeit ausdrücklich als eine illusorische Theodizee ab, doch auch seine Lesart des Buches Hiob sowie der Schriften Kafkas hebt die verstörenden Paradoxa auf.

Scholem skizziert in seiner Darstellung der Verbindung von Hiob und Kafka eine Vision der Moderne, die Züge einer negativen, gnostisch inspirierten Theologie trägt. Diese Tendenz manifestiert sich in seiner Lektüre Hiobs als Ankläger eines Gottes: Scholems Bezugnahme auf die Paradoxa des Hiobstextes in seinem Kafka-Gedicht und seinen Briefen an Benjamin sind in seine Überzeugung eingebettet, dass Kafkas Schriften, wie er Benjamin schreibt, zeigen, wie »die Möglichkeit des Gottesurteils [...] in einer Dichtung zu behandeln« sei. Das Gottesurteil bestimmt Scholem dabei als »den einzigen

77 Franz Kafka: Tagebücher, S. 757 (30. September 1915).

Gegenstand der Kafkaschen Produktion« (BK, 64). In einem Brief an Benjamin aus dem Jahr 1931 beschreibt er die Werke des Prager Autors als einen Versuch der »*sprachliche[n]* Paraphrase eines Gottesurteils« (BK, 65). Dieses sei zumindest ebenso ein Urteil Gottes als dessen Verurteilung. Gott und Mensch stehen sich hier als Ankläger und Angeklagte gegenüber. In Scholems Gedicht wird das Urteil des einen über den anderen gefällt.

Nach Scholem muss Kafkas Welt in einem theologischen Licht gesehen werden, allerdings in einem, das von Dunkelheit durchdrungen ist. »[S]o gnadenlos wie hier brannte noch nie das Licht der Offenbarung«, schreibt Scholem (BK, 65). In einer Interpretation, die zunächst mit Brods »jüdischer« Lesart vereinbar scheint, erläutert Stéphane Mosès, Kafka habe laut Scholem die menschliche Existenz ständig an dem Ideal absoluter Gerechtigkeit gemessen, ein Ideal, das die jüdische Tradition im Bild des göttlichen Urteils symbolisiere.[78] Anders als etwa Brod glaube Scholem jedoch, dass dieser Vergleich eine Begegnung von Gott und Mensch im offenbarten Gesetz ausschließt.

Abgesehen von seinem Rat an Benjamin, der eine intensive, von grundlegenden Meinungsverschiedenheiten gekennzeichnete Diskussion über Kafka eröffnet, findet sich Scholems ausdrücklichster Hinweis auf die Beziehung zwischen Hiob und Kafka in seinem Gedicht zum *Process*. Die vierzehn Strophen des Gedichts beschreiben das Schicksal der Offenbarung in einer Zeit, in der Gott sich vollkommen zurückgezogen hat und nur ein Nichts zurücklässt. Von diesem Schluss und Abschluss zeugen die Verse »Schier vollendet bis zum Dache / ist der große Weltbetrug« (BK, 73).

Ein Ausdruck gänzlicher Endgültigkeit des Gottesurteils findet sich in der sechsten Strophe:

> Haargenau auf Hiobs Waage
> ward gemessen unser Stand,
> trostlos wie am jüngsten Tage
> sind wir durch und durch erkannt. (BK, 73)

Die Lage ist hoffnungslos, und sie enthält keinen Spielraum mehr: Jeder Vers spricht von Stillstand und Ende. Scholems Hinweis auf »Hiobs Waage« spielt auf eine Metapher an, die im Buch Hiob zwei-

78 Stéphane Mosès: Der Engel der Geschichte. Franz Rosenzweig, Walter Benjamin, Gershom Scholem, S. 192. Im Text als »SM« mit Seitenangabe zitiert.

mal vorkommt. Das erste Bild findet sich in Hiobs Antwort an Eliphas, als Hiob ihm wünscht: »Würde nur gewichtrecht mein Gram und mein Verhängnis gewogen im Schalenpaar, das mitsammen sie trüge, / schwerer wiege es sich als der Sand am Meer. Darum lallen meine Reden.« (Hiob 6,2-3) Hiob verweist auf die Waage als Emblem der Gerechtigkeit, doch ist die Waage aus dem Gleichgewicht geraten, denn keine Klage, kein Ausdruck der Bitterkeit entspricht seinem unermesslichen Leid. Die Reden »lallen«, sie verfehlen ihr Ziel und sind unverständlich geworden. Die Metapher wird am Ende des Buches noch einmal aufgenommen, als Hiob Gott bittet, gerecht über ihn zu urteilen: »wäge er mich auf wahrhaften Schalen, Gott erkenne meine Schlichtheit!« (Hiob 31,6) In Scholems Gedicht wird diese Bitte nicht erhört, sodass die Hoffnung auf kommende Gerechtigkeit verschwindet. Sein Hinweis auf die Waage zieht eine Parallele zwischen Hiobs Leiden und dem Gewicht der Verzweiflung, die er bei Kafka findet. Die Metapher deutet auch die Herrschaft einer göttlichen Macht an, die für diesen hoffnungslosen Zustand verantwortlich ist. Die Präzision der Waage und die passive Form der folgenden Verse zeigen in der Tat an, dass eine höhere Macht die Messung und das Wiegen ausführt, aber dass diese weder menschlich fassbar noch gerecht ist. Die im Vers angedeutete Durchschaubarkeit: »sind wir durch und durch erkannt« (BK, 73), bestätigt diese »abwesende Anwesenheit« und ihre Endgültigkeit: Der Mensch ist nunmehr voll und ganz Gottes Allwissenheit ausgesetzt, doch was daraus folgt, ist reine Verzweiflung.

Der inhaltlichen Abgeschlossenheit entspricht die Form von Scholems Gedicht. Zwar übernimmt es die zentrale Geste Hiobs, indem es den Protest gegen den Mangel an Gerechtigkeit und seine ausdrückliche Feststellung von Gottes Schweigen jeweils in einer direkten Ansprache an Gott formuliert. Doch im Gegensatz zur poetisch hochkomplexen Form seiner frühen Übersetzung der Hiobsklage und anderer Klagelieder[79] ist dieses Gedicht, wie die meisten Gedichte Scholems, als kreuzgereimter Vierzeiler angelegt. Diese häufigste Gedichtform im Deutschen, in der die Betonung der Verse auf der letzten Silbe liegt und somit jeweils auf den Endpunkt zuläuft, korrespondiert der Endgültigkeit des Inhalts. Durch den Reim erhalten auch die an die Hiobsklage erinnernden unbeantworteten Fragen

79 Vgl. Sigrid Weigels präzise Beschreibung der poetischen Form von Scholems Übersetzung eines der Hiobsklage vergleichbaren Klagelieds in: Scholems Gedichte und seine Dichtungstheorie, S. 34.

des Gedichts einen rein rhetorischen Charakter, der sich in den geschlossenen Modus von Anklage und Urteil einfügt. In der zwölften Strophe erreicht das Gedicht in einer ausdrücklichen Anti-Theodizee seinen Höhepunkt:

> Dein Prozeß begann auf Erden;
> endet er vor deinem Thron?
> Du kannst nicht verteidigt werden,
> hier gilt keine Illusion. (BK, 74)

Die Frage, die im zweiten Vers dieser Strophe gestellt wird, könnte sich sowohl auf Hiobs Prüfung beziehen, die Gottes Wette mit Satan folgte, als auch auf die Umkehrung dieser Prüfung in Hiobs anschließenden Vorwürfen gegen Gott. Scholems Antwort auf diese Fragen lehnt jedoch jede mögliche Verteidigung oder Rechtfertigung der göttlichen Ordnung ab. Dieser Gedanke wird noch einmal in einer weiteren Strophe bekräftigt:

> Aus dem Zentrum der Vernichtung
> bricht zu Zeiten wohl ein Strahl,
> aber keiner weist die Richtung,
> die uns das Gesetz befahl. (BK, 74)

Durch den Gleichklang von »Vernichtung«, »bricht« und »Richtung« schallt das Nichts wie in einer festgefügten Echokammer. Zwar leuchtet kurz der Strahl der Offenbarung durch die Dunkelheit – zweifellos ein Bezug auf den Glanz, der in Kafkas »Vor dem Gesetz« durch die offene Tür hervorbricht –, aber das Licht, das dort aufscheint und das in Kafkas Parabel vom offenbarten Gesetz herstammt, bietet weder Sinn noch Orientierung. Es ist vielmehr selbst der Ursprung der Irreführung und alles andere als ein Ausweg aus der Dunkelheit.

In seinem »offenen Brief« an Hans-Joachim Schoeps definiert Scholem das offenbarte Gesetz als »das absolut Konkrete, das Unvollziehbare schlechthin«.[80] Das »Offenbarungswort« hat dem Menschen Gesetze auferlegt, die er unmöglich erfüllen kann. In einer Interpretation von Scholems rätselhaftem Ausdruck unterstreicht Mosès den Zusammenhang zwischen dieser Charakterisierung des Gesetzes und Scholems Auffassung von Kafkas Schreibmodus: »Das religi-

80 Gershom Scholem: Briefe, Bd. 1, 1914-1947, S. 469.

öse Gesetz des Judentums, das mit äußerster Genauigkeit auch die unscheinbarsten Aspekte des tagtäglichen Lebens kodifiziert«, habe Scholem an »die endlosen Schwankungen von Kafkas Personen, ihr Zaudern selbst vor der unbedeutendsten konkreten Entscheidung« erinnert (SM, 202-3). In seinem Kafka-Gedicht betrachtet Scholem die große Präzision der Waage, auf der Gott die Taten des Menschen beim Jüngsten Gericht wiegt, aber er tut dies im negativen Licht eines Rechtssystems, das seine repressive Macht beibehalten hat, auch noch, als es seine Funktion als existentielle Ausrichtung längst verloren hat. Mit der Verurteilung des Gesetzes wird auch die Endlosigkeit der Überlegungen von Kafkas Figuren – und von Kafkas Schreibweise selbst – durch die Form des Gedichts sprachlich verabschiedet.

In seinen Texten über Kafka,[81] die er in Zusammenhang mit seinem Briefwechsel mit Scholem schrieb, bietet Benjamin eine andere Erklärung für die »unendliche« Schreibweise in Kafkas Schriften. Wie Scholem bezieht sich auch Benjamin auf die jüdische Texttradition, aber nicht auf das Buch Hiob. In einem Brief, der auf Scholems Kafka-Gedicht eingeht, schreibt er, dass er mit allen Strophen ab der siebten völlig übereinstimmen könne.[82] Dies ist genau die Strophe, die den Versen, die sich auf Hiob beziehen, folgt. Offensichtlich weist Benjamin Scholems Assoziation Kafkas mit der trostlosen Lage, die Scholem mit den Hinweisen auf Hiob verband, zurück. Dies bezeugt auch Benjamins Reaktion auf Scholems Vers »Nur dein Nichts ist die Erfahrung, / die sie [die Zeit] von dir haben darf« (BK, 73). In seinem Brief, in dem er auf das Gedicht reagiert, hält Benjamin ihm seine eigenen, vorsichtig formulierten messianischen Hoffnungen entgegen und spricht von seinem Versuch »zu zeigen, wie Kafka auf der Kehrseite dieses ›Nichts‹, in seinem Futter, wenn ich so sagen darf, die Erlösung zu ertasten gesucht ha[be]« (ebd.).

Für Benjamin entspringt diese messianische Hoffnung aus der Affinität von Kafkas Schriften zu den »haggadischen Teile[n] des

81 Walter Benjamin: Franz Kafka. Zur zehnten Wiederkehr seines Todestages, (BK, 9-38) und Franz Kafka: Beim Bau der Chinesischen Mauer, (BK, 39-46).

82 »Um meine Stellung zu deinem Gedicht […] wenigstens noch etwas eingehender anzudeuten, will ich dir nur die Strophen nennen, die ich mir ohne Vorbehalt zu eigen mache. Das sind 7 bis 13. Vorher einige« (BK, 76). Mit dieser Bemerkung grenzt Benjamin die Strophe, in der Hiob erwähnt ist, aus seinem Einverständnis aus. In Weigels Wiedergabe von Benjamins Reaktion auf Scholems Gedicht heißt es irrtümlich, Benjamin habe sich zu diesem »nur sehr sparsam geäußert, nämlich so, dass er sich die 7. und 13. Strophe ohne Vorbehalt zu eigen machen könne, ganze zwei von 14 Strophen also.« Weigel: Scholems Gedichte und seine Dichtungstheorie, S. 46.

Talmud«. Wie diese seien auch Kafkas Erzählungen »eine Haggadah, die immerfort innehält«, während sie die Möglichkeit, »die halachische Order und Formel, die Lehre könnte ihr unterwegs zustoßen« (BK, 41),[83] zugleich sucht und fürchtet. Dieses Schwanken vor dem Gesetz, das vermeiden will, in die Fixierung einer Doktrin zu münden, ist für Benjamin »der eigentliche Sinn dieser merkwürdigen, oft so frappanten Ausführlichkeit«; es ist die »Verzögerung« (BK, 42). Die Form von Kafkas »unendlichem« Schreiben ist gleichzeitig eine erlösende Geste der Hoffnung und, so Benjamin weiter, ein Ausdruck von Kafkas »Angst vor dem Ende«.[84] Ob dieses Ende den Tod bedeutet, ein Urteil oder die Identität von beidem, wird nicht deutlich. Letztere Möglichkeit ist die plausibelste: Der vorletzte Satz von *Der Prozess*, der die Hinrichtung Josef K.s beschreibt, lautet: »Mit brechenden Augen sah noch K., wie die Herren, nahe vor seinem Gesicht, Wange an Wange aneinandergelehnt, die Entscheidung beobachteten.«[85] Die Entscheidung ist der Tod. Das Ende hinauszuzögern, also die Perspektive des Sterbenden beizubehalten, bedeutete den Aufschub der Hinrichtung, sowohl in dem in dieser Szene angedeuteten wörtlichen Sinne als auch in einer allgemeineren Bedeutung des Urteils und seiner Ausführung, des Abschlusses eines Verfahrens. Was Benjamin in Scholems Kafka-Interpretation zurückweist, ist dieser Abschluss und dieses Ende, die Endgültigkeit nicht nur des Gottesurteils, sondern der Anklage und Verurteilung Gottes und des Zustands der von ihm verlassenen Welt.

Die Illusionen sind durchschaut, der große Betrug ist offenbar geworden. Scholems Kafka-Gedicht zeichnet eine gottverlassene Moderne, die ebenso hoffnungslos wie endgültig ist. Sein Kafka ist ein Verkünder dieser Moderne, Hiob sein Vorfahre. Anders Scholems frühe, im Kontext seiner Beschäftigung mit Klage und Klagelied entstandenen Betrachtungen über Hiob, in denen die Sprache, wenn auch keine Erlösung, so doch einen Aufschub des Endes bewirkt.

Ein anderer Scholem: Die Sprache der Klage

Unmittelbar nach seinem Rat an Benjamin, Hiob als Ausgangspunkt seiner Kafka-Lektüre zu nehmen, bemerkt Scholem: »Die Gedanken,

83 Der Absatz ist im vorhergehenden Kapitel vollständig zitiert.

84 »Was sich aber bei Kafka in dieser Endlosigkeit gefällt, *ist eben doch die Angst vor dem Ende*« (BK, 42; Hvh. V.L.).

85 Franz Kafka: Der Prozeß, S. 194.

die ich vor vielen Jahren in meinen Thesen über Gerechtigkeit, die du kennst, ausgesprochen habe, würden sich in ihrer Beziehung zur Sprache mir als der Leitfaden meiner Betrachtungen über Kafka ergeben« (BK, 64). Scholem bezieht sich hier auf seine mehr als zwanzig Jahre vor seinen Kafka-Kommentaren entstandenen »Zwölf Thesen über die Ordnung der Gerechtigkeit« (*Tagebücher*, 533-6). Diese Thesen wiederholen teilweise wörtlich Scholems Text »Über Jonah und den Begriff der Gerechtigkeit« (*Tagebücher*, 522-32) aus der gleichen Zeit. In diesem Text vergleicht Scholem den biblischen Propheten Jonah mit Hiob und argumentiert, dass Hiob, im Gegensatz zu Jonah, »eine innere Beziehung zur Klage« habe (*Tagebücher*, 525). In dieser Eigenschaft des Klagenden richtet Hiob endlose und nicht zu beantwortende Fragen an Gott, die der Mensch zu fragen nicht befugt ist, in erster Linie die Frage nach der göttlichen Gerechtigkeit. Anders als Anklage und Urteil ist die Klage unendlich und unterwandert auf diese Weise die etablierte Ordnung der Dinge und die ihr entsprechende Sprache.

In mehreren Tagebucheintragungen aus dieser Zeit – einer Periode intensiven Briefwechsels mit Benjamin, in dem Scholem diesem von seiner Arbeit über die biblischen Texte berichtet – beschreibt Scholem das Buch Hiob als ironisch verkleidete Legitimation der Hinterfragung der göttlichen Gerechtigkeit (*Tagebücher*, 376-8). Zunächst scheint es, dass Hiob sich aufgrund seiner Infragestellung Gottes schuldig macht. Doch da sich die Frage »nicht als beantwortbar oder auch widerlegbar« erweist, wird seine Haltung gerechtfertigt: »*Hiob ist im Recht!*« (*Tagebücher*, 377) Im Recht ist Hiob, weil die Ausdrucksform der Klage aufs Genaueste einer solchen, sich der Logik von Anklage und Urteil entziehenden Frage entspricht. Die Textur des Hiob-Buches selbst – dessen endlose, in sich kreisende Dialoge – bekräftigt denn auch, dass die Frage nach göttlicher Gerechtigkeit nicht legitim ist. In diesem Sinne, so Scholem, ist auch Gottes Reaktion auf Hiobs ethische Frage zu verstehen: Gott verweigert eine Antwort, verweist auf die Herrlichkeit seiner Schöpfung und entzieht sich der menschlichen Idee von Gerechtigkeit. Was dem Menschen angesichts dieses Rückzugs bleibt, ist die Klage. Sie ist, schreibt Scholem, die einzige angemessene Sprachform: »Denn hat jemand [wie Hiob] die Grenzen gesehen, die sich rings um sein Leben ausdehnen, so klagt er mit recht – und diese Klage ist unendlich in allen Dimensionen, sie ist von einer höheren Unendlichkeit als dieses Leben selbst.« (*Tagebücher*, 378) Scholems Schlussfolgerung könnte eine Beschreibung von Kafkas *Der Process* sein: »Die Szenerie des

Buches Hiob ist vergleichbar einem Gericht, vor dem eine immer wiederholte Anklage vor einer unendlich wachsenden Zeugenschaft verhandelt wird, ohne dass der Richter erscheint« (*Tagebücher*, 378). In der stetigen Wiederholung wird die Anklage zur Klage. In der Abwesenheit des Richters, der hier auch der Angeklagte ist, gibt es kein Urteil.

In seinem Kommentar zu Hiobs Monolog, in dem dieser den Tag seiner Geburt verflucht, unterscheidet Scholem explizit zwischen Klage und Anklage: Letztere ist immer gegen eine partikulare Instanz gerichtet; die Klage hingegen »klagt nicht irgend jemanden unter den Wesen an, sondern die Sprache selbst« (*Tagebücher*, 545). Scholem definiert die Eigenheit der Klage, und Hiobs Klage im Besonderen, als Sprache, die die »Unendlichkeit und Zyklik der Vernichtung« sichtbar macht. Dies geschieht nicht durch einen äußeren Faktor – als Bedeutung, die den Worten zugewiesen wird –, sondern aus der Sprache der Klage selbst heraus. Was in dieser Sprache geschieht, ist »ein ungeheures inneres Zerfließen des Gedichts in unlöslicher Verbindung mit dem Gesetz der Wiederkehr. Im Sinne dieses Gedichts [Hiobs Klage über seine Geburt] ist die Frage ›Warum gibt er dem Mühseligen Licht‹ *nicht* gestellt, um eine Antwort zu erhalten, wenigstens nicht primär, sondern [...] es *gibt* keine Antwort auf diese unendliche, *prinzipiell* wiederkehrende klagende Frage [...] Alles in diesem Liede [...] ist Wiederkehr in immer weiteren Kreisen« (*Tagebücher*, 546). Diese Wiederkehr ist endlos.

Als Infragestellung, die keine Antwort erwartet und kein Ende kennt, ist »die Klage eine Anklage, die sich nie zu einem Urteil wandeln kann« (*Tagebücher*, 546). An der Grenze von Sprache und Schweigen verweilend, wird die Klage selbst zum Aufschub. In einer knappen Anmerkung schreibt Scholem: »*Verstummen: Aufschub im Worte, das sprachliche Prinzip der Klage*« (*Tagebücher*, 365). Gerade weil die Klage eine unendliche und grenzenlose Form, oder vielmehr eine Gebärde, ist, löscht sie ihr Objekt in monotoner Wiederholung aus. Sie absorbiert die drohende Zerstörung in die Sprache selbst.

Für Scholem ist die Klage das Andere des Selbstmords, den Hiobs Frau ihrem verzweifelten Gatten als Ausweg vorschlägt:

> Die Klage um die Geburt ist eine ewige. Sein heißt: Quell von Klage sein. Ursprung und Grenze, wie in der Geburt in der Sphäre des Lebens, berühren sie sich in der Sphäre der Sprache in der Klage ... Die Geburt klagen, heißt den Tod wünschen, aber nicht ihn herbeiführen. Mehr aber als die Klage um die Geburt kennt

> das Judentum nicht. Kennte es *mehr*, hätte der Selbstmord einen legitimen Ort im Judentum. In der Klage aber wird er durch ein Mittleres eliminiert, der Selbstmord der Sprache ist erreichbar (und vielleicht sogar Quelle der Versöhnung?). (*Tagebücher*, 546)

Nicht nur der Selbstmord wird durch die Klage aufgeschoben, auch die Exekution des Angeklagten. In seinen »Zwölf Thesen zur Ordnung der Gerechtigkeit« schreibt Scholem lakonisch: »Im Aufschub handeln errettet vom Tode« (*Tagebücher*, 534). Er bezeichnet die Klage als »die prinzipiell gerechte Sprache« (*Tagebücher*, 362). Diese rätselhafte Aussage wird klarer, wenn man den Kontext von Scholems Betrachtungen über Gerechtigkeit berücksichtigt. Die Klage, die den Selbstmord des Leidenden wie die Exekution des Angeklagten aufschiebt, entspricht strukturell Scholems Vorstellung von Gerechtigkeit. Scholems prägnanteste Bestimmung von Gerechtigkeit findet sich in seinen »Zwölf Thesen«: »Gerechtigkeit bedeutet: dass zwar geurteilt werden darf, aber die Exekutive davon völlig unterschieden bleibt. Die eindeutige Beziehung des richterlichen Urteils auf die Exekutive, die eigentliche Rechtsordnung, wird aufgehoben im Aufschub« (*Tagebücher*, 533). Scholem veranschaulicht diese Definition der Gerechtigkeit mit einer Zeile aus dem Buch Jonah: »Und er besann sich über die Verurteilung, die er verheißen hatte an ihnen zu vollstrecken, und vollstreckte sie nicht« (Jonah 3,10, zit. in *Tagebücher*, 528). Ebenso entstammt Scholems eigene Bestimmung von Gerechtigkeit der Geste des Aufschubs: »Der zur Handlung gewordene Aufschub ist Gerechtigkeit als Tat« (*Tagebücher*, 533). Dass dieser Aufschub in der Sprache erreicht wird, einer Sprache endloser Wiederholung, bedingt, dass er nicht transformiert oder in eine andere Sprache übersetzt werden kann. Es ist die Sprache der Klage, die »sofern sie Klage ist, immer gleich bleibt« (*Tagebücher*, 129), die diesen Aufschub des Endes bewirkt.

Nichts könnte Kafkas »stehendem Sturmlauf«, dieser unablässigen, intensiven Bewegung, die nicht von der Stelle kommt, keine Veränderung herbeiführt und sich selbst fortwährend aufhebt, näher sein als Scholems Beschreibung der Sprache der Klage. Anders als Scholems Gedanken zu Kafka aus den dreißiger Jahren, in der die Endlosigkeit unbeantwortbarer Fragen in eine negative Theologie mündet, eröffnen seine frühen Kommentare zu Hiob gerade aufgrund dieser Unendlichkeit andere Möglichkeiten: Die Endgültigkeit eines sei's positiven, sei's negativen Urteils wäre die Antwort auf eine Anklage. Die inhärente Unabschließbarkeit der Klage erreicht hingegen einen Zustand, den Scholem die Übersetzung des Gottesurteils in Dichtung nennt.

Scholems frühe Aufzeichnungen sind nicht nur Benjamins Sicht auf Kafkas Schreiben näher, sie entsprechen auch genauer Kafkas Prosa selbst. Während Scholems spätere theologische Überlegungen ein abschließendes Urteil fällen, sind die früheren Schriften mit einer Sprache des Aufschubs befasst, der auch den Modus von Kafkas Schreiben kennzeichnet. Anstelle von Anklage und Urteil stehen Klage und Aufschub, und, mit diesen, eine andere Auffassung von Gerechtigkeit. Der fortwährende Aufschub der Exekutive – vielleicht nicht nur der Ort, an dem Klage und Kafka aufeinandertreffen, sondern ein anderes Wort für Literatur?

Versuch, Kafkas anderen Hiob zu denken

»Ich könnte mir einen andern Abraham denken.«[86] Dieser erste Satz eines Briefs, den Kafka im Juni 1921[87] an Robert Klopstock schreibt, ist eine implizite Antwort auf seine Lektüre von Kierkegaards Überlegungen zu Abraham und der Opferung Isaaks in *Furcht und Zittern*. Für Kierkegaard ist Abrahams Gehorsam »das letzte Stadium, das dem Glauben vorangeht«,[88] und Hiob, wie Abraham, ein »Ritter des Glaubens«, weil er sich Gott nach dessen Rede aus dem Wirbelwind unterwirft. Kafka nennt Hiob zwar nie, aber seine Vorstellung eines »andern Abrahams« ermöglicht es, sich vorzustellen, wie er sich einen andern Hiob gedacht hätte: Es wäre ein Hiob, der sich einer Einfügung in eine bedingungslose Apologie Gottes verweigerte.

Kafka denkt sich einen anderen Abraham, einen Abraham, der nicht auf den Berg Morija geht, um seinen geliebten Sohn zu opfern. »Freilich«, so Kafka, würde dieser Abraham »es nicht bis zum Erzvater bringen, nicht einmal bis zum Altkleiderhändler«. Wie der biblische Patriarch ist Kafkas »anderer Abraham« ein frommer Mann, der »die Forderung des Opfers sofort, bereitwillig wie ein Kellner zu erfüllen bereit wäre«; im Gegensatz zum biblischen Abraham wäre

86 Brief von Franz Kafka an Robert Klopstock, Juni 1921, in: Kafka, Briefe, 1902-1924, S. 333-4.

87 Für eine richtungsweisende Analyse dieses Textes, siehe Robert Alter: Necessary Angels, S. 73-4.

88 Søren Kierkegaard: Religion der Tat, S. 59.

er jedoch einer, »der das Opfer doch nicht zustandebrächte«.[89] Kafka beschreibt daraufhin zwei verschiedene Szenen, die unterschiedliche Gründe anführen, die Abraham davon abhalten, den göttlichen Befehl auszuführen. In der ersten Szene argumentiert Abraham in einer imaginären Antwort an Gott, dass »er von zuhause nicht fortkann, er ist unentbehrlich, die Wirtschaft benötigt ihn, immerfort ist noch etwas anzuordnen, das Haus ist nicht fertig«.[90] Kafka entwickelt diese Phantasmagorie weiter und führt Abrahams Ausflüchte dafür, dass er zögert, anstatt Gottes Befehl zu gehorchen, näher aus. Sein »anderer Abraham« steht jetzt im Plural, er ist ein Typus geworden, eine existentielle Haltung: Die »oberen Abrahame, die stehn auf ihrem Bauplatz und sollen nun plötzlich auf den Berg Morija«.[91] In Kafkas Vorstellung werden diese Abrahame von Gott gerufen, während sie sich um ihr Haus kümmern: Die göttliche Verfügung erreicht sie inmitten ihrer Sorge um dieses Haus, um ihre Wirtschaft, ihre Lebenswelt, und es wird ihnen befohlen, all dies aufzugeben, um im Dienste Gottes auf den Berg zu gehen und das Opfer zu vollbringen. So sehr Kafkas »andere Abrahame« auch willens gewesen wären, sich zu fügen, sind sie zu sehr in die Tätigkeit an ihrem »Bauplatz« vertieft, um Gottes Ruf zu folgen.

Zwei Jahre, nachdem Kafka diesen Brief geschrieben hat, verfasst er die Erzählung *Der Bau*,[92] die »unendliche« Erzählung *par excellence*. Sie besteht aus einem langen Monolog eines maulwurfartigen Tiers, das sich wie besessen um seinen Bau kümmert. Das Tier stellt fortwährend Beobachtungen an, trifft Entscheidungen und bestätigt Fakten, nur um sie sofort mit einem »aber« oder einem »jedoch« zu verwerfen und sich einer Vielzahl von Alternativen zuzuwenden,[93] die sogleich das gleiche Schicksal erfahren. Die ununterbrochenen Überlegungen und Berechnungen kreisen mit übermäßiger Aufmerksamkeit um jedes kleinste Detail. Nie erfassen sie das Ganze, die Aufgabe ist endlos. Der Bau, der weder zu vervollkommnen noch zu vollenden ist, der weder verlassen noch wirklich bewohnt werden kann, ist das perfekte Bild und die Verkörperung von Kafkas Schreiben, das sich ebenfalls in einer ständigen Bewegung selbst aufhebt. Auf den letzten

89 Brief von Franz Kafka an Robert Klopstock, Juni 1921, in: Kafka, Briefe, 1902-1924, S. 333.
90 Ebd.
91 Ebd.
92 Franz Kafka: Der Bau, in: Nachgelassene Schriften und Fragmente II, S. 576-632.
93 Ebd.

Seiten der Erzählung hört der Maulwurf, eine Unterbrechung sowohl fürchtend als auch erhoffend, ein Geräusch und stellt sich vor, dass »mich jemand zu sich rufen wird, dessen Einladung ich nicht werde widerstehen können«.[94] Der Maulwurf vermutet, dass das Geräusch, das er im Bau hört, nicht von vielen kleinen Tieren stammt, »sondern von einem einzigen großen«.[95] Etwa einem göttlichen? Wie dem auch sei: Sogleich geht der Maulwurf weiter seinen Geschäften nach, und nach sechzehn eng beschriebenen Manuskriptseiten und einem weiteren »aber« bricht die Geschichte mitten im Satz ab. Sie könnte, so scheint es, endlos weitergehen.

Der letzte Satz von Kafkas erster Szene in seiner Vorstellung eines »andern Abrahams« bietet eine Erklärung für diese Endlosigkeit. Sich auf seine »anderen Abrahame« beziehend, die der Einladung des Rufs zur Opferung widerstehen, weil sie sich um ihr Haus kümmern müssen, spekuliert Kafka: »Bleibt also nur der Verdacht, dass diese Männer *absichtlich mit ihrem Haus nicht fertig werden* … um den Blick nicht heben zu müssen und den Berg zu sehn, der in der Ferne steht«.[96] Der Berg ist der Berg Morija, wo Abrahams Opferung seines Sohnes stattfinden sollte, aber er könnte auch der Berg Sinai sein, wo Gottes Gesetz offenbart wurde.

Will man aufgrund von Kafkas anderem Abraham nun seinen »anderen Hiob« denken, so wäre es bestimmt nicht der Hiob, der nach Gottes Ansprache aus dem Wirbelwind bereitwillig sein Leiden auf sich nimmt und sich Gott in »Staub und Asche« (Hiob 42,6) unterwirft. Er wäre auch kein Ankläger Gottes. Stattdessen würde dieser »andere Hiob«, wie Kafkas »anderer Abraham«, von diesem Berg in der Ferne wissen, aber alles tun, um seine Augen nicht zu ihm erheben zu müssen. Er würde lieber seine Klage – eine beharrliche Trauer, die die letzte mögliche Art darstellt, für sein Haus zu sorgen – in ein Mittel verwandeln, um den Berg und seine Forderungen auf Abstand zu halten. Dieser Hiob würde keine Antwort von Gott erwarten; er würde vielmehr aus seiner Klage eine Dichtung machen, die sie im Buch Hiob tatsächlich ist – ein potentiell unaufhörlicher, nicht abzuschließender Ausdruck der Lamentation, der vergeblich um die Endgültigkeit seines Klagens selbst ringt. Hiobs Klage deutet in diese Richtung, wenn er von seiner Not spricht und sagt, sie sei »schwerer als Sand am Meer; darum gehen meine Worte irre« (Hiob 6,3). Die

94 Ebd., S. 590.
95 Ebd., S. 623.
96 Kafka an Klopstock, S. 333. Hvh. V. L.

Klage um den Zustand der Welt erfordert, wie die Sorge um sie, den Verzicht auf jeglichen Anspruch auf Endgültigkeit. Doch Kafka geht noch weiter.

»Aber ein anderer Abraham«[97] – diese ersten Worte von Kafkas zweiter Abraham-Szene – einer Schulklasse mit einem Lehrer, der bestraft und belohnt – führen noch ein Argument für einen Abraham ein, der den göttlichen Ruf verweigert. Auch dieser Abraham ist ein frommer Mann,

> der durchaus richtig opfern will und überhaupt die richtige Witterung für die ganze Sache hat, aber nicht glauben kann, dass er gemeint ist […]. Ihm fehlt nicht der wahre Glaube, diesen Glauben hat er, er würde in der richtigen Verfassung opfern, wenn er nur glauben könnte, dass er gemeint ist.[98]

Dieser Abraham, unsicher, dass er wirklich der Auserwählte ist, der, der gerufen wurde, fürchtet, sich lächerlich zu machen; er stellt sich vor, »die Welt werde sich bei dem Anblick totlachen. […] Ein Abraham, der ungerufen kommt! Es ist so wie wenn der beste Schüler feierlich am Schluß des Jahres eine Prämie bekommen soll und in der erwartungsvollen Stille der schlechteste Schüler infolge eines Hörfehlers aus seiner schmutzigen letzten Bank hervorkommt und die ganze Klasse losplatzt«.[99] Genau wie Kafkas »anderer Abraham« sich in der hintersten Reihe der Klasse versteckt, würde sein »anderer Hiob« auf das Privileg der Auserwähltheit verzichten. Im biblischen Buch bittet Hiob Gott, seine Aufmerksamkeit von ihm abzuwenden: »Bin ich denn ein Meer oder ein Meerungeheuer, daß du mich so verwahrst?« (Hiob 7,12) und »Warum tust du dich nicht von mir?« (Hiob 7,19). Nicht länger von Gott auserkoren, nicht länger der Auserwählte zu sein, würde ihn von Opfer und Leiden befreien. Kafkas Hiob wäre somit der Widerpart von Susmans leidendem Helden, der die Rechtfertigung Gottes gewährleistet.

Kafka denkt sich sogar diese Möglichkeit. Die Worte des Erzählers werfen die Möglichkeit auf, dass Abraham keinen Fehler begangen hat, dass es »vielleicht gar kein Hörfehler [ist], sein Name wurde wirklich genannt, die Belohnung des Besten soll nach der Absicht des Lehrers gleichzeitig eine Bestrafung des Schlechtesten sein«.[100] Diese

97 Ebd.
98 Ebd.
99 Ebd.
100 Ebd.

Vorstellung, dass der göttliche Machthaber, um sich selbst zu rechtfertigen, das Leiden – die Strafe für eine sündige Menschheit – als Belohnung dem Auserwählten zuweist, bringt sogar Kafkas unendliches Schreiben zu jenem Stocken, mit dem der Text endet: »Schreckliche Dinge – genug«.[101]

Postskriptum: Slavoj Žižek zu Hiob und Kafka

Kafkas entsetzte Ablehnung einer Theodizee, die auf einer im Wesentlichen christlichen Opferlogik eines repräsentativen und erlösenden Leidens basiert,[102] bedeutet nicht die Ablehnung göttlicher Macht als solcher. Der Abraham, den Kafka sich vorstellt, negiert Gottes Existenz nicht, vielmehr hadert er mit ihr, wie schon sein biblischer Namensvetter. Ebenso stellt Kafka den Widerstand seines Abrahams, das göttliche Gebot zu befolgen, nicht als Ketzerei dar; dieser entschuldigt sich vielmehr »höflich«, dem Gebot nicht nachkommen zu können und wendet seine Aufmerksamkeit seinen weltlichen Aufgaben zu.

Anders als Kafka, der erschaudert, wenn er sich die Möglichkeit vorstellt, Leiden als ein Zeichen von Auserwählung zu rechtfertigen, rehabilitieren jüngst einige marxistische Denker Christi Leiden für die Menschheit als ein revolutionäres Ereignis. Zu den prominentesten dieser Intellektuellen gehört der slowenische Philosoph und Kulturkritiker Slavoj Žižek. Obwohl Žižek Kafka und Hiob nicht direkt miteinander in Zusammenhang bringt, weist er diesen zwei Figuren eine korrelierende Rolle in seiner Theorie eines erneuerten, potentiell revolutionären Christentums zu. Dabei behält das Judentum zwar eine wesentliche, jedoch fragwürdige Rolle bei: Im Festhalten an der göttlichen Souveränität macht es die Rebellion gegen die Herrschaft des Einen überhaupt erst möglich.

Wir finden bei Žižek das Echo des christlichen Substitutionsglaubens, aber er verleiht ihm eine entschieden neue Wendung. Das Revolutionäre im Kern des Christentums besteht für ihn darin, dass Christi Tod am Kreuz Gottes Machtlosigkeit offenbart und somit seine Souveränität demontiert. Im Gegensatz dazu hält das Judentum an seinen alten, legalistischen Überzeugungen fest und legitimiert

101 Ebd.

102 Das Judentum ist nicht völlig frei von Erklärungen menschlichen Leidens mittels solcher Begriffe, aber diese Tendenz ist für seine Praktiken und seinen Glauben nicht zentral.

die göttliche Souveränität entgegen seines eigenen Bewusstseins von Gottes Machtlosigkeit. Diese Interpretation des Unterschieds zwischen Judentum und Christentum prägt auch Žižeks Deutung des Buches Hiob.

»Den Schlüssel zu Christus«, schreibt Žižek, »liefert die Figur des Hiob, dessen Leiden dasjenige Christi präfiguriert.«[103] Für Žižek beruht »die ungeheuere Wirkung des ›Buches Hiob‹ [...] weniger auf seinem narrativen Rahmen«, der in der Tat eine Theodizee belegen würde, »als auf seinem Schluss«.[104] Dieser Schluss ist die Wirkung von Gottes Rede aus dem Wirbelwind, die Žižek als »reine Prahlerei« und »billige Hollywood-Horrorshow mit zahlreichen Spezialeffekten«[105] beschreibt, in der Gott wie einer handelt, dessen Schwäche offensichtlich geworden ist, und der nun auf erbärmliche Weise versucht, sein Gesicht zu wahren. In einer treffenden Bemerkung schreibt Žižek, es handle sich beim Buch Hiob »möglicherweise um den ersten exemplarischen Fall einer Ideologiekritik in der menschlichen Geschichte. Hiobs ethische Würde beruht auf der Art und Weise, wie er [...] sich hartnäckig dagegen wehrt, sein Leiden könne irgendeinen Sinn haben.«[106] Žižeks Interpretation des Buches Hiob führt dabei jedoch eine fragliche Umkehrung der Beziehung zwischen Judentum und Christentum durch: Nun ist es das Judentum, das an einer Theodizee festhält, während das Christentum – »korrekt« ideologiekritisch – diese als Lüge enthüllt.

Wenn Hiob für Žižek ein Vorläufer Christi und das Buch Hiob eine radikale Entlarvung der göttlichen Autorität ist, so ist Kafka einer seiner Nachfolger. In einem seiner charakteristischen, von Lacan inspirierten Paradoxa, behauptet Žižek, Kafkas Größe liege im »transgressiven Überschreiten der Grenze, die die vitale Sphäre von der rechtlichen trennt«.[107] Wie die »billige Hollywood-Horrorshow« im Buch Hiob entlarven die Gesetzesbücher der Richter im Process, die sich als pornographische Heftchen entpuppen, die Würde der Autorität, die mit der endgültigen gesetzgebenden Autorität, dem jüdischen Gott, gleichgesetzt wird. Kafkas transgressive Geste ist für Žižek, wie Hiobs Anklage, wie Christi Klage, eine Offenbarung von Gottes »Gottlosigkeit« und ein revolutionärer, befreiender Akt: Sie

103 Slavoj Žižek: Die Puppe und der Zwerg, S. 126.
104 Ebd., S. 127.
105 Ebd.
106 Ebd., S. 128.
107 Slavoj Žižek: Looking Awry. An Introduction to Jacques Lacan through Popular Culture, S. 147.

erlöst von der unterdrückenden Autorität des in Lacan'sche Begriffe gefassten Gesetzes des Vaters. Kafka, so Žižek, führt gerade wegen seiner jüdischen Herkunft diese Grenzüberschreitung wie kein anderer aus: »Es kommt«, schreibt Žižek,

> alles von seinem Judentum her: die jüdische Religion markiert den Moment der radikalsten Trennung dieser Sphären [der Sexualität und der Heiligkeit]. In allen vorausgegangenen Religionen treffen wir auf einen Ort, eine Sphäre heiligen Genusses (zum Beispiel in Form von rituellen Orgien), während im Judentum die Sphäre des Heiligen von allen Spuren der Vitalität entleert ist und die lebende Substanz dem toten Buchstaben des Gottesgesetzes untergeordnet wird. Kafka überschreitet die Grenzziehungen seiner ererbten Religion, und durchtränkt dabei die Sphäre des Gesetzes wieder mit [vitaler] Lust.[108]

Es scheint, dass für Žižek die jüdische Tradition nur dort gerettet werden kann, wo sie sich auf das reduzieren lässt, was es zu überwinden gilt. Das Buch Hiob und Kafkas Schriften rettet er für die Moderne, insofern sie an diesem Vorgang teilhaben. Die jüdische »kritische Moderne«, die Kafka sich in seinem Brief an Robert Klopstock vorstellt, besteht jedoch nicht vornehmlich in der Transgression: Kafkas Abrahame mögen in der Tat ihre Augen von der »heiligen Sphäre« – dem Berg in der Ferne – abgewendet haben, aber sie scheinen genügend Vitalität darin zu finden, ihr ewig unvollendetes Haus zu bauen, an dem sogar der als endloses Streben nach einer gerechten Ordnung konzipierte talmudische Diskurs beteiligt sein könnte.

108 Ebd., S. 148.

III. Messianische Sprache, dämonische Geschichte

Reine Sprachen. Blanchot und Benjamin

Obwohl Walter Benjamin und Maurice Blanchot zu den wichtigsten Theoretikern und Literaturkritikern des letzten Jahrhunderts gehören – zu denjenigen, die der Literatur die radikalste und bedeutendste Rolle für das Denken einräumten –, ist ihre Verbindung nicht offensichtlich und zudem selten besprochen worden. Der eine ist ein deutsch-jüdischer Denker, der sich 1940 auf der Flucht vor den Nazis das Leben nahm und dessen Werk, das sich von seinen ersten stark theologisch geprägten Schriften zu seinem Bekenntnis zu einem idiosynkratischen Marxismus ab 1924 erstreckt, als Hauptinspiration der Kritischen Theorie der Frankfurter Schule gilt. Der andere, der *France profonde* entstammend, ist ein Schriftsteller und Denker, dessen Anfänge in den dreißiger Jahren in der französischen nationalen Rechten liegen – jenen Jahren, in denen Benjamin das Unheil prophezeit, das sich durch den wachsenden Faschismus in Europa vorbereitet –, ein verbriefter, vom Denken Martin Heideggers inspirierter Atheist, jedoch ebenso Anhänger der 68er-Bewegung und wichtiger Vorläufer der Dekonstruktion. Ein näherer Blick auf Blanchots knappe, aber bedeutsame Rezeption der Gedanken Walter Benjamins ermöglicht wichtige Einsichten in das prekäre Fortleben ihrer jüdischen Dimension.

Benjamin scheint nicht zu den Denkern zu gehören, die für Blanchot besonders wichtig waren. Trotzdem gibt es Grund zur Annahme, dass er das Werk desjenigen Mannes, den er »diese[n] exzellente[n] Essayist[en]«[1] nannte, teilweise gelesen hat. Blanchot erwähnt Benjamin in seinem Werk insgesamt dreimal namentlich: zweimal fast beiläufig, einmal in einem kleinen Text mit dem Titel *Zeitenbruch: Revolution*, der 1968 in seinen *Politischen Schriften* erschien,[2] und noch einmal im Kontext der Aura des Kunstwerks im Kapitel *Ars Nova* in *L'entretien infini* aus dem Jahr 1969.[3] Der ausführlichste und wichtigste Verweis auf Benjamin und derjenige, der einen Kern des Denkens beider Autoren berührt, findet sich in

1 Maurice Blanchot: Übersetzen, in: Die Freundschaft, S. 77-82, hier S. 77. Im Text als »Ü« mit Seitenangabe zitiert.

2 Maurice Blanchot: Rupture du temps: révolution, dt.: Zeitenbruch: Revolution.

3 Maurice Blanchot: L'entretien infini, dt.: Das Unzerstörbare: Ein unendliches Gespräch über Sprache, Literatur und Existenz.

dem zur selben Zeit entstandenen und 1971 im Band *Freundschaft* veröffentlichten Text »*Übersetzen*«. Schon in der Einleitung bezeichnet dieser Text Benjamins Aufsatz *Die Aufgabe des Übersetzers* von 1921 als Quelle und Inspiration seiner Überlegungen.[4] Die entscheidenden Dokumente für meine Analyse bestehen aus drei Seiten unveröffentlichter Notizen,[5] die sich Blanchot während der Lektüre des Benjamin-Aufsatzes machte. Es handelt sich ausschließlich um ausgewählte Passagen dieses Aufsatzes, die Blanchot – offensichtlich im Hinblick auf das Verfassen seines eigenen Textes »Übersetzen«, in den diese Notizen teilweise eingeflossen sind – ins Französische übersetzt. Trotz einer Notiz am Anfang dieses Textes, die sich auf Maurice de Gandillacs Übersetzung von Benjamins Werk bezieht,[6] ist zu unterstreichen, dass die von Blanchot übersetzten Passagen des Benjamin'schen Aufsatzes, die Blanchot in seinen Notizen ausgewählt hat, in keiner Weise denen Gandillacs ähneln. Blanchot hat diese Stellen also zweifellos während seiner Lektüre der Originalversion und der Vorbereitung seines eigenen Aufsatzes über das Übersetzen selbst übersetzt. Diese Tatsache ist deshalb bedeutend, weil sie die Möglichkeit eröffnet, Blanchots Notizen nicht nur allgemein als Übergang zwischen dem Benjamin'schen Aufsatz und seinem Artikel *Übersetzen* zu verstehen, sondern im Detail zu erkunden, wie sich in ihnen jener Prozess der Übertragung der Überlegungen Benjamins in Blanchots Denkweise vollzieht.

In *Logiques du brouillon*[7] beschreibt Daniel Ferrer *avant-textes*, Aufzeichnungen, Skizzen und Notizen, die Autoren sich im Vorfeld ihres Schreibens machen und dann auf vielfältige Weise in ihr Werk einfließen lassen. In diesem Zusammenhang lassen sich Blanchots Notizen als »Vor-Texte« betrachten, die daraufhin fürs eigene Werk verwertet wurden. Ferrer unterscheidet zwischen Autoren, die ihre Notizen während ihrer Lektüren in die Bücher selbst, also zwischen die Zeilen oder in die weißen Ränder der Blattseiten, einfügen, und solchen, die eigene Notizbücher (*carnets de lecture*) anlegen, in denen sie Auszüge der Texte anderer kopieren und kommentieren. Ferrers Beschreibungen der Tätigkeit des letzteren Typus in überraschend

4 Walter Benjamin: Die Aufgabe des Übersetzers [1921], in: ders.: Gesammelte Schriften IV.1, S. 9-21. Im Text als »A« mit Seitenangabe zitiert.

5 Eric Hoppenot: Maurice Blanchot et la tradition juive, S. 461-3. Alle Zitate aus Blanchots Notizen entstammen dem Faksimile dieser Seiten.

6 Walter Benjamin: *Œuvres choisies*, 2 Bde., übers. von Maurice de Gandillac.

7 Daniel Ferrer: Logiques du brouillon. Modèles pour une critique génétique. Im Text als »L« mit Seitenangabe zitiert.

radikalen Worten wie »zerstückeln« und »desinfizieren« weisen auf die inhärente Gewaltsamkeit dieses Vorgehens hin.[8] Ferrer bemerkt explizit, dass diese »Gewalt der Entnahme« (*violence du prélèvement*) (L, 120) dem Annotieren im Allgemeinen inhärent ist, doch wo der Prozess der Anverwandlung über das Medium eines gesonderten Notizbuchs erfolgt, ereignet sich die verschwiegene, aber nicht weniger gewaltsame Annektierung des Werks des anderen. Unabhängig von der Modalität ihres Erscheinens sowie von ihrem Inhalt sind aus fremden Werken exzerpierte Notizen insofern nicht nur Erscheinungsformen eines dialogischen Verhältnisses, das unvermeidlich zum Bereich der Intertextualität gehört, sondern sie implizieren immer auch ein »écrire contre«, ein Anschreiben gegen den Ursprungstext, ja ein zu diesem »gegenläufiges Schreiben«.

Gegen einen Versuch, die Wunde zu reparieren, die das Herausreißen aus dem Kontext verursacht hat (»de réparer la blessure de l'arrachment du contexte«) besteht Ferrer zufolge die Aufgabe der Kritik darin, die »fossilen Überreste zu reaktivieren, um die darin eingeschriebene Erinnerung zu wecken« (»réactiver les fossils, à réveiller la mémoire qui y est inscrite«). Ich würde dabei einen Schritt weitergehen als Ferrer – und einen zurück: Es geht tatsächlich nicht um das Verurteilen bzw. das Harmonisieren die Versorgung der Wunde und das Beenden dieser Gewalt, sondern vielmehr darum – mit einem Bild Walter Benjamins für das Zitieren – den »Räuber am Weg«[9] *en flagrant délit* zu ertappen, also auf frischer Tat, um Einsicht in den Prozess des notierenden Aneignens zu gewinnen und daraus auf Logik, Motive und vielleicht sogar das geheime Versteck seines Raubguts schließen zu können. Diese Beute in Gestalt von Notizen sieht für manche nach bloßem Abfall aus: Schließlich ist es zumeist bloß temporäres Gekritzel, verworfen nach Gebrauch, oder, mit einer anderen Wendung Ferrers, »rebuts«, Ausschuss. Dabei wird übersehen, dass Autoren die Spuren des Werdegangs ihrer Arbeit häufig verstecken, gar verleugnen, im Versuch, das fertige Resultat als Werk *sui generis* zu präsentieren. Insofern liegt der Wert der No-

8 [»D]émembrent le texte d'autrui pour le stocker, sous une forme concentrée et quintessentielle, dans un lieu transitionnel, un sas, une chambre de décontamination ou de digestion, avant de pouvoir enfin l'assimiler dans leur œuvre« (L, 119). (»Sie zerstückeln den Text von anderen, um ihn, unter einer konzentrierten und essentiellen Form, an einem Übergangsort, einer Schleuse, einem Entgiftungs- oder Verdauungszimmer zu speichern, bevor sie ihn endlich in ihr Werk aufnehmen können«).

9 Walter Benjamin: Einbahnstraße, S. 138.

tizen genau in ihrem Charakter verstoßener Fragmente. Sie werden zu Schlüsseln, die zum Tatort führen. Aber welches Verbrechen war hier geschehen? Ein wichtiger Einwand ist vonnöten: Die Verallgemeinerung Ferrers, dass hinter jedem sich auf einen fremden Text beziehendes *brouillon* ein feindlicher Übergriff steckt, dramatisiert zwar das Wesen der Notate an sich auf attraktive Weise, doch überspitzt es deren Wirkungsmacht so weit, macht diese so unausweichlich, dass zwischen tatsächlicher, gewaltsamer Annektierung und Belehnung, Inspiration, Weiterschreibung und anderen Prozessen der Intertextualität nicht unterschieden werden kann. Ferrer schlägt sich auf die Seite des souveränen Urhebers und setzt implizit einen ebenso souveränen, intentional agierenden Räuber voraus. Diese Annahme ist jedoch gerade im Falle von Notizen, die aufgrund ihrer (wie auch immer relativen) Spontaneität Aufschluss bieten können, kontraproduktiv. Gerade dort, wo ein Autor sich unbeobachtet fühlt, wo er nichts produziert, sondern nur zum flüchtigen Eigengebrauch aufzeichnet, können sich Notizen als Tatort erweisen. Maurice Blanchots Lektürenotizen zu Walter Benjamins »Die Aufgabe des Übersetzers« aus dem Jahr 1969 stellen einen solchen Tatort dar. Hier findet kein minutiös geplanter, illegaler Wechsel von Besitztiteln statt, allerdings sehr wohl eine ebenso unmerkliche wie gewaltsame Übernahme.

Minimale Divergenzen

Walter Benjamins Aufsatz »Die Aufgabe des Übersetzers« ist ein wesentlicher Bestandteil seiner frühen Sprachphilosophie, die zu den komplexesten Erscheinungen jüdischen Sprachdenkens der Zwischenkriegszeit gehört. Sie ist über kulturelle, geographische, theoretische und sprachliche Grenzen hinweg einflussreich und findet in der zweiten Hälfte des 20. Jahrhunderts besonders im französischen Umfeld eine begeisterte und vielfältige Resonanz. Der französische Literaturwissenschaftler Alexis Nouss beschließt seinen Artikel *Die Rezeption von Walter Benjamins Übersetzeraufsatz in französischen Kreisen* nach einer oftmals strengen Kritik an mehreren Autoren, die den Aufsatz Benjamins kommentiert haben (George Steiner, Henri Meschonnic u.a.), mit einer Lobrede auf Blanchot und besteht auf dessen Affinität zu dem deutsch-jüdischen Denker.[10] Den Text Über-

10 Alexis Nouss: La réception de l'essai sur la traduction dans le domaine français, S. 71-85.

setzen nennt Nouss »diesen Artikel, den Maurice Blanchot dem Aufsatz [Benjamins] widmet«, und erklärt, dass

> nichts genauer und eleganter sein konnte, als [Blanchots] Wiedergabe der [im Aufsatz Benjamins] ausgedrückten Thesen. Seine Zeilen deklinieren so genau wie möglich die zwei Aspekte [dieses Aufsatzes], deren Fehlen in den bereits behandelten Werken wir mehrmals unterstrichen haben: die Enthüllung der Unterschiede im historisch-messianischen Werden der Sprachen.[11]

Doch ist dem auch wirklich so? Es ist kein Zufall, dass Nouss die Genauigkeit, mit der Blanchot ihm zufolge die Thesen Benjamins wiedergibt, dadurch illustriert, dass er »die Enthüllung der Unterschiede [...] der Sprachen« beteuert. Die »historisch-messianische« Dimension bleibt für Nouss ein »Werden der Sprachen«, ein Vorgang, der sowohl hier als auch in Nouss' folgenden Blanchot-Zitaten[12] das abstrahiert, was für Benjamin nicht nur ein »Werden«, sondern Verwirklichung ist, die er sich anhand der messianischen Zeit vorstellt. Der Kern von Benjamins Übersetzeraufsatz ist das Konzept einer »reinen Sprache«, das er aus seinem großen, 1916 erschienenen Aufsatz *Über Sprache überhaupt und die Sprache des Menschen* wieder aufnimmt (GS II.1, 140-57). Die enge Verbindung beider Texte offenbart, dass für Benjamin die Aufgabe des Übersetzers in dessen Potential besteht, diese »reine Sprache«, die zugleich paradiesische »Ursprache« und messianische Sprache einer zukünftigen und vollendeten Erlösung ist, durch Rückblicke und Vorausschauen erscheinen zu lassen.[13]

Die Vision der beiden Autoren stimmt tatsächlich in vielem überein: Für Blanchot wie für Benjamin besteht die Aufgabe des Übersetzers in einer Arbeit, die sich der Transponierung, der Reproduktion und der Darstellung einer Bedeutung entgegenstellt. Beide stellen die übliche Vorstellung in Frage, derzufolge die Übersetzung einen Inhalt von einer Sprache in die andere transportiert, um ein Werk einem Leser,

11 Ebd., S. 81-2.

12 »Jeder Übersetzer lebt von der Differenz der Sprachen, jede Übersetzung liegt in dieser Differenz begründet und verfolgt offensichtlich die perverse Absicht, sie wegzuübersetzen. [...] In Wahrheit ist die Übersetzung in keiner Weise dazu bestimmt, die Differenz zum Verschwinden zu bringen, deren Spiel sie vielmehr ist[.]« (Ü, 78-9) Vgl. Nouss: La réception de l'essai, S. 82.

13 Irving Wohlfarth schreibt dazu: »Der Sprachaufsatz beschreibt dessen Aufgabe vor dem Sündenfall. [...] Der Übersetzeraufsatz beschreibt die entsprechende Aufgabe danach.« Irving Wohlfarth: Das Medium der Übersetzung, S. 93.

der dieser fremden Sprache nicht mächtig ist, zugänglich zu machen. Für beide macht nicht die Kommunizierbarkeit der Sprachen, sondern die aus dem inter- und intralinguistischen Unterschied entstehende Spannung, das Wesen und Betätigungsfeld der Übersetzung aus. Sowohl für Benjamin als auch für Blanchot sind die existierenden Sprachen unvollkommen und unvollständig – nicht nur in ihrer Beziehung zueinander, sondern an und für sich; ebenso erkennen beide in der Übersetzung eine Möglichkeit, diese Unvollkommenheit zu offenbaren. Für beide ist die »reine Sprache« harmonische Vereinigung und Vollkommenheit. Beide sprechen von einer »reinen Sprache«, die im Übersetzen wahrnehmbar wird. Trotz dieser Übereinstimmungen divergieren die Sichtweisen der beiden Denker an einem gravierenden Punkt, der ihre Vorstellung der »reinen Sprache« nicht nur in höchst unterschiedlichen Traditionen verankert, sondern sie auch in radikal unterschiedliche politische Kontexte stellt. Hier liegt denn auch die Gewalt der Aneignung.

Als einführendes Beispiel für die oft minimalen, jedoch bedeutsamen Unterschiede kann eine Schlüsselpassage dienen, die bei Benjamin die Aufgabe des Übersetzers definiert und die Blanchot in seine Notizen aufgenommen hat. In beiden Texten liegt die Aufgabe des Übersetzers im Intervall, im Abstand, im Unterschied zwischen den Sprachen. Die Vorstellung dieser Aufgabe bei den beiden Autoren stimmt dort überein, wo es sich darum handelt, »morsche Schranken der eigenen Sprache« (A, 19) des Übersetzers in der Konfrontation mit der fremden Sprache zu durchbrechen. Aber die dem Übersetzer zugeschriebene Rolle unterscheidet sich bei Benjamin und Blanchot. Benjamin charakterisiert sie nicht hauptsächlich im Sinne einer konkreten Handlung, sondern vielmehr als Eigenschaft des Übersetzers, die eher Empfänglichkeit ist als aktives Tun. Eine aktive Handlung des Übersetzers erwähnt er nur ein einziges Mal, nämlich dort, wo er den Prozess einer Befreiung der »reinen Sprache« beschreibt, die *durch* den Übersetzer stattfindet: »Jene reine Sprache, die in fremde [Sprachen] gebannt ist, in der eigenen zu *erlösen*, die im Werk gefangene in der Umdichtung zu befreien, ist die Aufgabe des Übersetzers.« (A, 19; Hvh. V.L.)[14] In seinen Notizen übersetzt Blanchot diese Passage wie folgt: »Diese reine Sprache *war* in *einer* fremden

14 In der französischen Version dieses Artikels ist die Übersetzung des Benjamin-Zitats in Teilen von Gandillac entliehen, aber in zwei Punkten verändert: Bei Gandillac heißt es: »Racheter dans sa propre langue ce pur langage exilé dans la langue étrangère, libérer en *le* transposant ce pur langage captif dans l'œuvre, telle est la tâche du traducteur.« Walter Benjamin: Œuvres I. Mythe et vio-

Sprache gefangen; die Rolle des Übersetzers besteht darin, [die reine Sprache] zu befreien, indem er *sie* in seine eigene Sprache übergehen läßt.« (Hvh. V.L.) Einen anderen Satz, der bei Benjamin ausdrücklich die Aufgabe des Übersetzers betrifft, lässt Blanchot in seinen Notizen allerdings aus: »Und was im Werden der Sprachen sich darzustellen, ja herzustellen sucht, das ist jener Kern der reinen Sprache selbst« (A, 19). Für Benjamin ist der Kern dieser »reinen Sprache«, den er in einem ähnlichen Zusammenhang auch »Keim« nennt, also schon in den existierenden Sprachen enthalten – der Übersetzer bringt die reine Sprache nur zum Vorschein. Bei Blanchot hat der Übersetzer hingegen nicht nur eine Aufgabe als Medium, sondern auch eine aktive Rolle: die des »Überbringers« (*passeur*). Bei Benjamin ist zudem die reine Sprache in der fremden Sprache *gebannt*, bei Blanchot aber ist sie *gefangen*.

Blanchot, für den die Literatur unantastbar ist und der das dichterische Werk nicht als Gefängnis betrachtet, spricht hingegen von der »Gefangenschaft in der fremden Sprache«. Ebenso verliert sich der in Benjamins Wort »Erlösung« konnotativ enthaltene messianische Aspekt bei Blanchot, der von »Befreiung« spricht. Außerdem hat diese Befreiung für Blanchot nicht nur bereits stattgefunden – er benutzt das Imperfekt »était«, um Benjamins präsentisches »ist« zu übersetzen –, sondern sie findet statt, wenn die »reine Sprache« in die eigene Sprache des Übersetzers übergeht. Er übersetzt also Benjamins Worte »in der Umdichtung« – einem Prozess, in dem die »reine Sprache« durch den Übergang von der fremden Sprache in die eigene Sprache des Übersetzers erscheint – mit dem Einlass der »reinen Sprache« in die eigene Sprache. Aber für Benjamin kann die »reine Sprache« durch diesen Übergang nicht einbrechen, sondern nur flüchtig *aufscheinen*. Da sie selbst dasjenige ist, was im Übergang zwischen existierenden Sprachen letzten Endes angestrebt wird, »passiert« sie nicht: Sie ist vielmehr die kommende Vollendung, das messianische Telos selbst. In dieser beispielhaften Passage zeigen sich schon wesentliche Unterschiede: Blanchot unterstreicht die Handlung des Übersetzers dort, wo Benjamin die Übersetzung als quasi autonomen Prozess hervorhebt; Blanchot lässt all das aus, was bei Benjamin das literarische Werk in Frage stellen könnte, und vor allem nimmt Blanchot Abstand von der erlösenden und messianischen Ausrichtung der »reinen Sprache«, auf welche die gesamte Benjamin'sche Sprachtheorie zielt.

lence, übers. von Maurice de Gandillac, S. 273. Im Folgenden wird jede diesem Band entnommene Übersetzung mit (Gandillac, Seitenangabe) nachgewiesen.

Übersetzer oder Übersetzung?

In Anbetracht der Absichten von Benjamins und Blanchots Texten erscheint es recht paradox, dass der Erste den »Übersetzer«, der Zweite das »Übersetzen« im jeweiligen Titel nennt. Beide Ausdrücke erscheinen sowohl in Benjamins als auch in Blanchots Text, aber es ist Benjamin, der die Wirkung des Übersetzens als nahezu autonomen interlinguistischen Prozess unterstreicht, während Blanchot auf dem Übersetzer besteht, auf seiner Rolle, seiner Intervention im Leben der Sprachen. »Übersetzbarkeit«, schreibt Peter Fenves zur Benjamin'schen Theorie, »bezeichnet das Potential eines Werks und nicht das Können eines Übersetzers«.[15] In diesem Sinne unterstreicht Benjamin in einer Passage, die Blanchot in seinen Notizen auslässt, den objektiven – also vom Bewusstsein eines Subjekts unabhängigen – Charakter der Beziehung zwischen einem Werk und seiner Übersetzung. Blanchot beginnt seinen Artikel *Übersetzen* mit der rhetorischen Frage: »Wissen wir, was wir den Übersetzern und mehr noch der Übersetzung alles verdanken?« (Ü, 77) Es ist umso erstaunlicher, dass er in den meisten Fällen in seinen Notizen das Wort »Übersetzung«, das bei Benjamin ein immanentes Phänomen der Sprache bezeichnet, mit »Übersetzer« übersetzt, auf dessen aktivem und kreativem Einschreiten er besteht. Ein Beispiel: Um die Wirkung der Übersetzung zu beschreiben, beschwört Benjamin das Bild eines Echos, das im Wald widerhallt. Er schreibt: »Die Übersetzung [...] sieht sich nicht [...] gleichsam im innern Bergwald der Sprache selbst, sondern außerhalb desselben, ihm gegenüber und ohne ihn zu betreten ruft sie das Original hinein, an demjenigen einzigen Orte hinein, wo jeweils das Echo in der eigenen den Widerhall eines Werkes der fremden Sprache zu geben vermag.« (A, 16) Blanchot übersetzt in seinen Notizen: »Die Aufgabe des Übersetzers besteht darin, auf die eigene Sprache des Übersetzers bezogen, ein absichtliches Ziel zu entdecken, fähig, in ihr das Echo des Originals zu wecken [...] der Übersetzer bleibt außerhalb, dem Wald gegenüber.«

Bei Benjamin ist es die Übersetzung, die das Echo erklingen lässt, bei Blanchot das Subjekt, das die fremde Sprache anstrebt, der Übersetzer. Wenn Benjamin die Romantiker erwähnt und ihr tiefes Verständnis des Lebens der Werke und ihre Vorliebe für die Übersetzung rühmt, spricht er von ihrem »große[n] Übersetzungswerk«, das mit ihrem »Gefühl von dem Wesen und der Würde dieser Form

15 Peter Fenves: Die Unterlassung der Übersetzung, S. 161.

[d.h. der Übersetzung]« (A, 15) einhergeht. Blanchot übersetzt folgendermaßen: »Die Romantiker haben als Erste verstanden, was das Leben der Werke bedeutet, dessen prominentester Zeuge die Kunst der Übersetzung ist. Darauf beruht ihr Schicksal als Übersetzer«. Die »Übersetzbarkeit« des Werks reflektierend, unterstreicht Benjamin dementsprechend auch den Unterschied zwischen der pragmatischen Frage, einen adäquaten Übersetzer zu finden – eine Frage, die er als zweitrangig ansieht –, und dem grundlegenden Aspekt des Potentials der »Übersetzbarkeit«, einer dem Werk inhärenten Eigenschaft, die von menschlicher Intervention unabhängig ist.

In diesem Sinne beginnt Benjamin seinen Essay mit einem berühmten Absatz, der bestreitet, dass das Kunstwerk und noch mehr die Übersetzung an eine Öffentlichkeit, einen Zuschauer oder einen Leser gerichtet sind. So spricht er von den Vorstellungen der Beziehung, die ihren »besten Sinn behalten, wenn sie nicht von vorne herein ausschließlich auf den Menschen bezogen werden« (A, 10). In dieser Passage, die Blanchot in seinen Notizen auslässt, stellt Benjamin eine andere Sphäre vor, diejenige, in der sich die messianische Aufgabe der Übersetzung abspielen werde, ein Feld jenseits der Menschen, das die theologische Absicht seiner Ausführung vorbereitet. Diese Vorbemerkung führt bei Benjamin zum ausdrücklichen »Verweis auf einen Bereich [...], in dem ihr [der Übersetzung] entsprochen wäre: auf ein Gedenken Gottes« (A, 10). Die einzige Stelle, an der Blanchot seinerseits die – nicht in seinen Notizen erscheinende – Gottheit erwähnt, findet sich in seinem Artikel *Übersetzen*, wo er den Übersetzer, der, wie die Erbauer des Turms zu Babel, den Himmel erreichen will, einen »Feind Gottes« (Ü, 78) nennt.

Für Benjamin ist das Potential der Übersetzung, die »reine Sprache«, den existierenden Sprachen immanent; sie ist verborgen in den Werken und ihrer Sprache selbst. So liegt die messianische Aufgabe der Übersetzung im Übergang von einer Sprache zur anderen – ein Übergang, dessen *Medium* der Übersetzer ist – und ereignet sich also nicht als originelle Kreation seines Bewusstseins oder Willens. In den Notizen Blanchots heißt es hingegen: »Die Übersetzung tendiert nicht dazu, irgendetwas außer der intimsten Beziehung zwischen zwei Sprachen auszudrücken: Sie kann diese geheimnisvolle Beziehung weder offenbaren noch wiederherstellen und begnügt sich damit, sie darzustellen, indem sie sie auf elementare oder absichtliche Weise aktualisiert.« Blanchot übersetzt »verborgen« mit »geheimnisvoll« und – in anderen Fällen dieses Wortes oder analogen Konzepten – mit »rätselhaft«, was jenen Aspekt der »reinen Sprache« als

Drittes und Vermittelndes verschwinden lässt, das potentiell in der Beziehung zwischen existierenden Sprachen besteht und nur durch die Übersetzung ans Licht gebracht werden muss. Noch wichtiger ist, dass Blanchot die Unmöglichkeit des »Herstellens« – daran erinnernd, dass diese Beziehung nicht durch den Übersetzer »hergestellt« werden kann – mit »[Unmöglichkeit des W]iederherstellen[s]« [*restituer*] übersetzt, was die Unmöglichkeit der Rückkehr zu einem vorherigen Zustand bedeutet. Es ist jedoch genau diese Rückkehr zu einer paradiesischen Sprache, die in der Benjamin'schen Theorie das messianische Ziel bestimmt.

In *Über Sprache überhaupt und über die Sprache des Menschen* beschreibt Benjamin die »adamitische Sprache« als eine »Namensprache« (GS II.1, 146): Gott hat Adam das Vermögen gegeben, die Dinge zu benennen, aber Adam ist kein Schöpfer, er ist vor allem »sprachempfangend« (GS II.1, 150), Empfänger des göttlichen Wortes. So ist für Benjamin der Übersetzer eher Medium des göttlichen Wortes als ein »Mittler« oder »Vermittler« – Begriffe, die im Werk Benjamins ausdrücklich negativ besetzt sind. Davon zeugt vor allem sein Sprachaufsatz, der jenem zur Übersetzung vorangeht und eng mit ihm verbunden ist, aber auch sein wichtiger Artikel zu Goethes *Wahlverwandtschaften*, wo eine Figur des Romans, ein Kuppler namens Mittler, Kompromisse erzwingt und so die Singularität des Verschiedenen (oder gar Gegensätzlichen) beseitigt. Benjamin beschreibt den Mittler als den Teufel in Person. Dieser Unterschied zwischen (passivem) Medium und (aktiv vermittelndem) Subjekt verschwindet in Blanchots Übersetzung der ersten Passage, die er in seine Notizen aufnimmt und dessen Wortlaut in Benjamins Text entscheidend ist: »Was ›sagt‹ denn eine Dichtung? Was *teilt sie mit*? Sehr wenig dem, der sie versteht. Ihr Wesentliches ist nicht *Mitteilung*, nicht Aussage. Dennoch könnte diejenige Übersetzung, welche *vermitteln* will, nichts *vermitteln* als die *Mitteilung* – also Unwesentliches. Das ist denn auch ein Erkennungszeichen der schlechten Übersetzungen.« (A, 9; Hvh. V.L.) In diesen Zeilen wiederholt Benjamin auffällig oft Variationen des Wortes »Mittler«: »mitteilen«, »vermitteln«, »Mitteilung«. In seinen Notizen schon das erste »Was teilt sie mit?« auslassend, übersetzt Blanchot:

> Was sagt ein literarisches Werk? Sehr wenig dem, der es versteht. Seine entscheidende Rolle ist weder zu kommunizieren noch auszusagen. Eine Übersetzung, die Kommunikation zu sein wünscht, kommuniziert nichts als die Übertragung, d.h. das Unwesentliche [*l'inessentiel*]. Das ist der Wesenszug der schlechten Übersetzung.

Während er die wesentliche Bedeutung der Benjamin'schen Zeilen bewahrt, vernachlässigt Blanchot nicht nur die beharrliche Negierung der »Vermittlung«, sondern wählt schließlich für das Synonym dieses Ausdrucks (»Mitteilung«) das Wort *transmission* (»Übertragung«), das in Blanchots Satz »das Unwesentliche« wird, das aber für Benjamin absolut positive Konnotationen hat. (In seinem Aufsatz über Kafka merkt Benjamin mit Bewunderung an, dass jener »die Wahrheit preis[gab], um an der Tradierbarkeit festzuhalten«).[16] »Übertragung« im Sinne von »Tradierung« ist, was durch das Medium der Übersetzung »passiert«, und, im Gegensatz zum Vermittler, dem Akt einer freiwilligen und – vor allem vom messianischen Standpunkt – vorzeitigen Synthese widersteht.

Die Bedeutung dieses Unterschieds zwischen Blanchots aus seinen Notizen ersichtlichem Beharren auf dem »Übersetzer« und Benjamins Beharren auf der »Übersetzung« sowie Blanchots – überraschendes – Ausklammern der Benjamin'schen Verweigerung jedweder freiwilligen und vorzeitigen Synthese wird dann im Artikel *Übersetzen* vollkommen offensichtlich. Fast im Gegensatz zu Benjamins Text macht Blanchots Artikel den Übersetzer zu einem wahrhaften Helden, und das eben aufgrund seiner »reine[n] Vereinigungskraft« (Ü, 82). Der erste und der letzte Absatz von Blanchots Artikel halten eine Lobrede auf den Übersetzer mit diesen Worten: Blanchot spricht von seiner Dankbarkeit gegenüber den Übersetzern, »die sich tapfer in dieses Geheimnis der Aufgabe des Übersetzens hineinwagen«, die »die verborgenen Meister unserer Kultur« (Ü, 77) seien, beschreibt sie als »Herkules ähnlich, wenn er die Meeresufer zusammenzieht« (Ü, 79), und endet mit einer Beschreibung eines bestimmten Dichter-Übersetzers, Hölderlin, der sich »kühn« (Ü, 82) dem Abgrund des Wahnsinns genähert habe. Diese in den Notizen in scheinbar minimalen Verschiebungen ihren Ausgang nehmende Einstellung führt Blanchot zu weiteren wesentlichen Unterschieden, die an Blanchots Auseinandersetzung mit dem Schluss von Benjamins Aufsatz in ihrer vollen Tragweite sichtbar werden.

Übersetzer und Dichter

Es ist zweifellos wichtig, dass sowohl Benjamin als auch Blanchot sich die Übersetzung vom literarischen Werk ausgehend vorstellen;

16 Walter Benjamin; Gershom Scholem: Briefwechsel, S. 272.

aber die Rolle und die Bedeutung, die sie ihr beimessen, unterscheidet sich grundlegend. In *Übersetzen* schreibt Blanchot, dass Übersetzung die »originale Form« sei:

> Sollte man zu Recht oder zu Unrecht weiterhin sagen: Hier sind die Dichter, da die Romanautoren, ganz zu schweigen von den Kritikern, die allesamt für den Sinn der Literatur verantwortlich sind, so muss man zugleich die Übersetzer als Schriftsteller der seltensten und wirklich unvergleichlichsten Art hinzuzählen (Ü, 77).

Benjamin hingegen misst der Übersetzung nicht nur eine Bedeutung einer ganz anderen Ordnung, sondern auch eines anderen Ausmaßes bei: Er besteht auf einem Unterschied zwischen Schriftsteller und Übersetzer im metaphysischen Sinn. In einer Passage, die Blanchot nicht in seine Notizen aufnimmt, deutet Benjamin an, dass die Aufgabe des Übersetzers sich streng von derjenigen des Dichters unterscheidet und dass die Übersetzung mehr Macht über die Sprache hat als der Dichter: Während die Absicht der Übersetzung auf die Sprache als solche in ihrer Gesamtheit zielt, ist das dichterische Werk nur mit den Beziehungen spezifischer Inhalte beschäftigt. Die Auswirkung der Übersetzung übertrifft demnach jene der Dichtung. Diese Ordnung ist zugleich historisch und messianisch. Für Benjamin manifestiert sich die Geschichte im Fortleben der Werke durch die Übersetzung, aber das, was auf dem Spiel steht, beschränkt sich nicht auf die Erneuerung der Werke, sondern zielt auf die »reine Sprache«, die erst am messianischen Ende der Zeiten kommen wird, wenn die »reine Sprache« mit einem Zustand der Erlösung der Kreatur in ihrer Gesamtheit übereinstimmen wird. Die Übersetzung als Medium des Prozesses, der in die Richtung dieses Zustands deutet, ist dazu vorgesehen, in der »reinen Sprache« aufzugehen, wenn diese Aufgabe vollendet ist. Im Gegensatz zum dichterischen Werk orientiert sich die Übersetzung für Benjamin in »Richtung auf ein letztes, endgültiges und entscheidendes Stadium aller Sprachfügung. In ihr wächst das Original in einen gleichsam höheren und reineren Luftkreis der Sprache hinauf [...]« (A, 14). Die Idee einer letzten und definitiven Phase ignorierend, übersetzt Blanchot in seinen Notizen folgendermaßen: »In der Übersetzung erfährt das Original jedoch ein neues Wachstum, es erhebt sich bis zur höchsten und reinsten Sphäre«. Auch für Blanchot »entleert« sich die Übersetzung »ihres Werts«, aber was für ihn zählt, ist keine endzeitliche Erlösung, sondern das Fortleben des Werks.

In gleicher Weise unterscheidet Benjamin die Intention des Dichters, die er als »naive, erste, anschauliche« charakterisiert, von der des Übersetzers, die eine »abgeleitete, letzte, ideenhafte« (A, 16) sei. In seiner Übersetzung kehrt Blanchot die Reihenfolge um und weist der Dichtung die Finalität zu, indem er »anschaulich« mit »von Intuitionen genährt« übersetzt. Dadurch verrückt Blanchot Benjamins Betonung einer visuellen Konnotation, die in »anschaulich« die Wahrnehmung eines Bildes entstehen lässt, hin zum Kontrast zwischen dem Kognitiven oder Rationalen einerseits und dem Intuitiven des Schöpfers andererseits. So erhält bei Blanchot, anders als bei Benjamin, der Dichter den Vorrang. Es ist also nicht erstaunlich, dass Blanchot die Benjamin'sche Metapher der Übersetzung, die »ihren Gehalt *wie ein Königsmantel* umgibt« (A, 15; Hvh. V.L.) zum einfachen »umgibt« reduziert: Bei Blanchot bleibt das Werk König.

Dieser Unterschied erfährt seine ganze Bedeutung in den Passagen, in denen Benjamin eine messianische Wirkung der Übersetzung ins Auge fasst, etwa wenn er von einer »große[n] Sehnsucht nach Sprachergänzung« spricht, die »aus dem Werke spreche« (A, 18). Blanchot übersetzt dieses große Verlangen, diese Hoffnung einer Ergänzung der Sprachen zu einer Ganzheit – Benjamins endgültiges messianisches Ziel – in einem Sinn, der die verwandelnde Kraft des Originals unterstreicht: Blanchot spricht von der »große Nostalgie [des Originals], seine eigene Sprache perfektioniert zu sehen«. Zwischen der messianischen Hoffnung auf die Vereinigung der unvollständigen Sprachen durch das Medium der Übersetzung bei Benjamin und der Nostalgie einer Perfektionierung der eigenen Sprache in der Übersetzung des dichterischen Werks ist die Diskrepanz der Prioritäten erstaunlich. Sie steht in direkter Beziehung zur theologischen Dimension bei Benjamin, zu der Blanchot Abstand wahrt.

Zwei »reine Sprachen«?

Dieser Unterschied, den man in den Begriffen des Theologischen und des Poetischen denken kann, hat größere Konsequenzen, die sich in der Ausrichtung von Blanchots Artikel *Übersetzen* äußern, jedoch bereits in seinen Notizen zu entdecken sind. Dies wird in seiner Auswahl, Auslassung und Übersetzung bestimmter Schlüsselpassagen von Benjamins Aufsatz deutlich, besonders in jenen, die sich auf die messianische Tradition und die jüdische Mystik beziehen. Die »reine Sprache« Benjamins entstammt hauptsächlich der jüdischen Tradition – der biblischen und kabbalistischen. Diese Vorstellung durchzieht Benjamins gesamtes Werk von seiner Interpretation der Genesis in *Über Sprache überhaupt und über die Sprache des Menschen* von 1916 – in dem er die »adamitische Sprache« und ihre absolute Korrespondenz zwischen dem Wort und dem, was es bezeichnet, die Zerstreuung der Sprachen nach dem Turmbau zu Babel und den Fall in die Willkürlichkeit des Zeichens beschreibt –[17] bis zu den letzten Notizen zu seinen »geschichtsphilosophischen Thesen« von 1940, in denen er von einer Universalsprache spricht, die erst mit dem Kommen des Messias eintreffen wird. Wenn es sich im frühen Aufsatz bei der Idee einer »reinen Sprache« um einen paradiesischen Zustand handelt, so sind diese letzten Schriften im Wesentlichen auf eine Zukunft gerichtet.[18] In seinem Artikel *Übersetzen* nimmt Blanchot diese biblischen und messianischen Anspielungen einer »reinen Sprache« auf, aber die Tonalität ist dort eine andere und die Verwandlung dieses Konzepts unter Blanchots Feder erweist sich als radikal. Obwohl Blanchot in *Übersetzen* flüchtig die biblische Geschichte des Turms zu Babel erwähnt – im bereits erwähnten Kontext, in dem der Übersetzer als »Feind Gottes« identifiziert wird –, wahrt er Abstand zu allem, was Benjamins Aufsatz in der jüdischen Tradition verankert, beginnend mit dem Wortlaut »reine Sprache«, den Blanchot in seinen Notizen fast immer mit »Sprache im reinen Zustand« übersetzt. Was bei Benjamin von der »adamitischen Sprache« abstammt, die dem ersten Menschen der Genesis direkt von Gott eingehaucht wurde und in seinem Aufsatz als messianischer Zustand konzipiert ist, findet sich bei Blanchot nicht nur radikal verändert, sondern einer gänzlich anderen Tradition zugehörig wieder.

»Einst glaubte man«, schreibt Blanchot etwas herablassend, »so zu einer ursprünglichen Sprache aufsteigen zu können, einem höchsten Sprechen, das man nur sprechen müsste, um wahr zu sagen. Benjamin bewahrt sich etwas von diesem Traum« (Ü, 78). Blanchot äußert seine Skepsis – sogar eine gewisse Verachtung –, indem er im Folgenden die Theorie Benjamins im Konjunktiv paraphrasiert, eine Zusammenfassung, die in die Diagnose mündet, dass es sich hier »ganz offensichtlich« um ein »utopisches Gedankenspiel« (Ü, 78)

17 Benjamin nennt diese Vorstellung der Sprache »bürgerlich«: »Damit kann die Vorstellung nicht mehr aufkommen, die der bürgerlichen Ansicht der Sprache entspricht, daß das Wort zur Sache sich zufällig verhalte, daß es ein durch irgendwelche Konvention gesetztes Zeichen der Dinge (oder ihrer Erkenntnis) sei.« (GS II.1, 140-57, insb. 150)

18 Vgl. Wohlfarth: Das Medium der Übersetzung, S. 93.

handele. Es ist tatsächlich nicht dieser Aspekt der Benjamin'schen Sprachtheorie, der Blanchot interessiert. Für ihn geht es bei Benjamin um etwas ganz anderes, um die Differenz zwischen den Sprachen an sich: »Jeder Übersetzer lebt von der Differenz der Sprachen, jede Übersetzung liegt in dieser Differenz begründet und verfolgt offensichtlich die perverse Absicht, sie wegzuübersetzen (Ü, 78)«. Es ist richtig, dass für Benjamin der Unterschied zwischen den Sprachen, mit dem der Übersetzer konfrontiert wird, die erlösende Wirkung der Übersetzung möglich macht, aber Blanchot kehrt die Reihenfolge der Dinge um. Für Benjamin ist dieser Unterschied die *Bedingung* der messianischen Aufgabe des Übersetzers, die Unvollkommenheit der existierenden Sprachen erscheinen zu lassen und durch diesen Mangel dialektisch auf ihre zukünftige Vereinigung zu einer »reinen Sprache« hinzuweisen. Einzelheiten in der Übersetzung der Passagen Benjamins in Blanchots Notizen zeigen, dass Blanchot sich von dieser Idee distanziert: Wo Benjamin von der intimen Beziehung zwischen *den* Sprachen spricht, deren Ausdruck die Übersetzung ist, übersetzt Blanchot mit »der intimsten Beziehung zwischen *zwei* Sprachen« (Hvh. V.L.). So spielt Blanchot die Ganzheit und Vollkommenheit herunter, die für Benjamin die Endgültigkeit der Übersetzung charakterisiert. Wo Benjamin vom »große[n] Motiv einer Integration der vielen Sprachen zur einen wahren« (A, 16) spricht, übersetzt Blanchot diese Vision so, dass die Integration nur partiell und bedingt erscheint und zudem noch mit einem Konjunktiv behaftet ist, den es bei Benjamin nicht gibt. Blanchot übersetzt diese Passage folgendermaßen: die »grandiose Absicht [der Übersetzung]: *eine*« – also nicht wie bei Benjamin *die* – »Mehrheit der Sprachen in eine einzige Sprache, die die wahre wäre, zu integrieren« (Hvh. V.L.). Blanchots Distanzierung vom expliziten Messianismus Benjamins äußert sich am klarsten in der Übersetzung der Benjamin'schen Formel des »messianische[n] Ende[s] der Geschichte« (A, 14) mit »einer Art messianischen Begriffs«.

Blanchot wahrt durchgehend Abstand zu den Passagen, in denen Benjamin sich ausdrücklich auf einen von der jüdischen Mystik inspirierten Messianismus beruft. So lässt er eine Schlüsselpassage aus, in der Benjamin die Beteiligung der Übersetzung an der messianischen Harmonisierung der Sprachen in eine »reine Sprache« mit dem Ausdruck der »Scherben eines Gefäßes« beschreibt. Es handelt sich hier zweifellos um eine kabbalistische Anspielung auf »das Zerbrechen der Gefäße«, das mit dem Ende des paradiesischen Zustands des Menschen und der Sprachen übereinstimmt und auf die Hoffnung auf *tikkun olam*, die »Heilung der Welt«, also auf eine messianische Erlösung hinweist. Dieses Bild verankert Benjamins Denken in der jüdischen mystischen Tradition. Er identifiziert die existierenden Sprachen mit den Scherben:

> Wie nämlich Scherben eines Gefäßes, um sich zusammenfügen zu lassen, in den kleinsten Einzelheiten einander zu folgen, doch nicht so zu gleichen haben, so muß, anstatt dem Sinn des Originals sich ähnlich zu machen, die Übersetzung liebend vielmehr und bis ins Einzelne hinein dessen Art des Meinens in der eigenen Sprache sich anbilden, um so beide wie Scherben als Bruchstück eines Gefäßes, als Bruchstück einer größeren Sprache erkennbar zu machen. (A, 18)

In seinen Notizen kürzt und übersetzt Blanchot: »Anstatt sich mit dem Sinn des Texts zu identifizieren, muss die Übersetzung, durch eine Bewegung der Liebe, die sich auf das Detail erstreckt, die Art des Ziels, die jene des Originals war, in ihrer eigenen Sprache aufnehmen.« Der Bezug auf die Scherben des Gefäßes ist verschwunden.

Noch viel wichtiger ist das, was sowohl aus den Notizen als auch aus dem Artikel Blanchots vollkommen verschwindet. Die letzte Notiz Blanchots übersetzt die Passage aus Benjamins Aufsatz, in der dieser sich auf Hölderlin und seine Übersetzung der Sophokles-Tragödien beruft. Benjamin begreift diese Übersetzungen, die den Sinn der Sätze der buchstabengetreuen Übersetzung der Worte opfern, als »Urbilder ihrer Form« (A, 21). Je weniger die Übersetzung sich demzufolge in Richtung eines kommunizierbaren Sinns orientiert, desto mehr ist die Aufgabe des Übersetzers erfüllt. So tendiert diese Vereinigung der Sprachen zu einer Zerstörung der syntaktischen, d.h. der verständlichen Bedeutung, und macht so den Unterschied, der den Sprachen innewohnt, wahrnehmbar. Gerade durch ihren unüberwindlichen Unterschied führt die Kraft der Übersetzung eine Harmonisierung der Sprachen herbei. Laut Benjamin berührt die Übersetzung hier keinen verständlichen Sinn, sondern nur einen winzigen Punkt und schmiegt sich dort der erfüllten Komplementarität, die in der Idee der »reinen Sprache« vorgestellt wird, möglichst nahe an:

> Hierfür [für unsere These] […] stellen sich Hölderlins Übertragungen, besonders die der beiden Sophokleischen Tragödien, bestätigend dar. In ihnen ist die Harmonie *der Sprachen* so tief, daß

der Sinn nur noch wie eine Äolsharfe vom Winde von der Sprache berührt wird. [...] Eben darum wohnt in ihnen vor andern die ungeheure und ursprüngliche Gefahr aller Übersetzung: daß die Tore einer so erweiterten und durchwalteten Sprache zufallen und den Übersetzer ins Schweigen schließen. Die Sophokles-Übersetzungen waren Hölderlins letztes Werk. In ihnen stürzt der Sinn von Abgrund zu Abgrund, bis er droht in bodenlosen Sprachtiefen sich zu verlieren. (A, 20-1, Hvh. V.L.)

In seinen Notizen übersetzt Blanchot:

In Hölderlins Sophokles-Übersetzungen ist die Ahmonie [sic: *l'ahmonie*] zwischen den *zwei* Sprachen so tief, dass der Hauch der Sprache den Sinn nur so streift, wie der Wind die äolische Sprache hx [?] zum Vibrieren bringt. Diese Übersetzungen sind echte Archetypen: auf ihnen lastet die ungeheure Gefahr, der jede Übersetzung sich von Anfang an aussetzt: Das Tor einer derart erweiterten Sprache droht, vor dem Übersetzer wieder zuzufallen und ihn in seinem eigenen Schweigen einzumauern. Hölderlins Sophokles-Übersetzungen waren seine letzten Werke. Hier stürzt der Sinn von Abgrund zu Abgrund, bis er droht, sich in den bodenlosen Tiefen der Sprache zu verlieren. (Hvh. V.L.)

Ein Detail dieser Übersetzung erweist sich als grundlegend. Dort, wo Benjamin von »der Harmonie *der* Sprachen« (A, 21, Hvh. V.L.) spricht, die sich in der Übersetzung Hölderlins zeige, übersetzt Blanchot mit »der Harmonie« (oder vielmehr »Ahmonie«: zweifellos ein unwillkürlicher, aber nicht unbedeutender Flüchtigkeitsfehler) »zwischen den *zwei* Sprachen«. Dieser Unterschied zwischen »den Sprachen« und »den zwei Sprachen« führt im Artikel Blanchots zu einer Konzeption der »reinen Sprache«, die sich von jener Benjamins radikal unterscheidet. Im Artikel Blanchots heißt es:

Das Beispiel Hölderlin zeigt, welches Risiko letztlich ein Mensch eingeht, der von der Macht der Übersetzung fasziniert ist. Die ›Antigone‹- und ›König Ödipus‹-Übersetzungen waren beinah seine letzten Arbeiten auf der Kippe in den Wahnsinn, extrem durchdachte, beherrschte und gewollte Werke, mit unbeugsamer Entschlossenheit in der Absicht ausgeführt, weder den griechischen Text ins Deutsche zu übertragen, noch die deutsche Sprache auf ihre griechischen Wurzeln zurückzuführen, sondern *die bei-*

den Kräfte, die einerseits die Wechselfälle des Westens, andererseits die des Ostens repräsentieren, in der Einfachheit *einer totalen und reinen Sprache zu vereinen*. (Ü, 81, Hvh. V.L.)

Was also für Benjamin die verlorene Sprache des Genesis-Paradieses ist, eine von der jüdischen Mystik abgeleitete Vorstellung, wird bei Blanchot zur Vereinigung des Griechischen und des Deutschen, ein Heidegger'scher Topos *par excellence*, der eine wesentliche Rolle im Zusammenhang der kulturellen und intellektuellen Ziele des Nationalsozialismus und seiner Anhänger spielte.[19] Es ist offensichtlich, dass das Denken Blanchots sich nicht in diese Richtung des Anspruchs an das Erbe Griechenlands orientiert, das dazu bestimmt war, von Deutschland verwirklicht zu werden, ein Anspruch, der so sehr die letztlich mörderische, sich hauptsächlich der jüdischen und, zu einem geringeren Grad, der christlichen Tradition entgegensetzenden Vorstellung einer absoluten Vormachtstellung des neu-heidnischen Deutschlands beeinflusst hat. Die »Übersetzung« der reinen messianischen Sprache Benjamins in die »reine griechisch-deutsche Sprache« Blanchots in einem Artikel, der die Wiederaufnahme »einige[r] Bemerkungen« (Ü, 77) zum Aufsatz Benjamins ankündigt, ist überraschend. Obwohl Blanchot tatsächlich von der Bemerkung Benjamins über Hölderlin und seine Sophokles-Übersetzungen inspiriert ist, hat die Diskrepanz zwischen dem Ende von Blanchots Artikel, der mit einer Lobrede auf den deutschen Dichter schließt, und der letzten Passage von Benjamins Aufsatz eine Tragweite, die das gesamte Verhältnis zwischen Benjamins und Blanchots Denken erhellt. Sie betrifft die drei Aspekte, die der obigen Analyse zugrunde liegen: die Unterscheidung »Übersetzung/Übersetzer«, den Status des dichterischen Werks im Vergleich zu jenem der Übersetzung und die endgültige Ausrichtung der jeweiligen Sprachphilosophie der beiden Autoren. In den übersetzten Notizen zum Artikel bereitet sich die Aneignung unmerklich vor.

Bereits die Substitution von »Übersetzung« durch »Übersetzer« in den Notizen, die die Passagen von Benjamins Aufsatz übersetzen, kündigt eine Lobrede an, mit welcher der letzte Absatz von Blanchots Artikel *Übersetzen* Hölderlin als einen mythischen Helden glorifiziert, »der sich kühn auf dieses Zentrum zubewegte, in dem

19 In seinem Spiegel-Interview von 1966 spricht Heidegger vom »innere[n] Verhältnis der deutschen Sprache zur Sprache der Griechen«. Vgl. dazu Anson Rabinbach: The Shadow of Catastrophe. German Intellectuals between Apocalypse and Enlightenment, S. 105-7.

er die reine Vereinigungskraft versammelt zu finden glaubte, so dass er jenseits allen bestimmten und begrenzten Sinns Sinn verleihen konnte« (Ü, 82). Hier erkennt man ein zentrales Selbstverständnis der modernen Poetik wieder: die anvisierte Transgression konventioneller Vorstellungen mittels einer einzigartigen literarischen Schöpfung. Blanchots Beharren auf der »Vereinigungskraft« und die Erneuerung eines »Sinns« sind Benjamins Denken fremd, das die Übersetzung als Medium darstellt, durch das jeder Sinn dazu neigt, sich abzuschaffen, um in einer »reinen Sprache« aufzugehen, »die nichts mehr meint und nichts mehr ausdrückt« (A, 19).

Die größte Divergenz zwischen dem Artikel Blanchots und dem Aufsatz Benjamins liegt im Auslassen des letzten Absatzes Benjamins. Jener Blanchots endet mit einer Betonung dessen, was Benjamin in seinem vorletzten Absatz als die Gefahr der Hölderlin'schen Übersetzung, die Gefahr, »in bodenlosen Sprachtiefen sich zu verlieren« (A, 21), beschreibt. Bei Blanchot beschließt der Mut, dieser Gefahr furchtlos entgegenzusehen, seinen Text: Hölderlin ist derjenige, dessen »Vereinigungskraft, die in jeder praktischen Beziehung, wie auch in jeder Sprache am Werk ist … ihn gleichzeitig dem ursprünglichen, reinen Bruch aussetzt«. So, heißt es bei Blanchot weiter, steht derjenige, der »zum Übersetzen bereit ist, in einer beständigen, gefährlichen, bewundernswerten Intimität [mit dem Abgrund], und aus dieser Nähe erwirbt er sich das Recht, der stolzeste oder der verborgenste unter den Schriftstellern zu sein – in der Überzeugung, dass Übersetzen letztendlich Wahnsinn ist« (Ü, 82). Diese Radikalisierung der von Benjamin beschriebenen Gefahr, sich in den bodenlosen Tiefen der Sprache zu verlieren, kontrastiert grundlegend mit der letzten Passage von Benjamins Aufsatz, der bei Blanchot völlig fehlt. Ferrers »Gewalt der Entnahme« wird hier eher zur »Gewalt der Unterlassung«.

Nachdem Benjamin den schwindelerregenden Fall »von Abgrund zu Abgrund« beschrieben hat, den derjenige Übersetzer riskiert, der Hölderlins Beispiel folgt, fügt er hinzu: »Aber es gibt ein Halten« (A, 21), ein Satz, den Gandillac mit: »Aber es gibt einen Haltepunkt« (*»Mais il y a un point d'arrêt«*) (Gandillac, 275) übersetzt. Das deutsche Wort »Halten« bedeutet jedoch in diesem Zusammenhang sehr viel mehr: Es gibt etwas, das hält und zurückhält, das diesen Fall in eine bodenlose Tiefe verhindert, das vor dem Wahnsinn rettet. Dort, wo es bei Blanchot einen »ursprünglichen Bruch« gibt, geht es Benjamin um eine messianische Rückkehr zu einer paradiesischen Einheit. Diese monotheistische Vorstellung zeigt sich in der »Wörtlichkeit der wahren Sprache«. Diese Wörtlichkeit, so Benjamin weiter, »gewährt [...] jedoch kein Text außer dem heiligen«. Dieser ist »übersetzbar schlechthin« (A, 21), also ohne Differenz, Spannung oder Vermittlung. So lautet der letzte Satz von Benjamins Aufsatz: »Die Interlinearversion des heiligen Textes ist das Urbild oder Ideal aller Übersetzung.« (A, 21) Diese Vorstellung, die von der kabbalistisch-jüdischen Tradition einer primären Einheit herrührt und die das messianische Telos der Benjamin'schen Sprachphilosophie formt, beruht auf der Idee, dass das Wort Gottes, durch das biblische Hebräisch widerhallend, sich unmittelbar und »ohne vermittelnden Sinn« (A, 21) in der menschlichen Sprache manifestiert. Zwischen Hölderlin und der Bibel, dem Griechisch-Deutschen und dem Jüdischen, dem Vorrang des Bruchs und dem der monotheistischen Wahrheit, bahnen Blanchot und Benjamin sich einen in entgegengesetzte Richtungen führenden Weg: hier der Abgrund des heldenhaften Wahnsinns, dort die messianische Erlösung.

Warum, lässt sich fragen, macht Blanchot Notizen in Form von Übersetzungen, statt etwa Kommentare zu schreiben oder die Ideen und Argumente in Benjamins Essay kurz zusammenzufassen? Da er nie beabsichtigte, diese Übersetzungen zu veröffentlichen, wurden sie zu einer Art Depot – Ferrer spricht von den »repositoires sédimentaires« (L, 53) –, das die Spuren dessen, was nicht in den endgültigen Text aufgenommen, nicht das Licht der lesenden Öffentlichkeit erblicken sollte, zugleich verbirgt und bewahrt. Die Übersetzungen halten also einerseits die Schritte eines Auswahlprozesses fest, stellen aber darüber hinaus den von Ferrer beschriebenen versteckten Akt der Aneignung nicht nur der Gedanken des anderen, sondern des anders Denkenden dar. Dabei delegiert Blanchot unausgesprochen – und wohl auch unbewusst – die Verantwortung für die Annektierung des anderen Denkens an die unvermeidliche Ungenauigkeit der Übersetzung. Auf diese Weise vollzieht sich in Blanchots Notizen jener Akt, den er inhaltlich in seinen Betrachtungen über das Übersetzen von sich weist: die Aneignung des Anderen.

Indem Blanchot buchstäblich und metaphorisch Benjamin in sein eigenes Idiom übersetzt, verrät er nicht nur Benjamins Auffassung von Übersetzung, sondern auch seine eigene Vision der Aufgabe des Übersetzers, die – wie jene Benjamins – verlangt, dass der Übersetzer seine eigene Sprache rückhaltlos der Andersheit der anderen auszusetzen hat. Die Gewalt der Entnahme, die sich in den Notizen in geringfügigen Bedeutungsverschiebungen, Schreibfehlern, Löschungen bis hin zu verstellten Betonungen und unverblümten Auslassungen vollzieht, besteht hier nicht, wie für Ferrer, im unvermeidlichen (und letztlich metaphorischen) Angriff auf die Integrität eines fremden Textes, die jeder aktiven Lektüre eigen ist, sondern in einer konkreten Verformung, die die Gedankenwelt des anderen tatsächlich »zerstückelt«, von allem Fremden »desinfiziert« und ins Eigene einverleibt. Blanchots Notizen sind der Tatort dieses Vorgangs.

Wie Sonntagskinder. Ideen der Prosa bei Benjamin und Agamben

> Und die dicke Schriftrolle, die die Hand des Schreibers gefüllt hatte, war nur der Versuch, diese gänzlich leere Tafel vorzustellen, auf der noch nichts geschrieben war.
> Giorgio Agamben[20]

> La page blanche est empoisonnée. Le livre qui ne raconte aucun récit tue. L'absence de récit signifie la mort.
> Tzvetan Todorov[21]

Wer einmal, und sei's im Traum oder in Gedanken, in der erlösten Welt gewesen ist und zurückkehrt wie eine Figur in einem Fragment Kafkas, die eine Scheintod-Erfahrung gemacht hat, der hat wohl Wertvolles zu erzählen. Man »kann viel von ihm lernen«, aber wie es »nach dem Tod« oder nach dem Ende der Geschichte aussieht – etwa ob es dort auch Erzählungen gibt –, »das kann er nicht sagen«.[22] Ob es in einer messianischen Welt Erzählungen geben wird, mag als müßige Erkundung gelten, wem die Vorstellung einer erlösten Menschheit nur noch der Ausgang einer längst totgesagten Großerzählung ist. Paradoxerweise bestätigt noch ein solcher Todesbefund das Weiterleben dieses *grand récit*, indem er, wie alle Messianismen, das Ende einer jahrtausendealten Geschichte verkündet: jener der Erlösungsvorstellungen selbst. Wenn es allerdings, wie Walter Benjamin schreibt, keine Erzählung gibt, die »an der Frage: Wie ging es weiter? ihr Recht verlöre«,[23] so ist die Frage nach dem Erzählen am Ende der Geschichte ebenso legitim wie jene nach der Fortsetzung der geschichtsphilosophischen Großerzählung selbst. Eine mögliche Variante dieser Fortsetzung lässt sich aus dem Wandel jüngerer Auffassungen vom Verhältnis zwischen epischen Formen und messianischen Erlösungsvorstellungen herauslesen.

In der Geschichte der Erzählkunst steht von Hegel bis Lukács am Anfang das Epos, in dem die menschliche Erfahrung in ihrer Einheit und Totalität erfasst ist. Die Epik, die älteste Darstellung der Ge-

20 IP, 163.
21 »Die weiße Seite ist vergiftet. Das Buch, das keine Geschichte erzählt, tötet. Die Abwesenheit von Geschichten bedeutet den Tod.« Tzvetan Todorov: La Poétique de la prose, S. 87.
22 Franz Kafka: Nachgelassene Schriften und Fragmente II, S. 141.
23 Walter Benjamin: Der Erzähler (GS II.2, 455).

schichte in heroischen Gesängen, wurde in die Poesie aufgehoben wie diese ihrerseits in die entzauberte, nicht länger ganzheitliche Prosa. Im Dienste einer universalen Geschichtsschreibung zielt Prosa auf eine Totalität, die in eine dem ursprünglichen Epos angeglichene Ganzheit münden soll. Bei Benjamin ist die Auffassung einer stets fortschreitenden, am Schluss zu sich selbst kommenden Entwicklung der Geschichte ebenso in eine Krise geraten wie das kontinuierliche Erzählen. Die Triade von Paradies, Sündenfall und noch ausstehender Erlösung erlebt zwar in seinem messianischen Denken einen Höhepunkt, doch ist sie nunmehr von Diskontinuitäten geprägt, die auch seine Erzähltheorie kennzeichnen. Zwischen Vergangenheit und Gegenwart gibt es keine verketteten Zusammenhänge, sondern punktuelle und flüchtige »Splitter« und »Funken«, die der erlösten Zeit vorausleuchten. Ebenso ist spätestens nach den Erfahrungen des ersten Weltkriegs das Erzählen verlustig gegangen und nur noch als Darstellung der eigenen Unmöglichkeit oder als Modell der Geschichtsschreibung einer messianischen Zeit denkbar.

Wenige Jahre nach Benjamins Tod – und wohlgemerkt nach der Zäsur von Auschwitz – stimmt Adorno zwar weitgehend dessen Ursprungs- und Verfallsgeschichte zu, doch das dritte Glied der Triade, die erlöste Menschheit, gilt ihm nur als fiktive Perspektive, die hergestellt werden soll, um ein »messianisches Licht« auf das falsche Bestehende zu werfen. Der konstitutiven Brüchigkeit der Prosa im Gegensatz zum gebundenen, mythischen Gesang fällt dabei die Rolle zu, die Distanz zur messianischen Welt zu markieren, wobei, wie es im letzten Abschnitt von *Minima Moralia* heißt, deren »Wirklichkeit oder Unwirklichkeit« letztlich »fast gleichgültig« ist.[24] Zum »Messianischen ohne Messianismus« Jacques Derridas, der den religiösen Erlösungsbegriff lediglich als kulturgeschichtlichen Nachklang für seine Vorstellung der in jedem Sinne unendlichen Erwartung eines gänzlich unvorhersehbaren »Kommenden« beansprucht, ist es nicht mehr weit.[25] Angesichts gleichzeitiger realpolitischer und theoretischer Entwicklungen, die geschichtsphilosophische Triaden und Teleologien samt und sonders verabschieden, ist der dezidierte Rückgriff auf das messianische Gedankengut Benjamins in den Schriften Giorgio Agambens umso überraschender.[26]

24 Theodor W. Adorno: Minima Moralia. Reflexionen aus dem beschädigten Leben, S. 480-1.

25 Jacques Derrida: Marx & Sons, S. 81.

26 Agambens Denken widerlegt Christoph Schultes Diagnose, dass der »linksintellektuelle utopische Messianismus« in der Gegenwart verblasst sei. Schulte

Agamben, der Adornos Fiktionalisierung der Erlösungvorstellung *ex negativo* und »vom Ende her« ebenso zurückweist wie Derridas hypothetische Funktionalisierung des Messianischen als eines endlos vorausweisenden, regulativen Leitsterns, übernimmt in seinen Schriften der achtziger Jahre wesentliche Aspekte von Benjamins messianischem Denken und trägt dieses mittels selektiver Schwerpunktverschiebungen in eine Richtung weiter, die sich explizit von Adornos und Derridas Schwundformen des Messianischen absetzt.[27] Die Verschiebung, die Agamben an Benjamins messianischem Denken vornimmt, setzt bei den vielfältigen Erscheinungsformen der Diskontinuität an, die dieser in die heilsgeschichtliche Triade einschreibt. Die messianischen Kräfte, die für Benjamin das Zeitkontinuum aufsprengen und auf die erlöste Welt vorausweisen, verabsolutiert und entleert Agamben bis zu einem Punkt, an dem sie nicht länger Unterbrechung und Abbruch einer falschen Kontinuität und rettende Hoffnungsträger sind, sondern – so die hier vertretene These – zu einem Selbstzweck geraten, der den Erfahrungsgehalt und die Welthaltigkeit der Benjamin'schen messianischen Kräfte gegen ein von Heidegger inspiriertes *experimentum linguae,*[28] eine »Entbergung« der Sprache, eintauscht. Diese ereignet sich an abstrakten Orten der Diskontinuität, an der Schwelle, am Grenzpunkt, an der Schnittstelle selbst. Am Begriff der »Idee der Prosa«, den Agamben von Benjamin übernimmt, lässt sich diese Transformation paradigmatisch aufweisen.

fügt hinzu, dass »der internationalistische Messianismus nach 1968 noch einmal Konjunktur hatte, aber vor allem bei christlich sozialisierten Intellektuellen«. Möglicherweise wäre Agamben hier einzureihen. Schulte schließt mit der Bemerkung, dass »falls, und das lässt sich aufgrund historischer Erfahrungen nicht ausschließen, im 21. Jahrhundert wieder ein utopischer Messianismus aktuell werden sollte, dies [...] wahrscheinlich eher ein [...] universalistischer, reformistischer, ethischer Sozialismus sein wird statt einer spät- und antibürgerlichen Apokalyptik wie bei Bloch und Benjamin«. Der jüngste Erfolg von Agambens Theorien widerlegt diese Behauptung. Vgl. Christoph Schulte: Der Messias der Utopie, in: Die Wehen des Messias, Zeitwenden in der jüdischen Geschichte, S. 135-62, hier S. 159-60.

27 Zu Agambens Kritik an Adorno vgl. Giorgio Agamben: Die Zeit, die bleibt, S. 46. Zu seiner Kritik an Derridas Messianismus: ebd., S. 117.

28 Reimar Klein spricht in seinem Nachwort vom »*experimentum linguae*, als das Agamben sein ganzes Werk betrachtet« (IP, 163).

Benjamins Idee der Prosa

Benjamin hat der Frage nach dem »Wie weiter?« der Erzählungen, die dem Mund glücklich lauschender Kinder zu entspringen scheint, keine Lösung versprochen. Ebenso wenig gibt es für ihn eine Antwort auf die Frage, »in welcher Verfassung sich die ›erlöste Menschheit‹ befindet, welchen Bedingungen das Eintreten dieser Verfassung unterworfen ist und wann man mit ihm rechnen kann« (GS I.3, 1232). Anstelle einer Antwort weisen die in seinem Werk verstreuten messianischen Splitter auf Vorformen dieser Verfassung hin.[29] Sie sind in Benjamins Werk in vielfältigen Erfahrungen und Figuren zu finden: von der *mémoire involontaire* zur »leibhaftigen Geistesgegenwart«, vom Wartenden zum Flaneur, vom Übersetzer zum materialistischen Historiker, vom Gehilfen zum Gerechten. Zu ihnen gehören der Chronist und dessen säkularisierte Erscheinungsform, der Erzähler. Zwar enthält Benjamins Aufsatz »Der Erzähler« kaum messianische Anklänge, doch eine Notiz aus dem Umfeld von Benjamins kurz vor seinem Tod verfassten geschichtsphilosophischen Thesen gibt Hinweise auf die »Verfassung der erlösten Menschheit«, die auch die Frage nach dem Erzählen in einer messianischen Welt betreffen.

> Die messianische Welt ist die Welt allseitiger und integraler Aktualität. Erst in ihr gibt es eine Universalgeschichte. Was sich heute so bezeichnet, kann immer nur eine Sorte von Esperanto sein. Es kann ihr nichts entsprechen, eh die Verwirrung, die vom Turmbau zu Babel herrührt, geschlichtet ist. Sie setzt die Sprache voraus, in die jeder Text einer lebenden oder toten ungeschmälert zu übersetzen ist. Oder besser, sie ist diese Sprache selbst. Aber nicht als geschriebene, sondern vielmehr als die festlich begangene. Dieses Fest ist gereinigt von jeder Feier. Es kennt keine Festgesänge. Seine

29 Vgl. Irving Wohlfarth: »There are, at all events, several further indications that the messianic splinters, which by rights represent no more than the isolated premonitions of better things to come, nevertheless furnish privileged examples of the way in which the integral resurrection of the world is to be conceived. Preliminary, fragmentary and idiosyncratic though they are, the profane modalities of the messianic are, in any case, its only visible and accessible forms.« (»Es gibt auf jeden Fall einige weitere Hinweise darauf, dass die messianischen Splitter, die von Rechts wegen lediglich isolierte Ahnungen auf kommende Veränderungen zum Besseren darstellen, dennoch privilegierte Beispiele für die Art liefern, in der die integrale Auferstehung der Welt gefasst werden soll.«) Irving Wohlfarth: On the Messianic Structure of Walter Benjamin's Last Reflections, S. 180.

> Sprache ist integrale Prosa, die die Fesseln der Schrift gesprengt hat und von allen Menschen verstanden wird wie die Sprache der Vögel von Sonntagskindern. (GS I.3, 1239)

Andere Versionen dieses Fragments in Benjamins Notizen enden mit einem Nachsatz und einem Verweis: »Die Idee der Prosa fällt mit der messianischen Idee der Universalgeschichte zusammen (siehe auch Erzähleraufsatz).« Die ausführlichste Variante der Notiz enthält einen zusätzlichen Hinweis auf »die Arten der Kunstprosa als das Spektrum der universalhistorischen – im ›Erzähler‹« (GS I.3, 1238).[30] Es mag nicht übertrieben sein, in Benjamins später Notiz selbst ein prismatisches Spektrum zu sehen, das die in seinem Werk auf Geschichte, Sprache und Erzählung bezogenen verstreuten messianischen Funken in eins fasst.

Benjamins Notiz entwirft die »Verfassung der erlösten Menschheit« als allumfassende, erfüllte Präsenz von Sprache und Geschichte. Erst in einer messianischen Welt, erst am Ende der Zeiten und von ihrem Ende her kann die Geschichte in ihrer Totalität erzählt werden. Benjamin richtet sich dabei gegen den »gemächlich erzählenden Historismus« (GS I.3, 1248) des neunzehnten Jahrhunderts, der »noch wähnt, die Geschichte episch ausbreiten zu können«,[31] eine heile Welt vortäuscht, sich dabei in die Sieger der Geschichte einfühlt und der Verknechtung der Menschheit nicht Rechnung trägt. Voraussetzung für eine rechtmäßige und gerechte Universalgeschichte, die erst der erlösten Menschheit zufällt, ist die Heilung der Sprachverwirrung in einer »von allen Menschen verstandenen« Universalsprache, die an Benjamins frühe Aufsätze »Über Sprache überhaupt und über die Sprache der Menschen« und »Die Aufgabe des Übersetzers« anklingt. Integrale Aktualität – erfüllte Gleichzeitigkeit allen Geschehens – äußert sich in einer von Schrift und Zeichen, von Vermittlung und Differenz befreiten Sprache, die die Natur von ihrer stummen Trauer erlöst und sie mit den Menschen in Einklang bringt.[32] Mit dem Begriff »Idee der Prosa«, der auf Benjamins Dissertation »Der

30 Vgl. weitere Versionen (GS I.3, 1234 und 1235).

31 Irving Wohlfarth: Krise der Erzählung, Krise der Erzähltheorie. Überlegungen zu Lukacs, Benjamin und Jauss, S. 278.

32 Die »Sprache der Vögel, die von Sonntagskindern verstanden wird« steht in Zusammenhang mit Benjamins frühem Sprachaufsatz, in dem von der »Verwandtschaft des Gesanges mit der Sprache der Vögel« die Rede ist (GS II.1, 156). Benjamins Betrachtungen über »die Trauer der Natur« und ihre Stummheit entstammen demselben Aufsatz (GS II.1, 155).

Begriff der Kunstkritik in der deutschen Romantik« verweist, und dem Hinweis auf den Erzähleraufsatz greift diese Stelle neben den Sprachaufsätzen allerdings auch zwei frühe Texte Benjamins auf, in denen es weniger um Sprache geht als um epische Formen. In welchem Verhältnis können Unmittelbarkeit und »integrale Aktualität« zur Erzählung stehen, die immer auch Spannung, Differenz und Aufschub, Vermittlung und Mitteilbarkeit voraussetzt?

Weißes Licht

Benjamins Nachtrag zur Notiz, der nach der Erwähnung der messianischen »Idee der Prosa« auf »die Arten der Kunstprosa als das Spektrum der universalhistorischen – im ›Erzähler‹« (GS I.3, 1238) verweist, deutet auf eine Stelle im Erzähleraufsatz hin, in der Benjamin die Geschichtsschreibung als »die schöpferische Indifferenz zwischen allen Formen der Epik« (GS II.2, 451) darstellt. »Dann«, so Benjamin weiter, »würde sich die geschriebene Geschichte zu den epischen Formen verhalten wie das weiße Licht zu den Spektralfarben.« (GS II.2, 451) Der Begriff der »schöpferischen Indifferenz« – die kreative Möglichkeit, Polaritäten und Kontrastierungen in Einklang zu bringen – bezeichnet bei Benjamin eine alternative, romantisch gewendete Form der Aufhebung, die sich der Idee des Fortschritts und dem dialektischen Verlust des Konkreten entzieht. Das weiße Licht der Geschichtsschreibung, dem alle epischen Formen inhärent sind, wie der Prosa alle poetischen, wäre nur scheinbar ein einheitliches. Die Reinheit dieses Lichts wäre keine Leere, keine Abwesenheit von Farbe, sondern eine vollkommene Fülle. Benjamin erläutert diese Gedankenfigur in Anklängen an Hegels Gattungsbestimmung:

> Wenn nämlich ... die Geschichtsschreibung die schöpferische Indifferenz der verschiedenen epischen Formen darstellt (wie die große Prosa die schöpferische Indifferenz zwischen verschiedenen Maßen des Verses), so schließt deren älteste Form, das Epos, kraft einer Art von Indifferenz die Erzählung und den Roman ein. (GS II.2, 453)

Anders als bei Hegel bleiben in dieser vertikalen Schichtung alle niedrigeren Formen ohne Verlust in den höheren bewahrt. In der darauffolgenden Unterscheidung zwischen Erzählung und Roman ist es deutlich die Erzählung, die als säkularisierte Form der Chronik auf eine messianische Prosa vorausweist. Die »Idee der Prosa«, die Benjamin in seiner Notiz als Form der Universalgeschichte einführt, erscheint als letzte in dieser Reihe von Aufhebungen. Sie wird nicht durch ein hegelianisches teleologisches Voranschreiten erreicht, sondern in der messianischen Erfüllung. In der »Idee der Prosa« wirken die Potentiale aller in ihr aufgehobenen Formen weiter. Im allumfassenden Licht der messianischen Idee der Universalgeschichte, die mit der »Idee der Prosa« zusammenfällt, bleibt demnach auch die Erzählung als eine Farbe seines Spektrums erhalten.

Die Metapher des weißen Lichts und des Spektrums, der darin unsichtbar enthaltenen Farbenfülle, entspricht Benjamins Bestimmung der romantischen »Idee der Kunst« als »absolutes Reflexionsmedium« (GS I.1, 87). Prosa ist dort »die Idee der Poesie« (GS I.1, 101). Sie stellt für die Romantiker die höchste Form der Poesie dar, enthält alle ihre Möglichkeiten und befreit die Poesie »von der Strenge ihrer Forderungen«. In der Prosa »gehen sämtliche gebundenen Rhythmen ineinander über« und »verbinden sich zu einer neuen Einheit« (GS I.2, 102). Diese ist gekennzeichnet durch »Nüchternheit« (GS I.2, 103) und entspricht einer gelungenen Entzauberung des Epos und seiner Festgesänge. Wenn Prosa in Benjamins Kunstkritik-Arbeit die »Idee der Poesie« ist, in der alle poetischen Formen befreit werden, so ist die messianische »Idee der Prosa« – diesem Modell der »schöpferischen Indifferenz« entsprechend – die höchste Stufe: Es ist die Universalgeschichte, die alle »Arten der Kunstprosa« in sich enthält wie das »weiße Licht« der »geschriebenen Geschichte« die Spektralfarben der epischen Formen. Sie erfasst alles, was sich je zugetragen hat und befreit es von seinen kodifizierten Bindungen, ja von seiner Künstlichkeit selbst. Dieses messianische Fest der Freiheit enthält daher auch keine Festgesänge, kehrt also nicht unverwandelt zu den heroischen Gesängen des Epos zurück: Es ist nüchtern und »allseitig« wie die im Kunstkritikaufsatz dargestellte Prosa. Allseitig ist diese »Idee der Prosa« nicht nur als Form, die alle anderen Kunstformen umfasst, sondern als universale Erzählung, die die gesamte Erfahrung der Kreatur in sich aufnimmt und bewahrt.

Scheherazade und der Sterbende

Im Erzähleraufsatz, auf den der Nachtrag in Benjamins Notiz hinweist, stehen zwei gegensätzliche Figuren für das Erzählen ein. Die eine entstammt weder einer mystischen Sprachphilosophie noch einer theologischen Geschichtsphilosophie, sondern der Literatur. Es ist Scheherazade, die, so Benjamin, »in jedem Erzähler steckt« und »der zu jeder Stelle ihrer Geschichten eine neue Geschichte einfällt« (GS II.2, 453). Die zweite, quasi gegenläufige Figur ist aus dem Leben gegriffen: Es ist der Sterbende. Beide Figuren erhalten in Benjamins Ausführungen eine messianische Dimension, die sie mit der Vorstellung einer Universalgeschichte am Ende der Zeiten in Einklang bringt. Scheherazade, die zwar jene »unmessianische« Bewegung der Erzählung verkörpert, das Ende aufzuschieben, ist für Benjamin jedoch gleichzeitig auch die Statthalterin der epischen Erinnerung, die »das Netz stiftet, das alle Geschichten miteinander am Ende bilden« (GS II.2, 453). Die Erzählung des Sterbenden entsteht hingegen als Rückblick, aus der »Folge von Bildern seines Lebens, die sich in seiner letzten Stunde in Bewegung setzt«. Der »Stoff, aus dem Geschichten werden« ist, heißt es dort, »sein gelebtes Leben«, das am Sterbenden »tradierbare Gestalt annimmt« und »allem was ihn betraf, die Autorität mit[teilt], die auch der ärmste Schächer im Sterben für die Lebenden um ihn her besitzt« (GS II.2, 449). Die »Begabung« des Erzählers – wie jene des Sterbenden – ist es, »sein *ganzes* Leben erzählen zu können« (GS II.2, 464). Die Universalgeschichte ist dazu die kollektive Analogie: Sie erzählt die *ganze* Geschichte aller Geschöpfe auf Erden von ihrem messianischen Ende her. Wie dem Sterbenden, und sei's der ärmste Schächer, fällt ihr am Ende die gesamte Vergangenheit zu, sind alle hierarchischen Unterschiede aufgehoben. »Am Ursprung des Erzählten«, schreibt Benjamin, »steht diese Autorität« (GS II.2, 450).[33]

Eine Notiz zu dieser Stelle führt die widersprüchlichen Bewegungen von Scheherazades unendlichem Aufschub und der rückblickenden Ganzheit der Erzählung des Sterbenden zusammen. Was am Erzähler »das Wunderbarste ist«, heißt es dort, »dass er so wirkt als könne er sein *ganzes Leben* erzählen, alles Erzählte sei nur erst ein Stück seines ganzen Lebens« (GS II.3, 1282). Es ist dies der messianische Anteil Scheherazades, deren Geschichten vom Ende aus gesehen so wirken, als wären sie Teil des ganzen Netzes. Wenn, wie Benjamin schreibt, »in jedem Erzähler eine Scheherazade steckt«, so steckt in

33 Bemerkenswert ist, dass diese Geschichte sich in seinen »Mienen und Blicken«, also auf außersprachlichen, körperlichen Wegen mitteilt: In der messianischen Universalgeschichte, die nicht mehr beschrieben, sondern – ebenfalls sprachlos – festlich begangen wird, kehrt die Erzählung zu diesem Ursprung zurück und macht aus dem Sterbenden eine Vorform des messianischen Erzählers.

jeder Scheherazade auch ein Sterbender – oder eher ein Scheintoter, der an jeder Stelle, also auch nach dem Ende neu anheben kann, erzählen kann, »wie es weitergeht«. So wird auch das Ende jeder Erzählung zur Gelegenheit einer neuen. Scheherazade ist es, die die Kraft der Erzählung, und somit auch alles – die Negation eines Endes und die Möglichkeit eines Neubeginns – in eine messianische Welt hinüberrettet. Gemeinsam verkörpern Scheherazade und der Sterbende messianische Figuren, die im Spektrum der »Idee der Prosa« die Doppelbewegung von Aufschub und Rückblick, Unendlichkeit und Abschluss, »die Hoffnung und die Erinnerung«[34] bewahren. Im Begriff der »Idee der Prosa« liegt nicht nur die reine, vollkommene und in sich abgeschlossene *Idee*, sondern eben auch die *Prosa* als allseitige, mannigfaltige und welthaltige Erzählung der gesamten Kreatur. In der messianischen Welt Benjamins erfüllt sich die *restitutio in integrum* des Vergangenen in der Form eines aus dem Stoff des »gelebten Lebens« gesponnenen Netzes von Geschichten.

Am Schluss des Erzähleraufsatzes bestimmt Benjamin den Erzähler als Gestalt, »in der der Gerechte sich selbst begegnet« (GS II.2, 465). »Sich selbst begegnend«, schreibt dazu Irving Wohlfarth, »käme das irdische Trauerspiel zuletzt als Erzählung zu sich.« Der Erzähler steht dafür ein, dass »nichts, das sich je ereignet hat, für die Geschichte verloren zu geben ist. Denn die Rettung ist keine, solange eine einzige Seele von ihr ausgeschlossen bleibt. Darum behält der Geschichts-Erzähler das letzte Wort.«[35] Damit wird der Erzähler am jüngsten Tag zum »Fürsprech der Kreatur« (GS II.2, 459). Der integralen Prosa, der er sich dabei bedient, fällt die Aufgabe zu, die Partikularität jeder einzelnen Erscheinung zur Gänze zu bewahren und »allen Geschöpfen Gerechtigkeit widerfahren zu lassen«.[36] Eine Namenssprache wäre sie, insofern sie nicht mehr bezeichnete, sondern in einem quasi sprachmagischen, performativen Gestus – dem Begehen eines Fests gleich – hervorruft, was sie benennt. Benjamins messianische Ethik der Erzählung liegt im Wunsch einer vollständigen Erzählbarkeit begründet, die mit dieser höchsten Form von Aufmerksamkeit die Dinge beim Namen nennt.

34 Benjamin zitiert diese Begriffe in seinem Erzähleraufsatz aus Lukàcs' *Theorie des Romans* (GS II.2, 454).

35 Wohlfarth: Krise der Erzählung, S. 281.

36 Ebd.

Agambens *Idee der Prosa*

Der Niederschlag von Giorgio Agambens Beschäftigung mit dem Begriff »Idee der Prosa« beginnt mit seinem ursprünglich 1983 unter dem Titel »Walter Benjamin. Tempo – Storia – Linguaggio« erschienenen Aufsatz, der zur Gänze Benjamins später Notiz über die Verfassung der messianischen Welt gewidmet ist.[37] 1985 erscheint sein Sammelband poetisch-philosophischer Kurztexte mit dem Titel *Idea della Prosa*, in dem ein Text ebenfalls diesen Titel trägt. Diese im gleichen Zeitraum entstandenen Texte konstituieren eine Schlüsselphase in Agambens Denken. Seine Arbeit an Benjamins Begriff der »Idee der Prosa« erweist sich als Scharnierstelle zwischen seinen von Heidegger geprägten sprachphilosophischen Anfängen und seinen ab den neunziger Jahren erschienenen politischen Schriften. Benjamins Notiz über die messianische Welt und insbesondere der Begriff der »Idee der Prosa«, die Benjamins eigene frühe Sprachtheorie mit seinen materialistisch gewendeten späten Schriften zusammendenken, bieten dafür einen idealen Nährboden. Die Tragweite und Substanz der Brücke, die Agamben zwischen Sprachphilosophie und Ethik bzw. Politik zu schlagen versucht, lassen sich an diesen Texten zur »Idee der Prosa« exemplarisch ermessen. Was bedeutet dieser Begriff bei Agamben und wie verhält er sich zu Benjamins Bestimmung der »Verfassung der erlösten Menschheit« in einer messianischen Welt?

Einen ersten Einblick in den Unterschied zwischen Agambens und Benjamins »Idee der Prosa« liefert Agambens gleichnamiger Text in *Idea della prosa* (IP, 21-24). Wie Benjamin in seiner frühen Studie zur Kunstkritik in der Romantik entwickelt auch Agamben in diesem kurzen Text das Wesen der Prosa aus ihrem Verhältnis zur Poesie. Während jedoch Benjamin, im Sinne Schlegels, Prosa die »Idee der Poesie« nennt und in ihr mit der Metapher des weißen Lichts »die gesamten Möglichkeiten und Formen der Poesie« gewahrt sieht, situiert Agamben das Verhältnis von Prosa und Poesie an der Schnittstelle *zwischen* ihnen. Agamben beschreibt das Spezifische der Poesie als Divergenz von »Lautrhythmus und Bedeutung«.[38] Der Ort, an dem dieses Auseinanderstreben sich ereignet, ist das Enjambement. Die-

37 Giorgio Agamben: Walter Benjamin: tempo storia linguaggio, hg. von Lucio Belloi und Lorenzina Lotti, S. 65-82. Hier zitiert aus Giorgio Agamben: Sprache und Geschichte, in: ders.: Die Macht des Denkens. Gesammelte Essays, S. 48-62. Im Text als »SG« mit Seitenangabe zitiert.

38 Agamben versteht seine Bestimmung der Poesie »entgegen einem weit verbreiteten Vorurteil, das [im Gedicht] die vollkommene Übereinstimmung von

ses nennt Agamben »die notwendige und hinreichende Bedingung« (IP, 23) des Verses, das einzig wahre Kennzeichen der Poesie. Das Enjambement, für Agamben »die Identität des Verses« (IP, 23), ist der Punkt, an dem Poesie und Prosa sich gleichzeitig am radikalsten unterscheiden und bis zur Ununterscheidbarkeit miteinander vereint sind. Im Enjambement unterbricht der Vers den prosaischen Duktus von Syntax und Bedeutung gerade dort, wo er die gebundene Rede der Poesie desavouiert. Dieser Gedanke mündet in der Aporie, dass Poesie hier aus ihrem Unterbrochensein besteht, dass ein »ungebundenes« und brüchiges, also prosaisches Element zum Kennzeichen der Poesie wird. Als Unterbrechung, so schließt Agamben, weist das Enjambement gleichzeitig rückwärts – zurück zum soeben beendeten Vers – und zielt über das Versende auf die syntaktische und semantische Erfüllung seiner prosaischen Bedeutung vorwärts: »provorsa, Prosa« (IP, 24). So ereignet sich für Agamben im Enjambement die »Idee der Sprache«, die »weder Poesie noch Prosa, sondern deren Mitte ist« (IP, 24). Anders als Benjamins Metapher des weißen Lichts, das, wenn auch unsichtbar, die *Fülle* aller Spektralfarben enthält, ist diese Mitte leer.

Eine ähnliche Denkfigur beherrscht Agambens Aufsatz »Sprache und Geschichte« in dem er seine Auffassung der »Idee der Prosa« theoretisch zu erfassen sucht. Agamben versteht diesen Aufsatz explizit als kommentierende Lektüre von Benjamins Notiz über die messianische Welt. Der Nachdruck seiner Kommentare liegt dabei auf Benjamins Sprachphilosophie; in der Version der Notiz, die Agamben eingangs vollständig zitiert, fehlt der Verweis auf den Erzähleraufsatz. Über Augustin, Varro, Dante und Wittgenstein und in wortgetreuen Paraphrasen von Benjamins frühem Sprachaufsatz und seinem Übersetzeraufsatz erläutert Agamben den Zusammenhang zwischen Sprache und Geschichte aus der Diskrepanz zwischen der ursprünglichen Namenssprache und der historisch vermittelten, immer schon tradierten und daher unauthentischen Sprache der zwischenmenschlichen Kommunikation. Seine Interpretation von Benjamins »Idee der Prosa« begleiten dabei unverkennbar Heidegger'sche Untertöne: der Sündenfall in Benjamins Sprachtheologie fällt bei ihm mit einer Sprachvergessenheit zusammen, deren Entbergung die Aufgabe des Denkens schlechthin darstellt.

Als Urzeichen, so Agambens Erklärung von Benjamins Notiz,

Klang und Bedeutung verwirklicht sieht«. Für ihn »verdankt der Vers sein Dasein nur deren innerster Zwietracht« (IP, 23).

liegen die Namen immer schon jeder Rede voraus und entziehen sich dem Zugriff. Weil die Namen weder erreichbar noch hintergehbar sind, ist ein voraussetzungsloses Denken in einer Zeichensprache nicht möglich. Die Vermittlung, der die Namen durch die Geschichte unterworfen sind, bedingt eine unendliche Verkettung von Voraussetzungen, die das Denken und den Menschen überhaupt gefangen hält.[39] Dieses Sprachverständnis einer Gefangenschaft in der Vorstellung überträgt Agamben auf Benjamins Geschichtsphilosophie. Weil Geschichte gleichzeitig mit dem Fall der Sprache aus ihrer ursprünglichen Unmittelbarkeit entstanden ist, fällt das Ende der Geschichte mit dem Ende der kommunikativen Zeichensprache und der Restitution der adamitischen Namenssprache zusammen. Für Agamben zielt Benjamins »Idee der Prosa« auf das messianische Ende einer als Schicksal und daher Unfreiheit begriffenen Geschichte. Dies entspricht in vieler Hinsicht der Ausrichtung des Geschichtsverständnisses in Benjamins Notiz. Indem Agamben jedoch den Hinweis auf den Erzähleraufsatz und die Bedeutung der Prosa als epische Form nicht berücksichtigt und die »Idee der Prosa« zur Gänze mit der »Idee der Sprache« identifiziert, mündet seine Auffassung des Begriffs in eine Ästhetik der Leere und eine Ethik der Bezugslosigkeit,[40] die Benjamin kaum unterschrieben hätte. Dies zeigt sich beispielhaft am Unterschied zwischen Agambens und Benjamins Auffassung des »Ausdruckslosen«.

Das Ausdruckslose

Die »Idee der Prosa« ist für Agamben gleichbedeutend mit der »reinen Sprache«, die nicht mehr kommuniziert, nichts mehr bedeutet, vermittelt und tradiert, sondern, in Benjamins Worten, »dasjenige, durch das sich nichts mehr, und in dem die Sprache selbst und absolut sich mitteilt« (SG, 46). Für Agamben, der hier Benjamins Sprachaufsatz getreu zitiert, kulminiert diese messianische Ausrichtung der Sprache im »ausdruckslosen Wort«, das Agamben von Benjamins Übersetzeraufsatz übernimmt. Er zitiert: »In dieser reinen Sprache, die nichts mehr meint und nichts mehr ausdrückt, sondern als ausdrucksloses

39 »Da der Mensch die Namen, die ihm stets vorausgehen, nur durch Überlieferung empfangen kann, ist sein Zugang zu dieser grundlegenden Sphäre der Sprache durch die Geschichte vermittelt und bedingt« (SG, 43).

40 Vgl. Eva Geulen: Über den Bezug, in: Messianismus und Politik. Kabbalah, Benjamin, Agamben.

und schöpferisches Wort, das in allen Sprachen das gemeinte ist, trifft endlich alle Mitteilung, aller Sinn und alle Intention auf eine Schicht, in der sie zu erlöschen bestimmt sind« (GS IV, 1, 19; SG, 48). Mit dem ausdruckslosen Wort wäre auch das Unsagbare getilgt und somit eine wahrlich integrale Sprache restituiert. Das »ausdruckslose Wort« nennt Agamben daher in seiner Interpretation der Benjamin'schen Notiz das »Modell der Universalsprache der erlösten Menschheit«, eben der Sprache, die »›von allen Menschen verstanden wird wie die Sprache der Vögel von Sonntagskindern‹« (SG, 49).

Für Agamben ist Benjamins messianische Vorstellung der »reinen Sprache« im Übersetzeraufsatz mit der Universalsprache der »Idee der Prosa« in der Notiz aus dem Umfeld der »geschichtsphilosophischen Thesen« identisch. Irving Wohlfarth streicht hingegen den Unterschied zwischen diesen Momenten in Benjamins Denken heraus:

> Dem orthodoxen Messianismus des Übersetzer-Aufsatzes wird [in den späten Thesen] widersprochen [...]. Es handelt sich nach wie vor um eine Sprache, in der alle anderen übersetzt werden können und die keiner weiteren Übersetzung bedarf. Aber es geht nicht um die Anamnese einer vorgeschichtlichen Ursprache, sondern um den historischen Kampf für die unterdrückte Vergangenheit; nicht mehr um eine ausdruckslose Sprache, in der alle Mitteilung, aller Sinn und alle Intention auf eine Schicht trifft, in der sie zu erlöschen bestimmt sind, sondern [...] um die erlöste Menschheit, der jedes Moment der Vergangenheit zitierbar geworden ist. Diese neue Universalsprache ist nicht mehr um der Sprache, sondern um der Menschheit willen da. Wo der Übersetzer-Aufsatz auf eine fast übermenschliche Sprache zielt, die keine Semantik mehr kennt, geht es in den späten Notizen um die materialistische Rettung einer vergessenen Semantik. Die Universalsprache ist keine nichtssagende, sondern eine allessagende.[41]

Anders als bei Agamben, für den die messianische Sprache der »Idee der Prosa« von aller Geschichte gereinigt ist, entsteht aus dieser allessagenden Sprache das Netz von Erzählungen, in dem alles, »was sich je zugetragen hat«, gerettet ist.

Eine andere Benjamin'sche Auffassung des Ausdruckslosen, die der »Idee der Prosa« nähersteht als das von Agamben übernommene »ausdruckslose Wort« im Übersetzeraufsatz, ist in Benjamins Auf-

41 Irving Wohlfarth: Das Medium des Übersetzens.

satz über Goethes *Wahlverwandtschaften* zu finden. Dort erläutert Benjamin den Begriff in Zusammenhang mit seiner Kritik der mythischen Dimension des Scheins in Goethes Roman. Das Ausdruckslose ist hier kein Modell einer reinen Sprache, sondern selbst ein Zeichen, ein Signal, das die Scheinhaftigkeit des Kunstwerks anzeigt. Seine Funktion ist es, den Schein zu durchbrechen und anzuzeigen, dass die im Kunstwerk erscheinende Harmonie noch aussteht: »Das Ausdruckslose«, heißt es dort, »ist die kritische Gewalt«, die im Kunstwerk Schein und Wesen »verwehrt sich zu mischen. Diese Gewalt hat es als moralisches Wort« (GS I.1, 181). Moralisch ist das Ausdruckslose, weil es »zerschlägt, was in allem schönen Schein als die Erbschaft des Chaos« – also des Mythos – »noch überdauert: die falsche, irrende Totalität – die absolute« (GS I.1, 181). Das Ausdruckslose »erst vollendet das Werk, welches es zum Stückwerk zerschlägt, zum Fragment der wahren Welt, zum Torso eines Symbols« (GS I.1, 181). Ähnlich, und doch ganz anders, heißt es bei Agamben: »Authentische Kritik ist die Erfüllung und Mortifizierung des Werks. Indem sie die Idee im Werk zum Vorschein bringt, reduziert sie das Werk zu einem Torso; sie blendet das Werk, sie *sagt* das Werk.«[42] Agamben geht es im Ausdruckslosen um das Sprachereignis des Werks, nicht um die Aufdeckung der falschen Totalität. Um eine solche Entmystifizierung falscher Ganzheiten geht es in Benjamins später Notiz sehr wohl: Sie heißt dort »Esperanto« und steht im Gegensatz zur noch ausstehenden »Idee der Prosa« der messianischen Welt. Das »Ausdruckslose« im Sinne eines Durchbrechens des Scheins aus dem Wahlverwandtschaftenaufsatz steht Benjamins später Notiz näher als das »reine Wort« seines Übersetzeraufsatzes.

Im Wahlverwandtschaftenaufsatz bringt Benjamin das Ausdruckslose in Zusammenhang mit Hölderlins Begriff der »Cäsur«. Dieses Stocken im Silbenmaß bewirkt eine »gegenrhythmische Unterbrechung«, einen »Einspruch im Rhythmus der Hymnen« (GS I.1, 181). Das Ausdruckslose, das hier als Einschnitt in eine mythische Kontinuität gedacht ist und ebenfalls mit »Nüchternheit« assoziiert ist (GS I.1, 182), wird bei Agamben zum Ort des Ereignisses selbst.

42 »Authentic criticism is the fulfillment and mortification of the work. Exposing the Idea in the work, criticism reduces the work to a torso; it dazzles the work, it *says* the work.« Hier zitiert aus Giorgio Agamben: Language and History. Linguistic and Historical Categories in Benjamin's Thought, in: ders.: Potentialities. Collected Essays in Philosophy, S. 57, da die Überlegungen zur Kunstkritik und zum Kunstwerk nicht in die deutsche Version aufgenommen wurden.

In »Idee der Zäsur«, einem weiteren Text in *Idee der Prosa*, zitiert Agamben die gleiche Hölderlinstelle und kommentiert:

> Was offenbart die Unterbrechung des rhythmischen Transports im Gedicht? [...] Der rhythmische Transport, der den Schwung des Verses trägt, ist leer und trägt nur sich selbst. Es ist die Zäsur, die als *reines* Wort – für eine Weile – diese Leere denkt ... Der Dichter ... erwacht und betrachtet für einen Augenblick die Inspiration, die ihn trägt; er denkt nur seine Stimme. (IP, 27)

Diese Deutung des Hölderlin-Zitats, die in der Wahrnehmung der Stimme mündet, trägt die Spuren von Agambens früherem Buch *Die Sprache und der Tod*, das von Heideggers *Das Wesen der Sprache* ausgeht.[43] Die Stimme spielt darin eine ausschlaggebende Rolle und gibt die Ethik der »Sprachentbergung« preis:

> Ihrem Wesen nach ist die STIMME [...] bloßes Meinen. Das Meinen, um das es in der STIMME geht, [...] meint [...] das bloße Stattfinden der Sprache. [...] Die Stimme will, [...] *daß Sprache ist* [...]. Die STIMME ist die ursprüngliche ethische Dimension, in der der Mensch der Sprache sein *Ja*wort, ihrem Stattfinden seine Zustimmung gibt. Der Sprache zuzustimmen heißt, so zu tun, als ob sich in der abgründigen Erfahrung des Stattfindens der Sprache durch die Aufhebung der Stimme dem Menschen eine andere Stimme erschlösse und mit dieser die Dimension des Seins und zugleich die tödliche Bedrohung durch das Nichts.[44]

Diese Ethik bestimmt auch noch Agambens Interpretation von Benjamins »Idee der Prosa«. Das reine »Sagen« gilt dort zudem nicht nur als Aufgabe des Philosophen, sondern wird zur ethischen Aufgabe schlechthin:

> Denn [...] es hängt gerade von der Fähigkeit, dieses Verhältnis zu denken, ab, ob die Namenssprache und die Universalsprache als ein unerreichbarer Ursprung und eine unendliche Aufgabe aufzufassen sind, oder aber ob gerade in der faktischen Hervorbringung dieses Verhältnisses, dieser Region, die Aufgabe des Philosophen wie des Übersetzers, des Historikers wie des Kritikers und in

43 Ursprünglich *Il Linguaggio e la morte*.

44 Agamben: Die Sprache und der Tod, S. 141.

letzter Konsequenz die ethische Verpflichtung jedes sprechenden Menschen besteht. (SG, 57)

Die Ethik des Nichts

Im Vorwort der englischen Ausgabe von *Idea della Prosa* schreibt Alexander García Düttmann: »The problem of language with which the idea of prose confronts us is not an aesthetic or metaphysical problem, but above all a historical and political problem.«[45] Düttmann zitiert Benjamins Diktum, »Dass es so weitergeht, das ist die Katastrophe«,[46] und situiert den kritisch-politischen Einsatz der »Idee der Prosa« in Agambens radikaler Verweigerung des Weltlaufs in seiner bisherigen Gestalt. Die in der »Idee der Prosa« enthaltene Vorstellung einer integralen Aktualität, also einer erfüllten Jetztzeit ohne Spannung, Verschiebung und Aufschub, ist aus dieser Perspektive der Versuch, eine »reine«, von jeglicher Vermittlung, Vorstellung und Voraussetzung befreite, von keinem schlechten Bestehenden infizierte Unterbrechung zu denken. Die Dringlichkeit, die in Agambens Denken durchgehend heraufbeschworen wird, steht allerdings in eigenartigem Kontrast zur gleichzeitig aufgerufenen Leere. In deren Mitte steht die Abwesenheit eines Wortes, das im Umfeld von Benjamins Thesen sehr wohl vorhanden ist: die Revolution als wahre, »gelebte« Unterbrechung der Katastrophe. So ist es auch nicht überraschend, dass Düttmann seinen Abschnitt über die politische Relevanz von Agambens »Idee der Prosa« mit entsprechenden Benjamin-Zitaten abschließt. Dass er hier auf Agamben nicht mehr zurückkommt, weist darauf hin, dass die Hypostasierung und, so könnte man sagen, »Entfunktionalisierung« der Unterbrechung selbst ein Loch in die Brücke zwischen Agambens sprachphilosophischen und seinem politischen Werk schlägt. Vom *étonnement de l'être et la terreur du rien* zu einer Ethik und Politik der Gerechtigkeit führt hier kein Weg. Dies liegt in der Natur eines Denkens, in dem es nicht um Wege geht, sondern um Einschnitte, Schwellen und Leerstellen, die in keinem Bezug mehr zu jenem stehen, das sie unterbrechen. So geht es zuletzt nur noch um die Verabsolutierung der Diskontinuität selbst.

45 »Das Problem der Sprache, mit dem uns die Idee der Prosa konfrontiert, ist nicht ein ästhetisches oder metaphysisches Problem, sondern zuallererst ein historisches und politisches Problem.« Alexander García Düttmann: Integral Actuality, in: Giorgio Agamben: Idea of Prose, S. 1-29, hier S. 23.

46 Ebd.

Postskriptum

Die größte Diskontinuität ist der Tod. Für Walter Benjamin steht »am Ursprung des Erzählten« die Autorität des Sterbenden, dessen Geschichten aus dem »Stoff« seines »gelebten Lebens« entstehen (GS II.2, 449). In »Idee des Stoffes«, dem ersten Text in Agambens *Idea della Prosa*, deutet Agamben den Ort an, an dem Erzählungen entspringen. Der Text beginnt mit einer Beschreibung der »entscheidende[n] Erfahrung, von der gesagt wird, sie sei überaus schwierig zu erzählen« (IP, 17). »Sie [...] ist«, heißt es weiter,

> eigentlich keine Erfahrung. Sie ist vielmehr der Punkt, an dem wir an die Grenzen der Sprache stoßen. [...] Wo die Sprache endet, beginnt nicht das Unsagbare, sondern der Stoff des Worts. Wer niemals, wie im Traum [...] an diese hölzerne Substanz der Sprache gerührt hat, der ist, selbst wenn er schweigt, ein Gefangener der Vorstellung. (IP, 17)

Die Befreiung aus dieser Gefangenschaft illustriert Agamben in einem Gleichnis mit der Erfahrung des Scheintods:

> So wie es jenen geschieht, die, nachdem sie scheintot waren, wieder ins Leben zurückgekehrt sind. Sie sind in Wirklichkeit nicht gestorben (sonst wären sie nicht zurückgekehrt), noch haben sie sich von der Notwendigkeit befreit, eines Tages sterben zu müssen. Aber sie haben sich von der Vorstellung des Todes befreit. Darum wissen sie, wenn man sie fragt, was ihnen widerfahren sei, nichts über den Tod zu berichten, aber sie finden Stoff im Überfluss vor für Erzählungen und wundersame Geschichten über ihr Leben. (IP, 17)

Dort, am Ort des Nichts und der Leere, gewesen zu sein, befreit den Zurückgekehrten von den Ketten der Vorstellungen und Voraussetzungen. Im Gleichnis ist dieser Ort der Tod, im Argument ist es der Stoff des Wortes. Auch bei Agamben gibt es also die Möglichkeit von Erzählungen, doch sind diese Geschichten, wenn seiner Theorie Glauben zu schenken ist, nicht, wie bei Benjamin, aus dem »Stoff« des »gelebten Lebens« gewebt, sondern aus dem »Stoff des Worts«.

Ein Fragment Kafkas – offensichtlich eine Folie von Agambens Text – erzählt von der Erfahrung des Scheintods und ihrem Verhältnis zum Erzählen. Auch für Kafka kann, »wer einmal scheintot gewesen ist, davon Schreckliches erzählen, aber wie es nach dem Tode ist, das kann er nicht sagen«.[47] Dass er es nicht sagen kann, hat jedoch weniger mit den Grenzen der Sprache zu tun als mit der begrenzten Erfahrung des Todes desjenigen, der zurückgekommen ist. »Er ist«, so Kafka, »eigentlich nicht einmal dem Tode näher gewesen als ein anderer, er hat im Grunde nur etwas Besonderes erlebt und das nicht besondere, das gewöhnliche Leben ist ihm dadurch wertvoller geworden. Ähnlich ist es mit jedem, der etwas Besonderes erlebt hat.«[48] Der Einschnitt, das Besondere, ist für Kafka, wie für Benjamin, nur eine Funktion. Was es bei Kafka bewirken soll, ist allerdings nicht, wie bei Benjamin, das Aufzeigen der Unzulänglichkeit einer Welt, die der Erfüllung noch harrt, sondern eine Hinwendung zum Alltag, eine Affirmation des Lebendigen. Der Ort des Einschnittes – des Besonderen – selbst ist für Kafka ebenso vielfältig wie gleichgültig. Jene, die dort gewesen sind, haben, so Kafka, »natürlich Wertvolles zu erzählen … aber das Entscheidende kann man von ihnen nicht erfahren«. Ein Einschnitt selbst, der, wie bei Agamben, nicht spezifisch ist und nicht konkret, der eben keine Erfahrung mehr ist, sondern nur noch der entscheidende Punkt, an dem die Differenzen aufgehoben werden, kann in einer Menschensprache nicht mitgeteilt werden. »Aber«, wäre hier mit Kafka zu sagen, diesen Punkt »wollen wir« vielleicht »auch gar nicht erfahren«.[49]

47 Kafka, »Wer einmal scheintot …«, in: Nachgelassene Schriften und Fragmente, S. 141.
48 Ebd.
49 Ebd.

Lektüren des Dämonischen bei Scholem und Benjamin

> Die Nacht ist die Quelle des Dämonischen. Der »neue Himmel« ist der Himmel ohne Nacht, und die messianische Zeit heißt auf hebräisch nicht ohne Grund »die *Tage* des Messias«. Nur in der Klage strahlt das Dunkel.[50]
> Gershom Scholem

Der Begriff des »Dämonischen« schwankt zwischen der griechischen Idee eines mächtigen, meist wohlwollenden Geistes oder einer Kraft und dem Inbegriff des Bösen, wie er in den monotheistischen Religionen vorherrschend ist. Diese Zweideutigkeit spielt auch heute noch eine Rolle in den zeitgenössischen Kontroversen über die Bedeutung und Tragweite des Begriffs, bei denen grundlegende Weltanschauungen auf dem Spiel stehen. Die Assoziation des Dämonischen mit dem Unbestimmbaren und Unverfügbaren, dem schwer Fassbaren, Irrationalen und Unbeherrschbaren sowie die Auffassung, dass Zweideutigkeit selbst etwas Dämonisches sei, verstärken diese Rolle. Wo immer vom Dämonischen die Rede ist, werden seine mannigfachen Sinnschichten fast immer nur zum Teil bedacht. Die Frage wird besonders signifikant, wenn diese kontrastierenden Bedeutungen – positive Kraft oder satanisches Böses – in nächster Nähe zueinander oder gar unentwirrbar miteinander verwoben angetroffen werden. So ist es kaum überraschend, dass diese Erscheinungsformen des Dämonischen im Kontext der Kabbala zu finden sind.

Die Bedeutsamkeit des Dämonischen in den Schriften deutsch-jüdischer Denker des frühen zwanzigsten Jahrhunderts, besonders derjenigen, die sich in ihren Betrachtungen über Geschichte, Politik und Sprache auf diese Kategorie berufen, ist ein Prüfstein des Stellenwerts ihres Denkens an der Schwelle zwischen Tradition und Moderne. Sie spielt unter anderem eine paradigmatische Rolle in den Kontroversen über das Denken Walter Benjamins und mehr noch über das von Gershom Scholem, die sich beide in ihren geschichtsphilosophischen Reflexionen auf die jüdische mystische Tradition beziehen. Scholem, Benjamins erster Leser und zugleich der wichtigste Einfluss auf die jüdische Dimension seines Werks, wird beinahe automatisch ins Spiel gebracht, wenn es um Benjamins Verhältnis zu

50 Scholem, *Tagebücher*, 306.

Theologie und Judentum geht. Doch Scholem ist auch an sich schon eine umstrittene Gestalt in den Diskussionen über den Ursprung und die Manifestation der Moderne in der jüdischen Geschichte und im jüdischen Denken. Das von ihm in unterschiedlichsten Zusammenhängen auffallend häufig verwendete Adjektiv »dämonisch« ist ein wesentlicher Bestandteil dieser Kontroversen über seine Auffassung von Geschichte und Mythos, Judentum und Zionismus und vor allem von der modernen Judaistik. Scholems Verständnis des Begriffs wirkt sich auch auf das Bild aus, das er von seinem Freund Walter Benjamin und dessen Denken entwarf. Zwei besonders signifikante Beispiele zeitgenössischer Reaktionen auf diese Aspekte der Schriften Scholems, das eine von Giorgio Agamben, das andere von Moshe Idel, veranschaulichen die unterschiedlichen Bedeutungen des Dämonischen in diesen Kontroversen.

In »Walter Benjamin und das Dämonische. Glück und geschichtliche Erlösung im Denken Benjamins«[51] übt Agamben Kritik an Scholem im Hinblick auf dessen Beschreibung Benjamins als melancholischen Denker einer düsteren, gar verzweifelten Vision von Geschichte. Besonders beanstandet Agamben Scholems Interpretation der Figur des Engels in Benjamins autobiographischer Skizze »Agesilaus Santander«[52] sowie in »Über den Begriff der Geschichte«,[53] die in Scholems Perspektive als eine dunkle und dämonische Gestalt erscheint. Für Agamben wirft Scholem dadurch »ein melancholisches Licht auf den gesamten Horizont von Benjamins Philosophie der Geschichte« (WBD, 189). In der gleichen Periode – dem letzten Jahrzehnt des zwanzigsten Jahrhunderts – stellt Idel, der oft als Scholems Nachfolger betrachtet wird, diesen selbst als einen »Verzweifelten«[54] dar. Mit diesem Ausdruck – im Original »desolate« – bezeichnet er in seinem Buch *Alte Welten, Neue Bilder* hindurch die von ihm auch

51 Giorgio Agamben: Walter Benjamin und das Dämonische. Glück und geschichtliche Erlösung im Denken Benjamins, in: Walter Benjamin 1892-1940, hg. von Uwe Steiner, Bern/Berlin 1992, S. 189-217. Im Text als »WBD« mit Seitenangabe zitiert.

52 Walter Benjamin: Agesilaus Santander, in: Gershom Scholem, Walter Benjamin und sein Engel, in: ders. Walter Benjamin und sein Engel: Vierzehn Aufsätze und kleine Beiträge, S. 35-72, hier S. 40-3.

53 Walter Benjamin: »Über den Begriff der Geschichte«, in W. Benjamin, *Gesammelte Schriften*, Bd. I, 2, hg. von Rolf Tiedemann und Hermann Schweppenhäuser, Frankfurt a.M. 1991, S. 697-8.

54 Moshe Idel: Alte Welten, neue Bilder – Jüdische Mystik und die Gedankenwelt des 20. Jahrhunderts, S. 103. Im Text als »Alte Welten« mit Seitenangabe zitiert.

»neue jüdische Elite« (Alte Welten, 18) genannten deutsch-jüdischen Schriftsteller und Denker des frühen zwanzigsten Jahrhunderts wie Franz Kafka, Leo Strauss, Ernst Bloch, Walter Benjamin, Sigmund Freud und andere. Den Werken all dieser Autoren konstatiert Idel eine »omnipräsente Melancholie« (Alte Welten, 22). Wie Agamben kritisiert Idel Scholem in diesem Zusammenhang wegen seiner »dämonischen Lektüre der Geschichte« (Alte Welten, 102-5).

Obwohl Agamben sich beständig auf die Kabbala beruft und sich ausdrücklich auf Idels Werk bezieht,[55] könnten der italienische Denker und der israelische Gelehrte in ihrer allgemeinen Haltung zu Politik, Geschichte, Zionismus und Judentum kaum entfernter voneinander stehen. Darüber hinaus sind ihre Beweggründe für die Kritik an Scholems melancholischer Geschichtsauffassung, die sie beide auf das Dämonische zurückführen, einander diametral entgegengesetzt. Die Ähnlichkeit ihrer negativen Beurteilung von Scholems melancholischer Sicht auf die Geschichte sowie von dessen Beschreibung der Sicht Benjamins auf die Geschichte als »dämonisch« bildet deshalb ein faszinierendes Phänomen, das zu einer Erkundung ihrer jeweiligen Kritiken und zum Vergleich mit Scholems eigener Verwendung dieses Terminus einlädt.

Giorgio Agamben: Melancholie und Eudämonie

Agamben erklärt, dass er seinem Essay »Walter Benjamin und das Dämonische« diesen Titel gab, weil er es sich »zur Aufgabe [gemacht habe], die Interpretation des Jerusalemer Gelehrten zu ergänzen und gelegentlich auch zu korrigieren« (WBD, 189). Agamben will Scholems Lektüre des »Engels der Geschichte« und – über diesen speziellen Fall hinaus – seine Auffassung von Geschichte im Allgemeinen berichtigen. Dabei richtet er seine Kritik am nachdrücklichsten gegen Scholems Interpretation des »Agesilaus Santander« und widerspricht vor allem Scholems Tendenz, Benjamins »ganze[n] Text« als »derart ins Licht des Dämonischen getaucht« erscheinen zu lassen, dass sich »das luziferische Element mühelos auf jedes Textdetail übertragen läßt« (WBD, 191). Obwohl Agamben ankündigt, dass das zentrale Ziel seines Essays darin bestehe, »die Grundzüge einer Ethik bei Benjamin zu umreißen« (WBD, 189), bildet Scholems Sicht auf Benjamins

55 Giorgio Agamben: Der Messias und der Souverän, in: ders. Die Macht des Denkens, S. 295.

»melancholische, ja desparate Ansicht der Geschichte« (Scholem zit. in WBD, 196) die Zielscheibe seiner Kritik und die Kontrastfigur zu seinem eigenen Argument. Agamben behauptet, dass Scholems Interpretation der Figur des Engels in »Agesilaus Santander« und auch des »Engels der Geschichte« als »melancholischer Figur«, die in der Immanenz der Geschichte scheitert, »ganz offensichtlich« der »Aussage des Benjamin'schen Textes widerspreche, der zufolge die Gestalt des Engels gerade an die Idee des Glücks gebunden ist« (WBD, 196). Indem er sich Scholems Interpretation von Benjamins Engel als einer dämonischen, von Dunkelheit und Melancholie gezeichneten Gestalt widersetzt, findet Agamben zu seiner These, Benjamin entlehne seine Theorie des Glücks den Griechen, und spezifischer deren Bindung »des Daimonischen [daimonion]« an das Glück, wie »aus dem griechischen Terminus eudemonia«, der mit der Glückseligkeit das höchste Gut bezeichne (WBD, 189).

Agamben konfrontiert Scholems Darstellung von Benjamins Engel als »einer melancholisch-luziferischen Gestalt einer Katastrophe« (WBD, 197) mit einer Reihe von Gegenargumenten, die darauf zielen, Benjamins Orientierung am Begriff des Glücks auf die Bedeutung festzulegen, die ihm von den Griechen verliehen wurde. Agambens Hauptargument, mit dem er Scholem zu widerlegen versucht, beruft sich auf Zitate, die beweisen sollen, dass Benjamins Engel an einen griechischen Glücksbegriff gebunden ist – der Engel »will das Glück: den Widerstreit, in dem die Verzückung des Einmaligen, Neuen, noch Ungelebten mit jener Seligkeit des Nocheinmal, des Wiederhabens, des Gelebten liegt« (Benjamin zitiert in WBD, 190). Agamben wird jedoch Scholem, und auf vielfache Weise auch Benjamin, nicht gerecht. Das *Wollen* des Engels, sein Wunsch und Streben nach Glück, widerspricht keineswegs der Melancholie, die gemäß Scholems Lektüre Benjamin und seinen Engel durchdringt. Die Katastrophe der Geschichte ist, in Benjamins Idee des Engels, nichts anderes als das Unvermögen, seinen Auftrag zu erfüllen, der darin besteht, die Vergangenheit so zu erlösen, wie sie sich aus Sicht des Himmels darstellt. Der Trümmerhaufen,[56] der sich vor dem »Engel der Geschichte« anhäuft, bezeichnet damit eine unerlöste Welt, in der die ursprüngliche Ganzheit – wie es in der Kabbala heißt – zerbrochen (*shevirat hakelim*) ist. In ihr erscheint die Geschichte als eine Aufeinanderfolge von Katastrophen.[57]

56 Benjamin: Über den Begriff der Geschichte, S. 698.

57 Siehe die Besprechung in Scholem: Walter Benjamin und sein Engel, S. 66 und S. 71.

Agamben unterscheidet nicht zwischen dem *Wunsch* des Engels – der in der neunten These »Über den Begriff der Geschichte« als vergeblicher Versuch beschrieben ist, »die Toten [zu] wecken und das Zerschlagene zusammenzufügen«[58] – und der *Erfüllung* dieses Wunsches, einer Erfüllung, die Benjamin in künftigen messianischen Zeiten verortet. Diese Verwechslung von Vorstellung und Wunsch schafft die Bedingungen für Agambens Polemik gegen Scholems Interpretation von Benjamins Sicht der Geschichte als dunkel und melancholisch. Agamben beruft sich zu Recht auf Benjamins »Theologisch-Politisches Fragment«, in dem »die Ordnung des Profanen sich auf die Idee des Glücks« – und nicht auf die messianische Ordnung – zu richten hat (WBD, 196). Er irrt sich jedoch, wenn er aus dieser Orientierung ableitet, dass der Engel »nicht die melancholisch-luziferische Gestalt einer Katastrophe« sein kann, sondern »eine lichtvollere sein [muss], in der sich – infolge der tiefen Solidarität von Glück und geschichtlicher Erlösung – jene Beziehung der Ordnung des Profanen aufs Messianische vollendet, in der Benjamin eines der wesentlichen Probleme der Geschichtsphilosophie erblickte« (WBD, 197). Agambens Analyse führt so zu einer Interpretation von Benjamins »Engel der Geschichte« als einer Figur, die »einer melancholischen Allegorie entgegengesetzt ist« und die »die Chiffre der schwierigsten historischen Aufgabe und der höchsten Glückserfahrung [bildet], die Benjamin zufolge dem Menschen zugemessen werden kann« (WBD, 201). Es ist indessen eher unwahrscheinlich – und wird nur durch die Verwischung der Unterscheidung zwischen Potential und Erfüllung ermöglich –, dass der Engel in Benjamins neunter These, der durch den Sturm des Fortschritts davon abgehalten wird, die Ganzheit der Welt zu restituieren, für die höchste Glückserfüllung steht. Agamben hat in der Tat nicht das gewöhnliche Verständnis des Glücks im Sinne, sondern ein sehr spezifisches, das einen Aspekt des Dämonischen aufruft, den er auf problematische Weise für den Gegensatz von Scholems Melancholie hält: den Impuls zur rettenden, erlösenden Zerstörung.

Um dieses Argument zu stützen, weist Agamben Scholems Beleg für die dämonische Natur des Benjamin'schen Engels in »Agesilaus Santander« – »dessen Klauen und Flügel« – zurück und verweist stattdessen auf die griechische Figur des Eros und deren Ikonographie, die genau diese Attribute aufweist. Für Agamben ist der Engel deshalb »nicht ein Dämon in jüdisch-christlichem Sinn, sondern ein

58 Benjamin: Über den Begriff der Geschichte, S. 697.

daimon im griechischen Sinn« (WBD, 193). Agamben bezieht sich auf den Abschnitt »Dämon« in Benjamins Essay über Karl Kraus,[59] wo dieser als dämonische Gestalt erscheint (WBD, 201-4). In Benjamins Essay gibt es in der Tat einen »Dämon *in* Kraus«, der sich in dessen Genie zum Ausdruck bringt, aber der Dämon ist auch etwas, das überwunden werden muss. Benjamin bewundert Kraus dafür, »de[n] echt jüdische[n] *Salto mortale*, mit dem er den Bann des Dämons zu sprengen sucht«,[60] vollzogen zu haben. Auf ähnliche Weise beharrt Agamben auf dem griechischen Ursprung von Benjamins Sicht auf das Dämonische, indem er dessen Idee von einem dämonischen Schicksal zitiert, aus dem – in der Tragödie – »das Haupt des Genius aus dem Nebel der Schuld sich zum ersten Mal erhob« (WBD, 201). Auch hier aber ist das Dämonische für Benjamin eher ein Widersacher und die Tragödie ein Gegengift.

Zusätzlich zu seinen Hinweisen auf das Griechentum beruft sich Agamben auf mögliche jüdische Quellen des Dämonischen wie die weibliche Figur Lilith oder die Schechina, die kabbalistische Idee der göttlichen Herrlichkeit. Er betont jedoch die Unterscheidung zwischen einer negativen, melancholischen jüdischen Dämonie und einem glücklichen, griechischen *daimon*, der in eine dialektisch zerstörerisch-erlösende, profan-geschichtliche Ordnung gehört, für die das Glück die »Leitidee« bildet. Dennoch plädiert Agamben – zumindest theoretisch – für eine Verschmelzung von alten heidnischen und neuplatonischen mit jüdischen Motiven, die aus apokryphen und antinomischen kabbalistischen Texten stammen. In seiner Erörterung des Tatbestands kommt er zu dem Schluss, dass Benjamins Engel »nicht eine dämonische Figur« in Scholems jüdisch-melancholischem Sinne, sondern eine in der eigentlichen Bedeutung des Wortes »zerstörerische Figur« (im griechischen Sinne) bildet, die die Geschichte zur Erfüllung bringt, indem sie sie beendet (WBD, 204). An diesem Ende, so Agamben, »kommen bei der Erlösung der Vergangenheit die Verklärung und das Walten der zerstörerischen Gerechtigkeit, die die Totalität der historischen Phänomene aufzehrt, überein« (WBD, 211). Schon Scholem selbst war jedoch von der Dialektik zwischen Zerstörung und Erlösung im Kern seiner Schriften über die Kabbala angezogen gewesen. Allerdings treibt Agamben seine eigene anarchistische Feier des zerstörerischen Impulses so weit, dass sie die Melancholie als offenen, unabgeschlossenen und unendlichen Ausdruck

59 Walter Benjamin: Karl Kraus, in ders.: Gesammelte Schriften II.1, S. 345.
60 Ebd., S. 349.

der Verzweiflung über die realen Zerstörungen der Geschichte, wie Scholem und Benjamin sie zum Ausdruck bringen, nicht zulässt.

Agambens Kritik passt zu seiner allgemeinen intellektuellen und politischen Auffassung, die in vielerlei Hinsicht mit Benjamins Aufforderung zur Unterbrechung der »homogene[n] und leere[n] Zeit« der Moderne übereinstimmt. Er radikalisiert jedoch Benjamins Haltung auf eine Weise, die entscheidende Elemente von dessen Zugang zur Geschichte, zum Judentum und schließlich zur Politik verwandelt. Während Benjamins Politik eine Spannung zwischen Dringlichkeit und Geduld – eine Spannung, die auch seine Idee des jüdischen Messianismus charakterisiert – aufweist, konzentriert sich Agambens Messianismus, in Anlehnung an Paulus, auf die Aufhebung einer bestehenden Ordnung angesichts der Ankunft Christi, eines Ereignisses, das bereits stattgefunden und die Gegenwart in eine »Zeit, die bleibt«, verwandelt hat. Scholems melancholische Sicht auf die Geschichte und seine trostlose Interpretation von Benjamins Engel erscheinen in Agambens Augen als paradigmatisches Beispiel eines »gelähmten Messianismus«, den er in allen Begriffen von Geschichte und Politik ablehnt, die an der Idee einer »unendlichen Aufgabe«[61] orientiert sind. Die zerstörerische Macht des »glücklichen Daimons« wäre dann, für Agamben, das willkommene Gegenmittel gegen die sich ins Unendliche perpetuierende Katastrophe der Geschichte.

Moshe Idel: Trostlosigkeit und Fülle

Obwohl auch Moshe Idel Widerspruch gegen Scholems Melancholie erhebt, begründet er seinen Standpunkt durch Voraussetzungen, die sich radikal von denen Agambens unterscheiden. Auch hat Idel andere Alternativen im Sinn. Wie Agamben kritisiert er Scholems Interpretation von Benjamins Engelsfigur im »Agesilaus Santander« und des »Engels der Geschichte« in seiner neunten These »Über den Begriff der Geschichte«. Während Agamben Benjamin vor Scholems melancholischer Lektüre des Engels als einer negativen dämonischen Figur retten will, sieht Idel Benjamin zusammen mit Kafka als die Hauptinspiration für Scholems trostlose Vision der Geschichte. Im Hinblick auf die Freundschaft zu Benjamin weitet Idel Scholems dämonische Sicht auf die jüdische Geschichte auf dessen Verständnis der Geschichte im Allgemeinen aus. So zieht er eine Parallele zwi-

61 Siehe Kapitel 8 in diesem Buch, »Ideen der Prosa: Benjamin und Agamben«.

schen »Scholems Riesen der jüdischen Geschichte« und Benjamins Interpretation von Paul Klees *Angelus Novus* als einer »Metapher für das Wesen der Geschichte« (Alte Welten, 170). Idel spricht von einer sich schließenden »Kluft« zwischen Scholems »dämonische[m], furchteinflößende[m] Riesen als Metapher für jüdische Geschichte und Benjamins Engel der Geschichte generell« (Alte Welten, 171) und kritisiert beide wegen ihrer »grundsätzlich negativ[en]« Vision (Alte Welten, 170). Für Idel entspricht Scholems Verständnis der Geschichte als eines »›ständigen Scheitern[s]‹« Benjamins Sicht der Geschichte als »›einer einzigen Katastrophe‹« (Alte Welten, 170). Sowohl für Benjamin als auch für Scholem, schreibt Idel, haben »die mit der Vergangenheit verbundenen Gestalten – Scholems Gelehrte des 19. Jahrhunderts und Benjamins Engel der Geschichte – [...] etwas mit dem Tod zu tun. Keiner von ihnen sieht der Zukunft entgegen« (Alte Welten, 170). Diese Zukunft hat für Idel allerdings einen Namen und ein Gesicht, das der Wiedergeburt einer neuen und fruchtbaren Forschung, zu deren prominentesten Vertretern Idel sich selbst zählt. Vor allem aber weist Idel den Pessimismus der »Verzweifelten«, der westlichen Intellektuellen, zurück, da sie die Verheißung des Zionismus und dessen Potential für eine Erweckung des Judentums nicht erkennen würden. Idels Kritik an Scholems Sicht des Dämonischen muss zweifellos in diesem Licht gesehen werden.

Idel richtet sich aber auch gegen Agambens Kritik an Scholems Melancholie, einer Kritik, die von einer antinomischen Kabbala und einem »glücklichen Dämon« griechischen Ursprungs inspiriert ist. Er bezichtigt Scholem der Nähe zu heidnischen und anderen fremden Einflüssen und setzt Scholems gnostischer Neigung zum Dämonischen – der Idee einer zerstörerischen Kraft, die in die Geschichte eingreift – ein authentischeres und fröhlicheres Judentum entgegen, das in einem anderen, d.h. performativen und ritualistischen Verständnis der Kabbala seinen Ausdruck findet.

Idel fasst seine grundsätzliche Kritik an Scholems Melancholie im Kapitel »Scholems Auffassung der jüdischen Geschichte als ›dämonisch‹« (Alte Welten, 166-171) prägnant zusammen. In diesem Text bezieht er sich auf zwei Kontexte, in denen Scholem am ausdrücklichsten über das Dämonische spricht: Im ersten expliziert Scholem seinen Begriff der Geschichte, im zweiten kritisiert er die Bewegung der Wissenschaft des Judentums. Letztere war eine Bewegung, die von einer Gruppe deutschsprachiger Gelehrter im 19. Jahrhundert initiiert wurde, die einen radikal historischen und rationalistischen Zugang zum Judentum befürworteten. Ziel dieser Wissenschaftler war die Emanzipation und letztlich die Assimilation der Juden an ihre aufgeklärte bürgerliche Umwelt. In Bezug auf Scholems Idee der Geschichte beschreibt Idel die ihr zugrunde liegenden Erfahrungen: die Vision eines allumfassenden Exils in der lurianischen Kabbala, Benjamins Vision der Geschichte als fortdauernder Katastrophe sowie, in Scholems späterem Werk, die Erfahrung der Shoah. In Bezug auf seine Kritik an der Wissenschaft des Judentums stellt Idel die Befürworter dieser Bewegung als Gelehrte dar, die das Judentum durch die Betonung von dessen rationalen, »salonfähigen« Aspekten zu rechtfertigen und dessen kabbalistische, subversive »andere Seite« zu unterdrücken suchten. Idels eigene Position vereinfacht und verflacht jedoch Scholems Kritik an den Wissenschaftlern des Judentums und dessen Verwendung des Terminus »dämonisch« in diesem Zusammenhang.

Idel erörtert seine Kritik an Scholems melancholischer Sicht auf die Geschichte in seiner Besprechung von zwei Schlüsselpassagen aus dessen Essay »Überlegungen zur Wissenschaft vom Judentum«, der im Jahr 1944 auf Hebräisch geschrieben wurde.[62] In den von Idel analysierten Texten benutzt Scholem den Begriff des Dämonischen nicht nur, um die Begründer dieser Bewegung, insbesondere Moritz Steinschneider und Leopold Zunz, zu charakterisieren, sondern auch um allgemein Licht auf die jüdische Geschichte zu werfen:

> Die Entfernung des irrationalen Stachels und die Austreibung der dämonischen Glut aus der jüdischen Geschichte durch übertriebene Theologisierung und Spiritualisierung. Darin besteht eigentlich der Sündenfall, der den alles entscheidenden Ausschlag gibt. Jener dräuende Riese: unsere Geschichte, sie wird in den Zeugenstand und zur Lehre aufgerufen, sie ist zum Zeugnis bestimmt – und jenes gewaltige Geschöpf, voller Sprengkraft, aus Vitalität, Bosheit und Vollkommenheit zusammengesetzt, macht sich klein, schrumpft in sich zusammen und behauptet von sich selbst, daß es rein gar nichts sei. Der dämonische Riese ist nur noch ein harmloser Idiot.[63]

62 »Mitokh hirhurim 'al hokhmat yisra'el«, in *Luah Haaretz* veröffentlicht. Deutsch: »Überlegungen zur Wissenschaft vom Judentum (Vorwort für eine Jubiläumsrede, die nicht gehalten wird)«, in: Judaica 6, S. 7-52. Für Näheres zu diesem Essay siehe Peter Schäfer: Gershom Scholem und die Wissenschaft des Judentums, in: Gershom Scholem zwischen den Disziplinen, S. 122-56, hier S. 123-4.

63 Scholem, Judaica 6, S. 36.

Idel zitiert allerdings nicht den Rest dieses Abschnittes, in dem Scholems Kritik und sein Verständnis des Dämonischen klarer werden. Dieser »dämonische Riese«, eine Allegorie für die der jüdischen Geschichte innewohnende »dämonische Glut«, hat sich in den Händen der rationalistischen Gelehrten der Wissenschaft des Judentums verwandelt in »[einen] harmlose[n] Idioten, der die Gewohnheiten des fortschrittsgläubigen Bürgers pflegt, und [den] jeder brave jüdische Hausvater [...] auf den Straßen des Städtchens grüßen [darf], des sauberen Städtchens des 19. Jahrhunderts«.[64] Scholem schreibt dem Terminus »dämonisch« hier eine positive Bedeutung zu, die er dazu benutzt, die Kräfte zu beschreiben, die durch die Gelehrten der Wissenschaft des Judentums zahm und mittelmäßig geworden sind. Idel lehnt diese bejahende Sicht des Dämonischen jedoch ab und unterscheidet in seiner Interpretation dieser Sätze zwischen »dem Dämonischen und Bösen einerseits und dem Mächtigen, gar Vollkommenen andererseits« (Alte Welten, 103). Er weist auch David Biales Erwägung[65] zurück, gemäß welcher Scholems Sinn für das Dämonische – und folglich seine Sicht auf »den dämonischen Riesen der Geschichte« – nicht völlig negativ sei. Idel zitiert Biales Behauptung, Scholem habe den Begriff »in einem positiveren Sinn als allgemein üblich verwendet. Entsprechend Goethes Interpretation des Wortes ›dämonisch‹ sieht Scholem den dämonischen Irrationalismus als eine schöpferische Kraft: Zerstörung geht unabdingbar künftigem Aufbau voraus« (Alte Welten, 168), um sie unmittelbar in Frage zu stellen. Obwohl er einräumt, Biales Interpretation »leuchte [ihm] ein«, widersetzt er sich deren Kernaussage, indem er den Abschnitt aus Scholems hebräischem Essay aus dem Jahr 1944 zitiert, in dem die Begründer der Wissenschaft des Judentums beschrieben werden:

> Diese ›chtonische‹ Seite im Wirken der Großen Wissenschaft vom Judentum sticht mit erschreckender Macht bei den drei Repräsentanten hervor, deren *daimonion* meiner Meinung nach nicht ausreichend gewürdigt wurde [...] sie sind wahrhaftig dämonische Gestalten [...] Aber sie haben auch eine starke sitra achra.[66] Ganz plötzlich, beim Lesen ihrer Worte, blickst du sozusagen in das

64 Ebd.

65 David Biale: Gershom Scholem: Kabbalah and Counterhistory, 1979, S. 4.

66 Idel fügt in einer Fußnote hinzu: »Sitra 'Achara, die andere Seite, ist der klassische Begriff der Kabbala für dämonische Mächte.« Es handelt sich um einen aramäischenTerminus, der in der Kabbala verwendet wird, um die andere Seite der Gottheit – ihre dunklen oder bösen Kräfte – zu kennzeichnen.

> Antlitz der Medusa. [...] du siehst Riesen vor dir, die aus nur ihnen bekannten Gründen sich selbst zu Totengräbern, Einbalsamierern und sogar Leichenrednern gemacht haben (Alte Welten, 169).

Idel bezeichnet den »negative[n] Ton« dieses Zitats als »unüberhörbar« (Alte Welten, 169). Da Scholem ähnliche Worte verwendet, um die in der jüdischen Geschichte vorherrschenden Kräfte wie um die in der Wissenschaft des Judentums geltenden zu beschreiben, sieht Idel »keinen Grund, die negative Bewertung von Scholems Darstellung dieses erschreckenden Riesen wesentlich abzuschwächen, wenn er sie als Metapher für die jüdische Geschichte einsetzt« (Alte Welten, 169).

Zweifellos sieht Idel richtig, dass für Scholem »[d]as Dämonische in der Geschichte stark mit dem Dämonischen in der Wissenschaft des Judentums des 19. Jahrhunderts verknüpft [ist]«, aber die Schlussfolgerung, dass der Terminus für Scholem »uneingeschränkt negativ konnotiert« (Alte Welten, 170) sei, trifft nicht zu. Idels Behauptung, dass Scholem den Terminus »dämonisch« durchgehend in einem negativen Sinne benutzt – ein Argument, um sein Bild der deutschen Juden als desolate Melancholiker mit einer »vielleicht als saturnisch zu bezeichnende[n] Neigung« (Alte Welten, 22) zu zeichnen – kann nicht überzeugen. Wie Peter Schäfer gezeigt hat (und wie Idel, auf Schäfer Bezug nehmend, in einer Anmerkung einräumt [Alte Welten, 406, Fußnote 63]), benutzt Scholem in seiner Kennzeichnung der Gelehrten der Wissenschaft des Judentums als »dämonische Gestalten« das griechische Wort »daimonion« (*ha daimonion shebakhem*). Im selben Text gibt Scholem ausdrücklich zu, dass ihn diese Gelehrten »schon immer angezogen haben«, gerade weil in ihnen »das *daimonion*« und die »*sitra achra*, die ›andere Seite‹«[67] wirken, die Scholem als zwei Ausdrucksweisen der »Kraft zur ›Zerstörung‹, ohne die kein dauerhafter Aufbau möglich ist« (Schäfer und Smith, 137), betrachtet. Schäfer erklärt jedoch, dass diese Gelehrten des neunzehnten Jahrhunderts in Scholems Augen »das dialektische Gleichgewicht von Destruktion und Konstruktion [...] nicht wahren konnten [...] bauten sie nicht das Judentum wieder auf ([...] trugen sie nicht zum tiqqun [...] bei)« (Schäfer und Smith, 137), nahmen also nicht an der mit diesem kabbalistischen Terminus bezeichneten Reparation der Welt teil.

In seiner Darlegung der jüdischen Geschichte benutzt Scholem

67 Peter Schäfer und Gary Smith (Hg.): Gershom Scholem. Zwischen den Disziplinen, S. 127. Im Text als »Schäfer und Smith« mit Seitenangabe zitiert.

den Terminus »dämonisch« auf ähnliche Weise, wie er ihn im Zusammenhang seiner Analyse der Wissenschaft des Judentums gebraucht. Die Transgression der aufgeklärten, apologetischen Gelehrten bestand gerade darin, die mächtigen irrationalen Kräfte negiert zu haben, die der jüdischen Geschichte, und die, wie man anderen Abschnitten des Essays von Scholem entnehmen kann, der Geschichte überhaupt innewohnen.

Es ist bemerkenswert, dass Idel es versäumt, einen anderen Passus in Scholems hebräischem Essay aus dem Jahr 1944 zu erwähnen, in dem dieser die Gelehrten der Wissenschaft des Judentums angreift, aber zugleich auch seine Faszination für sie zum Ausdruck bringt. In diesem Essay, in dem sich Scholem auf die dämonischen Kräfte der Geschichte in einem positiven Sinne bezieht und diejenigen kritisiert, die sie negieren, erwägt er auch den Zustand der jüdischen Studien in Palästina zu der Zeit, als er diesen Text schrieb. Er klagt seine Kollegen der jüdischen Studien mit ähnlichen Begriffen wie jenen an, die er in seiner Polemik gegen die deutschen Gelehrten des neunzehnten Jahrhunderts benutzt, nur erscheint die »Sünde« der Ersteren jetzt in der Bekleidung des zionistischen Nationalismus:

> Alle diese Plagen haben jetzt ein nationales Gewand angezogen. Vom Regen in die Traufe: Nach der Leere der Assimilation [der Sünde der *Wissenschaft des Judentums*] kommt eine andere Leere, die der großsprecherischen nationalistischen Phrase. [...] In beiden Fällen bleiben die wirklichen Kräfte, die in unserer Welt wirksam sind, das wahrhaft ›Dämonische‹ (*daimonion*), außerhalb des Bildes, das wir geschaffen haben.[68]

Abgesehen davon, dass dieser Passus Scholems positive Verwendung des Terminus »dämonisch« enthüllt, der sich in diesem Zusammenhang unverkennbar auf die griechische Bedeutung von *daimon* bezieht, bestätigt er Scholems Kritik an einem säkularisierten Nationalismus, wie er unter den Gelehrten des Judentums in den vierziger Jahren des zwanzigsten Jahrhunderts sich ausbreitete. Das mag auch ein Grund sein, warum Idel, der seine zionistische Einstellung nicht verheimlicht, diesen Passus nicht erwähnt. Wie andere Abschnitte in *Alte Welten, Neue Bilder* andeuten, liegt Idels zionistischer Überzeugung seiner Anklage zugrunde, die »hoffnungslosen« unter den Gelehrten des Judentums hätten auch dann noch zu sehen versäumt,

68 Scholem: Judaica 6, S. 50.

dass in Palästina eine neue, zukunftsorientierte, optimistische Welt im Entstehen begriffen war, als die Welt – und besonders die jüdische – in Europa auseinanderfiel.[69]

Idels Kritik an Scholems »Auffassung der jüdischen Geschichte als ›dämonisch‹« verfolgt eine weitere Absicht. In der Einleitung zu *Alte Welten, Neue Bilder* hält Idel fest, seine Studie beabsichtige, das zu korrigieren, was er als falsche und zwanghafte Fixierung auf eine »winzige Elite« deutsch-jüdischer Modernisten bezeichnet, die zulasten der positiv eingestellten Juden Osteuropas geht. Diese Letzteren seien nicht nur weniger von der westlichen Moderne angesteckt, sondern zudem auch weniger melancholisch. Auf den ersten Seiten seines Buches schreibt Idel: »[D]ie Mehrheit der jüdischen Bevölkerung zu jener Zeit [...] dürfte es schwierig, wenn nicht unmöglich gefunden haben, ihre persönliche Glaubensüberzeugung und religiöse Praxis mit den Abstraktionen, universellen Berufungen, negativen Einstellungen und religiösen Paradoxien in Einklang zu bringen, die von einer verschwindend kleinen mitteleuropäischen jüdischen Intelligenzija ausgeklügelt worden waren« (Alte Welten, 25). Anders als die »Verzweifelten« wie Benjamin und Scholem, die, so Idel weiter, alle »von Kafkas Negativität stark beeinflusst« (Alte Welten, 26) waren, verkörperten die osteuropäischen Juden mit ihrer Zuwendung zu der Vorstellung »einer lebendigen Sprache, der Freude und Wahrnehmung der unmittelbaren Gegenwart und nahen Immanenz« (Alte Welten, 105) eine Gegenposition zum als Melancholie verstandenen Dämonischen. Idel lobt ihre »traditionelle Betonung von Lebensfülle und Reichtum der Sprache« (Alte Welten, 110).

Paradoxerweise treffen sich die jeweils von Agamben bzw. Idel vorgebrachten, gegen Scholem gerichteten kritischen Erörterungen an diesem Punkt. Zwar trennt vieles den italienischen Philosophen von dem israelischen Kabbala-Gelehrten: Sie haben unterschiedliche Weisen, die Kabbala zu sehen, ebenso wie die Beziehung zwischen Scholem und Benjamin sowie letztlich das Dämonische. Während Agamben den primär griechischen und positiven Sinn des Letzteren betont, betrachtet Idel es als negativ und »schließlich [als] ein[en] ebenso religiöse[n] Begriff wie ›göttlich‹« (Alte Welten, 175). Agamben und Idel beanstanden zwar gleichermaßen die Melancholie Scholems und der anderen deutsch-jüdischen »Verzweifelten«, doch sind ihre Beweggründe radikal unterschiedlich: Während Agambens

69 Siehe meine Kritik an Idel zu diesem Punkt in meinem Essay *On Getting it Right: Moshe Idel's Old Worlds, New Mirrors*, S. 297-302.

Haltung von einem quasi-apokalyptischen Anarchismus motiviert ist, geht es Idel um einen alternativen Zugang zum Judentum und zur Kabbala.

Eine Erklärung für die überraschende Übereinkunft der Ansichten Agambens und Idels liegt in ihrer geteilten Abneigung gegen die Idee »einer unendlichen Aufgabe« und »eines Lebens im Aufschub«, die für Scholem das Wesen der jüdischen Existenz kennzeichnet. Diese Ähnlichkeit geht Hand in Hand mit einer bei beiden anzutreffenden Suche nach Totalität. Agamben verkündet eine radikale Vernichtung, die dialektisch gedacht, mit Erfüllung und Glück verwandt sein soll. Idel feiert Fülle und Erfüllung als für das Judentum charakteristisch und betont die Vereinigung der Kabbalisten mit dem Göttlichen. Beide Ansichten sind in der Tat mit Melancholie und der mit ihr einhergehenden Negation jeglicher Vollendung unvereinbar.

Das Dämonische und die Klage

Scholems Bezugnahmen auf das Dämonische in seinen Schriften sind zweideutig, wenn nicht schlicht widersprüchlich. Sie decken das ganze Spektrum der Bedeutungen vom griechischen *daimon* und von Goethes Dämonischem bis hin zur Verkörperung des leibhaftigen Bösen im Kontext des Monotheismus. Der Ursprung dieses Widerspruchs liegt in Scholems unkonventionellem – anti-rabbinischem und anti-rationalistischem – Verständnis der Kabbala als eines inhärenten, gar des wertvollsten Elementes der jüdischen Tradition und gleichzeitig als der vielversprechendsten Kraft einer noch zu verwirklichenden jüdischen Moderne. In Scholems Schriften treffen diese verschiedenen Bedeutungen des Dämonischen aufeinander und inszenieren dabei auf paradigmatische Weise die Vielfalt der Bedeutungen dieses Begriffs.

Scholems dämonische Sicht auf die jüdische Geschichte und die Geschichte überhaupt sowie seine Interpretation Benjamins lassen allerdings nicht nur hoffnungslose Verzweiflung erkennen. Vielmehr sollte sie im Kontext von Bestimmungen betrachtet werden, die Scholems schwankendem Gebrauch des Dämonischen gerecht werden. Ähnlich sollte sein Zugang zur Kabbala als Haltung verstanden werden, die sowohl eine zerstörerische als auch eine rekonstruktive Dimension umfasst. Die prägnante Formulierung dieser Position findet sich in der letzten von Scholems »95 Thesen über Judentum und Zionismus« aus dem Jahr 1918, die Walter Benjamin aus Anlass seines sechsundzwanzigsten Geburtstages gewidmet sind und die hier als Motto zitiert wurden: »Die Nacht ist die Quelle des Dämonischen. Der ›neue Himmel‹ ist der Himmel ohne Nacht, und die messianische Zeit heißt auf Hebräisch nicht ohne Grund ›die Tage des Messias‹. Nur in der Klage strahlt das Dunkel.«[70]

Scholems rätselhafte »These« verbindet das Dämonische und das, was Agamben und Idel als melancholisch wahrnehmen, durch die Klage. Der Aphorismus beginnt mit einem romantischen Bild: der Nacht als Wohnort des Dämonischen. An diesem Punkt bleibt die Wertigkeit dieses Wortes – als mächtige, wohlwollende Kraft oder als eine Verkörperung des Bösen – unentschieden. Bezeichnet die Nacht eine undurchdringliche Finsternis oder das Potential einer magischen Verwandlung?[71] Das Bild wird im Folgenden deutlicher: Der »neue Himmel« einer aufgeklärten Moderne unterdrückt diese Nacht mitsamt dem Dämonischen, das aus ihr hervorgeht. Gemäß der traditionellen jüdischen Auffassung vollzieht der Messianismus eine ähnliche Handlung, aber aus anderen Gründen. In messianischen Zeiten wird es in der Tat keine Nacht mehr geben, aber das Dämonische wird seine zerstörerisch-erlösende Funktion verloren haben. In beiden Zusammenhängen erweist sich das Dämonische als mit einer mächtigen und irrationalen Kraft identifiziert, aber diese ist ohne jeden Zweifel, wie Agamben nahelegt, dialektisch befreiend, da sie die Menschheit durch Zerstörung befreit. Im Gegensatz zu Agambens Ansicht schließt diese Kraft die Melancholie im Hier und Jetzt allerdings nicht aus: In der Klage, als Ausdruck der Trauer verstanden, erleuchtet das Dämonische, das in der Schwärze der Nacht seinen Ursprung hat, diese Dunkelheit oder verwandelt sie vielmehr selbst in Licht. In dieser noch unerlösten Welt bildet Scholems dunkles dämonisches Licht, in Benjamins Terminologie, einen der Funken, die die messianische Zeit ankündigen, und dazu beitragen, sie herbeizuführen. Es tut dies indessen, ohne zu leugnen, oder vielmehr gerade, indem es diesen Umstand anerkennt, dass die Dunkelheit noch auf Erden herrscht. Hierin liegt eine Parallele zwischen Benjamins melancholischem Engel, der nach Glück und dem *tikkun olam* – der Erlösung der Welt – strebt, diese Aufgabe jedoch nicht vollbringen kann, und Scholems Klage, die sowohl melancholischer als auch rettender Ausdruck des unerfüllten Sehnens nach Erlösung ist.

70 Scholem, *Tagebücher*, 306.

71 Benjamin nennt den Messianismus den Kern der Romantik (Benjamin, *Briefe*, Bd. I, S. 208.)

IV. Erwählung, Exil, Exemplarität

Paradoxa der Exemplarität. Von Celan zu Derrida

»Man kann verjuden«

»Man kann zum Juden werden, wie man zum Menschen werden kann; man kann verjuden und ich möchte, aus Erfahrung, hinzufügen: auf deutsch heute wohl am besten«.[1] Dieser Satz aus Paul Celans posthum veröffentlichten Notizen zu »Der Meridian«, seiner 1960 gehaltenen Büchnerpreis-Rede, vollzieht eine paradox anmutende Geste: Er beschreibt ein universal menschliches Vermögen im Rückgriff auf eine partikulare kulturelle, religiöse, ethnische Einheit. Dieser Widerspruch wird daraufhin nicht aufgelöst, sondern durch eine Erörterung des befremdlichen Verbs »verjuden« noch gesteigert: »Verjuden: Es ist das Anderswerden«.[2] Celans Worte gehen über die offensichtliche Provokation hinaus, einen zentralen Begriff der Naziterminologie, der die Verseuchung eines Orts oder einer Institution durch Juden anzeigen sollte, ins Positive zu wenden: Er vollzieht darüber hinaus die Aporie, ein universelles Potential – »anders werden« zu können – mit einer partikularen Gruppe – den Juden – und einer ebenso partikularen und mit dieser Gruppe in einem vielfältigen Spannungsverhältnis stehenden Sprache – dem Deutschen – zu identifizieren. Dieser diskursive Vorgang erscheint sowohl logisch als auch ideologisch fragwürdig und lädt zu einer sorgfältigen und skeptischen Untersuchung ein.

Eigenschaften und Werte, die mit dem Judentum assoziiert sind, Juden und Nichtjuden gleichermaßen zuzuschreiben, hat eine lange und belastete Tradition. In »›The Jew Within‹: The Myth of Judaization in Germany« rekonstruiert Steven Aschheim die Geschichte der »seltsamen Doktrin der Verjudung«[3] von ihrem Ursprung in der christlichen Theologie bis zum Dritten Reich. Die prominentesten Vertreter dieser Doktrin findet er im späten 19. und frühen 20. Jahrhundert in Figuren wie Richard Wagner und den Ideologen des Nationalsozialismus. Aschheim zufolge konnotierte *Verjudung* einen Zustand, in dem Juden nicht nur als schädlich für die deutsche Gesellschaft aufgefasst wurden, sondern in dem der »jüdische Geist«

1 Paul Celan: Der Meridian. Endfassung, Vorstufen, Materialien, S. 130.

2 Ebd., S. 131.

3 Steven Aschheim: ›The Jew Within‹: The Myth of Judaization in Germany, in: The Jewish Response to German Culture, S. 212-224.

angeblich »in die geistigen Poren der Nation eingesickert sei, um die deutsche Psyche selbst zu penetrieren und zu unterwandern«.[4] Der »jüdische Geist« wurde gleichzeitig als Träger und als Symbol einer Vielzahl verachtungswürdiger und für das deutsche Gemeinwesen gefährlicher Züge erachtet. Aschheim weist darauf hin, dass es erst dessen »Ablösbarkeit« von den tatsächlichen Juden war, die diesen Mythos und, als dessen Konsequenz, den Wunsch, die gesamte Gesellschaft von jeglicher Manifestierung des Jüdischen zu säubern, ermöglichte. Über die stereotypen Zuschreibungen der Wurzellosigkeit, des Materialismus und des Parasitismus wurde der Jude simultan zum Agenten und zur Metapher einer befürchteten Erosion von Einheit und Zusammenhalt der deutschen Nation. Es war aber auch gerade diese Möglichkeit des Ablösens jüdischer Attribute von tatsächlichen Juden, die eine Umkehrung des Mythos der Verjudung im Denken des späten 20. Jahrhunderts erlaubte.

Mehrere – hauptsächlich französische – postmoderne Denker wie Jean-François Lyotard und Maurice Blanchot besetzten es positiv, Nichtjuden vorgeblich jüdische Charakteristika zuzuschreiben und assoziierten diese Vorgehensweise mit der Subversion der bestehenden unterdrückerischen Ordnung. Jüdische Kritiker wie Alain Finkielkraut, Jonathan Boyarin und Daniel Boyarin haben diese Umkehrung stark kritisiert und sich dieser Universalisierung des Juden widersetzt. Dabei bestehen sie auf der Notwendigkeit, den Unterschied zwischen »wirklichen« und »figuralen« Juden in Erinnerung zu behalten, um die historische und kulturelle Besonderheit der Ersteren zu bewahren. Celans Zeilen artikulieren, während sie scheinbar eine universalisierende Besetzung des Juden ausführen, eine dritte Möglichkeit, die von Universalismus und Partikularismus gleich weit entfernt ist. Es handelt sich um eine Denkfigur, die letzten Endes darauf abzielt, die Grenze zwischen diesen zwei Möglichkeiten zu unterwandern.[5]

Die aus Celans Notiz hervorgehende Komplexität kann dem Begriff des »Paradoxes der Exemplarität« zugeordnet werden, den Jacques Derrida in seiner Seminarreihe zur »philosophischen Nationalität«

4 Aschheim: Culture and Catastrophe, S. 45.

5 Für eine eingehende Diskussion dieser Umkehrung im französischen Denken von Sartre bis Derrida vgl. Sarah Hammerschlag: The Figural Jew. Sie weist auf die Unterschiede zwischen Situationen hin, in denen eine figurale Identifizierung mit dem Juden in einem selbstbewussten literarischen Modus erfolgt und »Vergleich, Performanz und Ironie« an den Tag legt. Vgl. ebd., S. 23.

entwickelt hat.[6] Derrida behandelt in diesen neulich auf vorbildliche Weise von Dana Hollander untersuchten Seminaren nationale Selbstbestätigungsdiskurse, die Aussagen propagieren wie: »Franzose zu sein bedeutet, dem universellen Wert der Gleichheit anzuhängen« (EC, 103) oder, um Derridas Beispiel in Bezug auf Fichte zu nennen, die Behauptung, Deutschtum entspräche der »Freiheit des Geistes« (EC, 103-5). Wie, und wichtiger noch, mit welcher Wirkung können, so fragt Derrida, Autoren solcher Aussagen partikulare Einheiten in der Darstellung universeller Werte wie Gleichheit oder Freiheit heranziehen? Derrida zeigt, dass jenseits ihres nationalen Chauvinismus Aussagen dieser Art in ihrem Kern widersprüchlich sind: In beiden hier angeführten Beispielen unterwandert eine unauflösbare Spannung zwischen einer nationalen Besonderheit und einem universellen Anspruch die partikulare Identität dieser Nation. Derrida zufolge gilt Ähnliches für die Rolle, die Husserl und Heidegger Europa zuschreiben, wenn sie es als »Weltzivilisation« und »Kultur an sich« oder als universellen »Telos aller Geschichtlichkeit« bezeichnen (EC, 112). Eine solche Idee Europas impliziert, dass dieses sich, um ganz es selbst – also etwa eine »Weltzivilisation« – zu sein, zu seinem anderen hin zu öffnen hat, zur Menschheit im Allgemeinen. Dies führt, wie Hollander bemerkt, in eine Aporie: »Ein Europa als Kulturprojekt, das zur Universalisierung seines partikularen Erbes hinstrebte, bestünde darin, die europäische Selbstverwirklichung mit dem Projekt der Negation seiner eigenen partikularen Identität gleichzusetzen.«[7] Derrida erkennt ein vergleichbares Paradox im jüdischen Anspruch der Auserwählung. Mit einem impliziten Verweis auf Franz Rosenzweig und Emmanuel Levinas definiert er den jüdischen Anspruch des Auserwähltseins als »Hüter der Wahrheit, eines Gesetzes, einer Wesenhaftigkeit, in Wirklichkeit einer universellen Verantwortlichkeit« (EC, 114) und erkundet daraufhin die Konturen dieses Anspruchs.

Erwartungsgemäß steht Derrida solchen Äußerungen der Exemplarität mitsamt ihrem Hang zur chauvinistischen Selbstverherrlichung kritisch gegenüber. In einer überraschenden Inversion umgeht Der-

6 Vgl. Dana Hollander: Exemplarity and Chosenness. Rosenzweig and Derrida on the Nation of Philosophy, S. 112-7. Im Text als »EC« mit Seitenangabe zitiert.

7 In den Worten Derridas, die Hollander zitiert: »Es ist notwendig, dass wir uns zu den Hütern einer Idee Europas machen, die darin bestehen würde, sich nicht in der eigenen Identität von seinem Anderen abzuschotten und sich in exemplarischer Weise gerade auf jenes zu richten, das es selbst nicht ist.« (EC, 113-4)

rida allerdings gleichzeitig diese Einwände, indem er die identitätsfestigende Ausrichtung dieser Aussagen gegen den Strich bürstet und in ihnen einen inhärenten Widerspruch aufdeckt: Indem sie weder einfach partikularistisch sind, da sie im Namen universal-philosophischer Werte angeführt werden, noch wirklich universalistisch, da sie sich auf kulturelle Partikularismen berufen, unterwandern sie nationale Selbstbestätigungsdiskurse. Sie drängen das Partikulare und das Universale in eine logische Aporie, die geschlossene Identitäten aufbricht und versteinerte Dichotomien innerhalb und zwischen etablierten Diskursen auflöst. Sie unterlaufen somit letztendlich die Gegensätze »Partikularismus« und »Universalismus« selbst. Trotz ihrer scheinbar paradoxen und widersprüchlichen Natur bilden Aussagen der nationalen Exemplarität demnach ein willkommenes *tertium datur*, das gleichermaßen sowohl den egozentrischen Chauvinismus wie die Missachtung kultureller Unterschiede überwindet. Im »deutsch-jüdischen Phänomen« sieht Derrida einen besonders signifikanten Ausdruck dieser Dynamik.

In »Kant, der Jude, der Deutsche«, einer Lektüre von Hermann Cohens »Deutschtum und Judentum«, bezieht Derrida das »Paradox der Exemplarität« explizit auf den deutsch-jüdischen Kontext: »Was geschieht, wenn ein Volk sich selbst als exemplarisch präsentiert? [...] In welchem Sinne, und wie, steht seit der Aufklärung ... das deutsch-jüdische Paar doppelt beispielhaft für diese Exemplarität?« (EC, 128) Als Antwort auf diese Frage schafft Derrida eine Verbindung zwischen dem Selbstverständnis des Deutschen und des Jüdischen: das Deutsche als exemplarischer Ort der Ausarbeitung eines Nationalismus mit einer universalen Sendung und das Jüdische als auserwähltes Volk mit einer universellen Verantwortung (EC, 123). In der Verschränkung dieser beiden Selbst-Bildnisse und ihrer jeweiligen »Paradoxien der Exemplarität« wird das deutsch-jüdische Paar zum Ort der Selbst-Differenz *par excellence* – einer Form des Seins, Denkens und Schreibens, das von Autoren der deutsch-jüdischen Tradition von Franz Kafka bis Paul Celan beispielhaft verkörpert wird. Diese Auffassung Derridas steht in einer langen Tradition.

Das Jüdische mit universellen Werten und Idealen zu verknüpfen, wurde lange als Vorrecht der deutsch-jüdischen Denker in der Tradition der Aufklärung betrachtet. Diese Denker suchten nach Möglichkeiten, ihre jüdische Besonderheit mit einer universalistischen Ethik zu verknüpfen, die in allgemein gültigen Imperativen gründet und an einer gemeinsamen Menschlichkeit ausgerichtet ist. Seit dem frühen zwanzigsten Jahrhundert wurde der Jude hingegen von deutsch-jüdischen Denkern als eine Art edler ›Anderer‹ angesehen: als paradigmatischer Fremder bei Georg Simmel, als bewusster Paria bei Hannah Arendt, als Vertreter des von Vorurteilen freien Geistes bei Benjamin und als Figur, die vom »Einvernehmen mit der kompakten Majorität«[8] unabhängig ist, bei Freud. Derrida übernimmt eine ähnliche Vorstellung des Juden als Außenseiter und positiv besetzter Sand im Getriebe der Nationalismen aller Art und treibt das »Paradox der Exemplarität« in seine letzte logische Aporie:

> Wenn die Selbst-Identität der Juden oder des Judentums aus dieser Vorbildlichkeit besteht, d.h. in einer bestimmten Nicht-Selbstidentität – [die deutsch-jüdische Situation *par excellence*] – dann ist es so, dass man, je mehr man Selbst-Identität verdrängt und sagt: ›meine eigene Identität besteht darin, nicht identisch mit mir selbst zu sein, fremd zu sein, nicht mit mir überein zu stimmen‹ etc., um so mehr ist man jüdisch! Und in diesem Augenblick verliert das Wort, das Attribut ›jüdisch‹ … verliert die logische Proposition ›Ich bin Jude‹ alle Gewissheit, wird hinweg gefegt in einen Anspruch, eine Forderung, eine Überbietung ohne Ende.[9]

Die oben angeführten Beispiele von Diskursen nationaler Affirmation vermitteln die universalistischen philosophischen Werte wie Freiheit und Gleichheit im Namen partikularer, nationaler, kultureller oder sprachlicher Einheiten. Dies verleiht ihnen zwar die Struktur einer Aporie, doch weit davon entfernt, in einer solchen Aporie nur eine Sackgasse zu sehen, argumentiert Derrida, dass diese Diskurse zu einer unüberwindbaren *mise en abîme*, einer abgründigen, unendlichen Erfahrung der Unentscheidbarkeit führen. Dieses »Überbieten ohne Ende« entspricht in ihrer logischen Struktur der Grundlosigkeit, die die Figur der Nicht-Koinzidenz kennzeichnet. Diese Figur wird, wie schon bemerkt, als jüdisch betrachtet, ein Attribut, das wiederum durch eben diese Grundlosigkeit in Frage gestellt wird und so weiter *ad infinitum*. In dieser Struktur eines unendlichen Regresses erblickt Derrida eine Öffnung auf eine ethische Haltung, die nicht mehr von der Verwurzelung in einer stabilen Identität ausgeht oder

8 »Weil ich Jude war, fand ich mich frei von vielen Vorurteilen, die andere im Gebrauch ihres Intellekts beschränkten, als Jude war ich dafür vorbereitet, in die Opposition zu gehen und auf das Einvernehmen mit der kompakten Majorität zu verzichten.« Sigmund Freud: Ansprache an die Mitglieder des Vereins B'nai B'rith, S. 52.

9 Jacques Derrida: ›Zeugnis, Gabe‹. Jüdisches Denken in Frankreich, S. 65.

eine solche Fundierung anstrebt, sondern, im Gegenteil, aus diesem schwindelerregenden Abgrund erwächst und auf ihn ausgerichtet ist.

Um diese Denkfigur besser zu erfassen, ist es hilfreich, Jonathan Boyarins Kritik an Derrida heranzuziehen. In *Thinking in Jewish* kritisiert Boyarin Derridas Blindheit gegenüber der Einzigartigkeit jüdischer Differenz, die, Boyarin zufolge, durch die Diasporaerfahrung und die konkrete historische Erbschaft dieser Existenzform hervorgebracht wurde. »Alle Unterschiede in einer eindeutigen Differenz zu allegorisieren«, so Boyarin, »bedeutet blind zu sein für jede konkrete Besonderheit«.[10] Boyarin behauptet, dass für Derrida, wie auch für andere französische Denker wie Jean-François Lyotard und Jean-Luc Nancy, Juden aufgrund ihrer Bedeutung für die europäische Moderne den abstrakten, »paradigmatischen Anderen« verkörpern. Boyarin weist darauf hin, dass Freud, Benjamin, Kafka, Adorno, Arendt, Celan und ihresgleichen jedoch nicht »die Juden« *an sich* sind: Sie sind nicht repräsentativ für die »wirklichen« Juden, sondern sind eine kleine Gruppe von Grenzgängern, die für diese französischen Denker die Abstraktion der Selbst-Differenz verkörpern. Boyarin verfolgt die Vorstellung der Juden als ultimative Störenfriede des – im Grunde dem Christentum gleichgesetzten – Universellen zurück zu Paulus, für den paradoxerweise der »gute Jude« gerade den Verzicht auf seine spezifische Differenz leistet. Aber Boyarins Kritik gilt nicht allein der Figur des »paradigmatischen Anderen«, die die konkrete Besonderheit des Juden außer Acht lässt. Für Boyarin ist bereits der Akt der Allegorisierung an sich problematisch, da dieser all jenen, die eine geschichtlich verwurzelte Identität haben, ihre Differenz raubt. »Wirkliche Juden«, so Boyarins Folgerung, »enden als Metapher«[11] und verlieren jeglichen Bezug zu ihrer konkreten historischen und kulturellen Erfahrung und Tradition.

Boyarins Kritik wird allerdings Derrida nicht ganz gerecht. Zwar vermeidet dieser jegliche konzeptionelle Fixierung von Identität, doch er führt das historisch Konkrete durch einen performativen Modus des Schreibens, der weitreichende Konsequenzen hat, wieder ein. Weder als Historiker, der sich beim konkreten Partikularen aufhält, noch als traditioneller Philosoph, der universelle Abstraktionen anstrebt, thematisiert und inszeniert Derrida mittels seiner eigenen Schreibweise Übergänge und Bruchlinien, durch die konkrete Erfahrungen, spezifische Situationen und partikulare Sprachformen zu

10 Boyarin, Thinking in Jewish, S. 67.
11 Daniel und Jonathan Boyarin: Diaspora, S. 697.

allgemeinen Möglichkeiten werden, ohne ihre Singularität preiszugeben. In den ständigen Verschiebungen und Schwankungen zwischen philosophischen Begriffen und persönlichen Erzählungen ähneln Derridas Schriften in vielerlei Hinsicht literarischem Schreiben. Derridas Aufmerksamkeit für die spezifische Form, in der allgemeine Inhalte zum Ausdruck kommen – eine Eigenschaft, die zumeist literarischen Texten zugerechnet wird –, hat erhebliche Auswirkungen auf seinen Umgang mit dem »Paradox der Exemplarität«. Wie Derridas Lektüre von Yosef Yerushalmis *Freuds Moses* zeigt, können scheinbar widersprüchliche Aussagen, die einem partikularen, nationalen Bestätigungsdiskurs universelle Werte zuschreiben, zu einer Quelle jener Erkenntnis werden, dass sich das Universale immer und unvermeidlich in einer bestimmten Erzählweise, einer bestimmten Sprache und innerhalb einer bestimmten und konkreten historischen, kulturellen, existentiellen Situation artikuliert.

Freud – Yerushalmi – Derrida

Die Erforschung der jüdischen Dimension bedeutender Persönlichkeiten der deutsch-jüdischen Literatur und Philosophie wie Kafka, Benjamin oder Freud sind ein fruchtbarer Boden für die Diskurse der Exemplarität. Zahlreiche Studien, die dem Jüdischen in ihrem Leben und Werk nachgehen, betonen dessen universelle Bedeutung gerade im Hinblick auf die Existenz dieser Autoren als Juden in einer fremden, oft feindlichen Umwelt. Ihre Position der skeptischen Randfigur und des kritischen Außenseiters wurde zu einem universellen Emblem der Modernität überhaupt. Aufgrund der Übereinstimmung zwischen den gespaltenen oder vielfachen Identitäten, die von Juden in solchen disaporischen Kontexten erworben wurden, und der vielschichtigen Struktur des Selbst, wie sie durch die Psychoanalyse aufgedeckt wurde, sind Studien zur jüdischen Dimension von Freuds Leben und Werk ein besonders reichhaltiges Feld für »Exemplarisierungen« des Jüdischen. Die diesbezügliche Forschung reicht von unmittelbaren und expliziten Darstellungen eines »jüdischen Freud« zu subtilen Betrachtungen über die Voraussetzungen und Auswirkungen dieses Forschungsansatzes an sich. Viele dieser Studien nehmen Freuds Antwort auf die Frage, was an ihm jüdisch geblieben sei, nachdem er alle Gemeinsamkeiten mit seinen Volksgenossen aufgegeben habe, beim Wort: »Noch sehr viel, wahrscheinlich die Hauptsache«, so Freuds berühmte Replik. Jene, die dann nach diesem Wesentlichen suchen, sammeln, rekonstruieren und vergrößern alles Jüdische in Freuds Leben und Werk und betonen dessen universelle Bedeutung. Diese Instanzen des »Exemplarismus« (wie Dana Hollander das Heranziehen der Exemplarität zum Zwecke von nationalen Selbsttätigungen nennt) sind in vielerlei Hinsicht genährt von Freuds eigenen Zuschreibungen universeller Werte an nationale Gruppen, so etwa in seiner Feststellung einer jüdischen Vorhut im »Fortschritt in der Geistigkeit«, einer Geistigkeit, die zwar mit einer Verdrängung von Trieben und den daraus resultierenden Pathologien verbunden wird, aber dennoch Freuds Hochachtung für das Jüdische durchscheinen lässt.

Yosef Yerushalmis Freud-Buch der frühen neunziger Jahre ist das bekannteste und in vielerlei Hinsicht anspruchsvollste Beispiel einer »jüdischen« Lektüre Freuds. In *Dem Archiv verschrieben* bringt Derrida seine Bewunderung für Yerushalmis Buch zum Ausdruck, äußert sich jedoch kritisch zu jenen Stellen, an denen der Autor, wie Derrida meint, den Versuchungen des »Exemplarismus« erliegt. So kommentiert er eine Bemerkung Yerushalmis, in der dieser Freud vorhält, es mangle ihm an »hoffnungsfroher Voraussicht auf die Zukunft«. In dieser Hinsicht sei seine Lehre »am meisten unjüdisch« (*at its most un-Jewish*). Derrida erkennt eine Parallele zwischen dieser Bemerkung Yerushalmis, die einen inhärenten Zusammenhang zwischen Hoffnung und Jüdischem voraussetzt, und einer Stelle in Yerushalmis frührerem Buch *Zachor*, in der es heißt, dass »›nur in Israel und nirgendwo sonst die Aufforderung, sich zu erinnern, als ein religiöser Imperativ für ein ganzes Volk empfunden‹« werde.[12] Derrida reagiert auf diese Aussage von Yerushalmi in überraschend emotionalem Ton: »Ich würde gerne Stunden, eigentlich eine Ewigkeit damit verbringen, zitternd vor diesem Satz zu meditieren« (AV, 137-8). Dieses Zittern bedeutet nicht nur, »von ihm berührt sein«, sondern auch eine Kritik:

> Wenn ich an eben diese Gerechtigkeit denke, dann genau frage ich mich zitternd, ob sie gerecht sind, diese Sätze, die Israel *sowohl* die Zukunft *als auch* die Vergangenheit als solche vorbehalten, *sowohl* die Hoffnung […] *als auch* die Pflicht zum Gedenken […], eine Zuweisung, die von Israel allein, Israel als Volk und Israel in seiner Totalität […] empfunden würde.

12 Jacques Derrida: Dem Archiv verschrieben. Im Text als »AV« mit Seitenangabe zitiert.

> Es sei denn, dass man in der Logik dieses Auserwähltseins alle Orte und alle Völker, die bereit wären, sich in dieser Antizipation und in dieser Aufforderung wiederzuerkennen, mit dem *einmaligen* Namen Israel nennt – und dies wäre dann nicht mehr nur ein schwindelerregendes semantisches oder rhetorisches Problem. (AV, 138-9)

»Wie vor diesem Satz nicht zittern?«, fährt Derrida fort,

> [d]enn wenn es gerecht ist, sich an die Zukunft zu erinnern und an die Aufforderung [des Eingedenkens] sich zu erinnern, dann ist es nicht weniger gerecht, sich an die anderen zu erinnern, an die anderen anderen und die anderen an sich, und daran, dass die anderen Völker dasselbe behaupten könnten – nur anders. (AV, 139)

Trotz seiner Kritik an Yerushalmis »exemplaristischen« Ansprüchen bekräftigt Derrida den Modus, in dem Yerushalmi sich Freud annähert. Er bejaht die persönliche Perspektive, die mit einem Monolog, einer fiktiven, direkten Anrede an Freud schließt und dabei,

> indem er Freud liest, bestreitet oder befragt, exemplarisch die Logik des Ereignisses wiederholt, dessen Spektrum (*spectre*) der historische Roman [Freuds Moses] beschrieben und dessen Struktur er ›ausgeführt‹ (›*performé*‹) hatte. [...] Das seltsame Ergebnis dieser performativen Wiederholung [...] ist, daß die Interpretation [...] ihren Gegenstand, ein gegebenes Erbe nämlich, nur erhellen, lesen, interpretieren, einrichten kann, indem sie sich darin einschreibt (AV, 122).

Derrida betont, dass die Frage von Freuds Jüdischsein, ja nach der Bedeutung des Judentums als Tradition und Erbschaft, nicht aus einer neutralen, objektiven Perspektive gestellt werden kann, sondern nur als performativer Akt eines spezifischen Sprechers in einer bestimmten Situation und Sprache. Obwohl Derrida sein Unbehagen zum Ausdruck bringt, Freud, und nicht nur ihn, sondern auch Hoffnung, Erinnerung und Psychoanalyse als etwas Jüdisches zu affizieren, spricht er dennoch keiner Unterwerfung unter universalistische Ansprüche das Wort. Stattdessen führt er aus, wie Yerushalmis eigene Auseinandersetzung mit *seinem* Judentum ihn zur Anerkennung der Gewichtigkeit seiner Erbschaft – und der eines jeden anderen – führt. Es gilt, so Derrida, für jeden seine oder ihre Erbschaft anzunehmen und als Vermächtnis zu erkennen, das *im* Leben eines jeden Einzelnen mitgetragen werden kann und soll.

Diese Erkenntnis führt zu Boyarins Kritik zurück: Weit davon entfernt, die konkrete historische Erfahrung zum Verschwinden zu bringen, konfrontiert Derrida den Anspruch an jüdische Exemplarität mit seiner eigenen Situation und seinem eigenen besonderen Modus des Schreibens: Er verflicht seine theoretischen Überlegungen mit persönlichen Erinnerungen an seine Kindheit in Algier und seine frühen Erfahrungen mit Antisemitismus, die er als autobiographischen Ursprung seiner Kritik an den »nationalen Affirmationen« und der »Versuchung der Exemplarität« beschreibt. Seine Schreibweise kennzeichnet in der Tat eine »andere Weise«, sich diesen Fragen zu nähern, einen Modus, der sich von Boyarins historiographischen Schriften grundsätzlich unterscheidet. Derridas Schwanken zwischen philosophischen Spekulationen und persönlicher Erzählung vollzieht den Übergang von partikularen Erfahrungen zur universellen Möglichkeit des »Anderswerdens« und nähert sich damit dem Bereich der Literatur, so etwa der Dichtung Paul Celans.

Alle Dichter sind Juden

Celans Judentum, wenn auch etwas leichter zu erfassen als dasjenige Freuds, hat ebenfalls zahlreiche Kontroversen hervorgerufen. Jeder Versuch, Celan und sein Werk auf das Judentum zu beziehen, wird mit unterschiedlichen Gesichtspunkten konfrontiert, die seinen Aufstieg zum bedeutendsten deutschsprachigen Dichter der Nachkriegszeit begleitet haben. Schon bevor sich die Frage stellte, wie »jüdisch« Celans Gedichte sind, gingen die Meinungen der Kritiker hinsichtlich ihrer konkreten Relevanz – der Konkretheit ihrer Referenzen, der spezifischen Geschichtlichkeit ihrer Daten und der Identität ihrer Adressaten – auseinander. Diese Kontroversen entstanden schon zu Celans Lebzeiten und wurden, zumindest teilweise, durch scheinbar widersprüchliche Aussagen Celans selbst erzeugt. Weder die schicksalsschweren Folgen seiner jüdischen Herkunft noch die Bedeutung, die er seinen jüdischen Vorläufern oder Dichterkollegen beimaß, noch die jüdischen Themen und Motive in seiner Dichtung wurden bestritten, doch widersprachen Kritiker einander, wenn es darum ging zu bestimmen, »was es bedeutet, Celan als einen jüdischen Poeten zu identifizieren«.[13] Die Aufhellung dieses Verhältnisses wird durch gegensätzliche Aussagen Celans erschwert: Da ist einerseits seine

13 Christine Ivanović: All Poets are Jews: Paul Celan's Readings of Marina

Abneigung dagegen, »seine Gedichte in die Grenzen des Judentums oder des Schicksals der Juden zu zwingen«,[14] und andererseits das berühmte Motto, das sein Gedicht »Und mit dem Buch aus Tarussa« einleitet: »Bce poety zidy«,[15] oder: »Alle Dichter sind Juden«. Dieses Motto, eine Variation auf einen Vers von Marina Zwetajewa, hat seinerseits zahlreiche widersprüchliche Interpretationen hervorgerufen.

Für einige erwies sich Celans Identifizierung von Dichter und Jude wesentlich als Metapher für eine ursprünglich in Exil und Unterdrückung begründete Sensibilität, die universell gültig sei und auf alle Dichter unabhängig ihrer Herkunft oder Geschichte zutreffe, da diese immer schon Außenseiter der etablierten Gesellschaft seien. Andere lesen das Motto hingegen als Bestätigung und Konsolidierung von Celans Identität als jüdischer Dichter oder – herabsetzend – als Ausdruck des poetischen »Türhüters des jüdischen kollektiven Leidens«.[16] Der französische Kritiker Henri Meschonnic wirft Celans ersten französischen Übersetzern allgemein eine Missachtung seiner jüdischen Herkunft vor, eine Universalisierung seiner spezifischen Erfahrungen und gleichzeitig die Verwandlung »eines historischen in ein metaphysisches Leiden«.[17] Er betont, dass Celans Motto sein Engagement für die gequälte jüdische Gemeinschaft zu vermitteln sucht. Im Sinne Boyarins argumentierend, implizieren Meschonnic zufolge universalistische Interpretationen von Celans Versen die Leugnung der konkreten jüdischen Identität des Dichters.

Für Jean Bollack, der Celan persönlich kannte und einer seiner wichtigsten französischen Leser ist, geht Meschonnic nicht weit genug in seiner Kritik an den universalistischen Interpretationen von Celans Motto, da dieser den erniedrigenden Ton im russischen, von Zwetajewa übernommenen Wort *Zidy* unerwähnt lasse: »Das ist schwer zu verstehen«, schreibt Bollak: »Wird durch diese positive Konnotation des Wortes Jude [statt des russischen Schimpfworts ›zidy‹, das Celan eigentlich zitiert] Celans Erfahrung dann nicht auf alle Dichter übertragen? Diese würden dann gezwungen, Juden zu werden wie er selbst. Das ist sinnlos«.[18] Ebenso lehnt Bollack die

Tsvetayeva, in: Glossen 6, 1999. http://www2.dickinson.edu/glossen/heft6/celan.html

14 Dietlind Meinecke. Zitiert in Ivanović: All Poets are Jews.

15 Paul Celan: Die Gedichte, S. 164.

16 Ivanović: All Poets are Jews.

17 Henri Meschonnic: Pour la Poétique II. Épistémologie de l'écriture, poétique de la traduction, S. 383.

18 Jean Bollack: Poetik der Fremdheit, S. 201.

Interpretation des Mottos in Derridas *Schibboleth – Für Paul Celan* ab, wo es heißt:

> Die Verwundung, die Leseerfahrung selbst, ist universal. […]. Wenn man sagt ›alle Dichter sind Juden‹ ist das eine Behauptung, die die Merkmale einer Beschneidung *zugleich* markiert und aufhebt. Sie ist tropisch. Alle, die als Dichter die Sprache behandeln und bewohnen, sind Juden, doch im Sinne eines Tropus. Und der, der es ausspricht, indem er als Dichter und gemäß einem Tropus spricht, gibt sich folglich nicht mehr buchstäblich als Jude zu erkennen.[19]

Nach der Bemerkung, dass »Celan Metaphern strikt vermieden« hat, erklärt Bollack, dass »Derrida die spezifische Gemeinschaft, an die Celan sich wandte, auf die Struktur der Sprache« als solche überträgt, und kommentiert sarkastisch: »Sie alle sollten Juden sein, da Dichter Juden sind. Sie alle sind verbannt, selbst die Juden. Jeder ein Celan«.[20] Bollack trägt allerdings nicht den vielfältigen Figuren Rechnung, mit Hilfe derer Derrida Celans spezifische Erfahrungen – seiner jüdischen Herkunft und seiner Art des Schreibens – sehr wohl in Betracht zieht. Das Wort *Schibboleth*, das Derrida aus dem gleichnamigen Gedicht Celans zitiert, verweist auf eine spezifische Erzählung im biblischen *Buch der Richter*, in der die Aussprache dieses Wortes genutzt wurde, um Ephraimiter von Gileaditern zu unterscheiden. Das Wort *Schibboleth* verweist also selbst auf den Kern der hier besprochenen Problematik, indem es als unterscheidender Hinweis auf die spezifische Herkunft eines Sprechers die Unübersetzbarkeit eines singulären Idioms als universale Bedingung anzeigt.

Diese Kontroversen verraten vielleicht mehr über die Autoren dieser Stellungnahmen als über Celan selbst. Die Auslegung von Celans Motto »Alle Dichter sind Juden« erfordert einen genaueren Blick auf dessen Quelle. Es ist erwähnenswert, dass das Epitaph schon eine Variante eines ursprünglichen Verses von Marina Zwetajewa ist: »Poety – zidy«[21] (»Dichter – Juden«). In einer einleuchtenden Rekonstruktion der Ursprünge des Mottos zitiert Christina Ivanović den ursprünglichen Vers von Zwetajewa in seinem Kontext, einem Gedicht mit dem Titel »Gedicht vom Ende«, geschrieben anlässlich

19 Jacques Derrida: Schibboleth. Für Paul Celan, S. 109-10.
20 Bollack: Poetik, S. 201.
21 Ivanović: All Poets are Jews.

eines letzten Spaziergangs mit einem Liebhaber, der entlang des Prager Ghettos führte. »Gedicht vom Ende« enthält diese Verse:

> Ghetto der Auserwählten! Wall und Graben.
> Erwarte keine Gnade!
> In dieser christlichsten aller Welten,
> sind alle Dichter Juden!
>
> (Getto izbranni estv! Val i rov.
> Po-scady ne zdi!
> V som christianejsem iz mirov
> Poety – zidy!)

Zwetajewa, eine nichtjüdische Dichterin, drückt hier ihre Solidarität mit den Juden auf der anderen Seite der Ghettomauer aus. Celans Reaktion ehrt diese Geste, indem er seine eigene Identität als jüdischer Dichter in einem ähnlichen Sinn auf alle Dichter überträgt. Diese Solidarität über religiöse, ethnische oder kulturelle Grenzen hinweg blieb von jenen Kritikern unbeachtet, die Celan ausschließlich in die jüdische Gemeinschaft einschließen wollen. Celans Variation auf Zwetajewas Vers benennt gleichzeitig implizit die von ihr inszenierte Geste der Solidarität mit jenen, die sich auf der anderen Seite der Ghettomauer befinden, als jüdisch. Er setzt damit das von Derrida beschriebene »Paradox der Exemplarität« in Szene: Sein Motto erkennt die poetische Geste, die über die Mauer weist, als universelle Möglichkeit, doch hält er dabei eine singuläre Erfahrung und Situation in Erinnerung, einen darin eingeschriebenen singulären Sprecher und eine partikulare Sprache, die sich, wie das Schibboleth, nicht restlos übersetzen lässt.

Das Gedicht, der Jude

Dies führt zum Anfang zurück, zu Celans Bemerkung »Man kann verjuden«:

> Man kann zum Juden werden, wie man zum Menschen werden kann; man kann verjuden und ich möchte, aus Erfahrung, hinzufügen: auf deutsch heute wohl am besten … Verjuden. Man kann verjuden; das ist zwar, zugegeben, schwer und ist, warum nicht auch das zugeben? – sogar schon manchem jüdisch geborenen

> Menschen misslungen; gerade deshalb halte ich das für empfehlenswert … Verjuden: Es ist das Anderswerden … Nicht indem es vom Ärgernis spricht, sondern indem es, unerschütterlich es selbst bleibt, wird das Gedicht zum Ärgernis – wird es zum Juden der Literatur – Der Dichter ist der Jude der Literatur – Man kann verjuden; das kommt zwar selten vor, geschieht aber zuweilen doch.[22]

Celans Zeilen sind scheinbar voller Widersprüche. Entgegen Derridas Behauptung, dass »sogar Celan der Versuchung der Exemplarität zuweilen unterliegt«,[23] artikulieren sie das »Paradox der Exemplarität« in seiner prägnantesten Form. Sie rufen unverkennbar ein Partikulares herauf – den Juden –, um einen universell erreichbaren Vorgang zu beschreiben – das »Anderswerden« –, und führen beides in die von Derrida beschriebene Aporie: Dieses »Anderswerden« würde, in dem Moment, in dem der von ihm benannte Prozess sich ereignet, die partikulare Identität unterwandern, die im Wort »verjuden« vorausgesetzt ist. Aber da ist noch mehr: »Man kann zum Juden werden, wie man zum Menschen werden kann«: Kann man wirklich »zum Menschen werden«? Und wenn ja, wie kann dieses Universelle in einem analogen Verhältnis zum »Judewerden« stehen? Und noch widersprüchlicher: Wie kann das Gedicht dafür gepriesen werden, dass es, wie der Jude, »unerschütterlich es selbst bleibt«, wo es doch zur gleichen Zeit ein »Anderswerden« bedeutet?

Indem er den Begriff »verjuden« ins Spiel bringt, spricht Celan nicht nur »über« eine Verwandlung, sondern vollzieht sie: Er ruft einen Diskurs der Exklusion und Diskriminierung auf und verwandelt diesen historisch geladenen, negativen, auf eine Verseuchung durch Anderes verweisenden Begriff in ein bejahendes Zeichen der Verwandlung, des Anderswerdens. So steht »verjuden« für die Affirmation dieser Kontamination des Eigenen durch das Andere. Über die provozierende Umkehrung einer antisemitischen Verwerfung vollzieht Celans »Verjuden« eine Kreuzung des Partikularen und des Universellen: Man – ein jeder – kann »anders«, kann verwandelt werden, kann die Grenzen seiner Identität sprengen oder über sie hinausgreifen. Gleichzeitig hält die Metapher in der Resonanz seines Vehikels, des Verbs *verjuden*, die Singularität seines idiomatischen Gebrauchs in einem bestimmten Moment der deutsch-jüdischen Geschichte in Erinnerung. Weit davon entfernt, das historisch Konkrete

22 Celan: Meridian, S. 130-1.
23 Jacques Derrida: Abraham l'autre, S. 32.

aufzulösen, wird hier die universale Möglichkeit – »man« kann, jeder kann verjuden – durch die Bezugnahme auf eine konkrete Erfahrung in einer bestimmten Zeit und einem bestimmten Raum vermittelt, mit einem Verweis auf eine ebenso bestimmte Gruppe von Personen – und ihre Sprache, das Deutsche –, die eine andere Gruppe als unerwünschte Fremde bezeichnet. Celan verbindet den Prozess des Verjudens ausdrücklich mit der Wirkung der Dichtung und der ihr innewohnenden Möglichkeit einer Verwandlung desjenigen, den sie anspricht, wie auch mit ihrer eigenen Offenheit, von der singulären Erfahrung dieses Angesprochenen – von seiner Sprache, seiner Situation, seiner Lesart – affiziert zu werden. Celan aktiviert das Potential der poetischen Sprache und vollzieht damit die Inversion einer gegen den Fremden gerichteten mörderischen Redeweise in eine Metapher positiv aufgefasster Selbstentfremdung durch die Dichtung.

Diese bemerkenswerte und in vielerlei Hinsicht schwindelerregende Verschachtelung von Partikularem und Universellem wird durch einen radikal spezifischen Sprachgebrauch erreicht: Wie *verjuden* letztendlich nicht übersetzt werden kann, ohne seinen konkreten Bezug zu verlieren, so kann auch nur im Rückgriff auf eine spezifische Sprache der Auftakt von Celans Notiz, in der »zum Juden werden« einem »zum Menschen werden« gleichgesetzt wird, sinnvoll werden: In der stillschweigenden Übertragung des universellen Begriffs »Mensch« vom Deutschen ins Jiddische gewinnt im Anklang an dessen Begriff »Mentsch« das Wort die Bedeutung »ethisches Wesen«. In einer ähnlichen Denkfigur ist das deutsche, ausschließlich deutsche Wort – das Nazi-Wort *verjuden* – unübersetzbar, während es in Celans Notiz gleichzeitig auf die Handlung, das Ideal selbst der Übersetzung verweist: ein anderer zu werden *und* unerschütterlich sich selbst zu bleiben.

Obwohl Celan tatsächlich das im Begriff »verjuden« implizierte Werturteil umkehrt und ihn als »Anderswerden« übersetzt, ist er weit davon entfernt, das Jüdische als letztendliche, wesenhafte Alterität zu mystifizieren. Stattdessen schreibt er in einem etwas scherzhaften Ton: »Man kann zum Juden werden. [...] Das ist zwar, zugegeben, schwer und ist schon manchem jüdisch geborenen Menschen misslungen«.[24] Wenn ein Jude, wenn Juden daran scheitern können, zum Juden zu werden, entsteht eine Öffnung zwischen dem wörtlichen Gebrauch von *Jude* in ver*Jude*n und seiner Bedeutung des »Anderswerdens« als Trope – aus dem Griechischen *τρόπος* (tro-

24 Celan: Meridian, S. 130-1.

pos), »eine Wendung«. Dieser Spielraum, in der »verjuden« »empfehlenswert« wird, verwandelt die Beleidigung in einen Aufruf zur Verantwortung, zur unmöglichen und dennoch dringenden Aufgabe, »unerschütterlich sich selbst« zu bleiben – im alten christlichen Vokabular »verstockt« zu sein, sich der Assimilation zu verweigern – und sich dennoch vom Anderen berühren, infiltrieren, kontaminieren zu lassen.

Celans in vielerlei Hinsicht destabilisierende Zeilen sind ein großartiges Beispiel für das Potential der Literatur, aus den verstörendsten Widersprüchen Einsichten zu generieren. Ebenso wenig wie Derrida bietet Celan eine konzeptuelle Lösung für diese Paradoxien, doch setzt er sich, wie auch Derrida, auf einer existentiellen und sprachlichen Ebene mit ihnen auseinander. Dieser Prozess führt zu einer Verantwortung, die es in durchaus spezifischen Situationen aufzunehmen gilt. Wie Zwetajewa in ihrem Vers aus einer ganz bestimmten Situation heraus spricht – ihrem Spaziergang neben dem jüdischen Ghetto –, so wird diese Verantwortung zu einer Aufforderung, Solidarität mit jenen auf der anderen Seite der Mauern zu zeigen. Dies kommt, wie Celan schreibt, »zwar selten vor, geschieht aber zuweilen doch«. »Man kann verjuden«, so nennt Celan diese Möglichkeit. Und man könnte mit Derrida hinzufügen: »Andere mögen das Gleiche sagen, nur eben auf eine andere Weise«.[25]

Celan sagt es auf Deutsch, aus seiner eigenen Erfahrung heraus, aus seiner Situation als jüdischer Dichter, der in der Sprache der Täter nach dem Holocaust Gedichte schreibt. Er sagt es mit der allumfassenden Ambivalenz der schmerzhaften Erinnerung und der leisen Hoffnung auf eine andere Zukunft. Dieser Erinnerung und dieser Hoffnung gibt er einen Namen, in dem sein Vermächtnis, sein Schicksal, seine Geschichte Widerhall finden. Celan sagt dies auf Deutsch, und zwar in einem bestimmten Deutsch, das nicht seine Sprache ist, sondern eine Sprache, die er sich im poetischen Sprechakt zu eigen macht. »Auf diese Weise«, so Derrida über sein eigenes jüdisches Erbe, »dauert das Schwanken und die Unentscheidbarkeit an, und ich darf wohl sagen, so sollen diese andauern, um sich in die dunkle und unsichere Erfahrung der Aufnahme eines Erbes einzuschreiben. Jedenfalls«, so Derrida weiter, »habe ich dieser Erfahrung in mir nicht

25 Wenn Celan diese Notiz letztendlich nicht in seine in Deutschland im Jahre 1960 gehaltenen Büchnerpreis-Rede aufgenommen hat, so vielleicht, weil er meinte, dass die Lage noch nicht reif war für diese Worte, dass Deutschland zu diesem Zeitpunkt noch nicht genügend »anders geworden« war, um diese Verwandlung des Wortes »verjuden« nachzuvollziehen.

Einhalt gebieten können, und sie hat die Entscheidungen und die Verantwortungen bedingt, die mein Leben geprägt haben«.[26] Ähnlich setzen sich die Schwankungen zwischen singulärer Erbschaft und universeller Bedeutung in Celans »Man kann verjuden« fort. Sie sind eingeschrieben in sein Leben und in seine Gedichte. Gerichtet sind diese an einen anderen, oder, wie es in seiner »Meridian«-Rede heißt, »vielleicht an einen ganz Anderen«, vielleicht aber auch an uns.

26 Derrida: Abraham, S. 33.

Exil und Exemplarität. Jüdische Wurzellosigkeit als Denkfigur

»Der Herr wird dich und deinen König, den du über dich gesetzt hast, unter ein Volk treiben, das du nicht kennst, noch deine Väter« (Deut. 28,36), so die vielleicht expliziteste der zahlreichen, vielfältigen und unterschiedlich deutbaren Darstellungen des Exils in der hebräischen Bibel. Der Vers gehört zur Liste der Flüche, oder eher der Drohungen, die gegen Ende von Deuteronomium und damit der fünf Bücher Moses' dem Volk Israel verkündet werden. Die Fluchtirade, die mit den Worten: »Es soll geschehen: Hörst Du nicht auf seine, deines Gottes Stimme …« (Deut. 28,15) beginnt, folgt auf eine Aufzählung von Segen, die über das Volk kommen werden, wenn es den Geboten folgt, darunter das Versprechen einer Heimat »in dem Land, das Gott ihm gegeben hat«. Wie die Vertreibung aus dem Paradies und die rastlose Wanderschaft Kains, der in der Fremde »von allen getötet werden kann«, ist das Exil in diesem Fluch als Strafe, als leidvolle Lage dargestellt. Unmittelbar auf die Drohung der Vertreibung unter ein fremdes Volk folgt ein in diesem Zusammenhang bemerkenswerter und – wie die stark voneinander abweichenden Übersetzungen zeigen – weniger eindeutiger Vers: »Und wirst ein Scheusal und ein Sprichwort und Spott sein unter allen Völkern, dahin dich der Herr getrieben hat.« (Deut. 28,37) In dieser Luther'schen Übersetzung erscheinen auch diese Worte eindeutig als Fluch und Strafe. Doch der hebräische Wortlaut: והיית לשמה למשל ולשנינה בכל העמים אשר ינהגך יהוה שמה erlaubt eine weniger negative Deutung. Von Luthers scheltender Sprache, die zweifellos von seiner negativen Sicht auf die »verstockten«, als Fremde unter anderen Völkern lebenden Juden gefärbt ist, unterscheidet sich Martin Bubers Übersetzung des Verses: »da wirst du«, heißt es in seiner *Die Schrift* genannten Verdeutschung der hebräischen Bibel, »zu einem Staunen, / zu Gleichnis und Witzwetzung, / unter allen Völkern wohin Er dich treibt.«[27] Ein seltsamer, onomatopoetischer Neologismus steht bei Buber anstelle von Luthers »Spott«, anstelle von »Scheusal« verheißt er das »Staunen« der anderen Völker über das exilierte Volk und statt von »Sprichwort«, das im biblischen Kontext und sicher im Sinne Luthers als mahnende Parabel aufzufassen ist, spricht er von »Gleichnis«, in dem über die biblische Gleichnisrede hinaus auch Angleichung mitklingt und das

27 Das Buch Reden. In: Die Schrift, S. 111.

auch Exempel, Metapher oder, allgemeiner, Denkfigur bedeuten kann.

Offensichtlich will Buber die angedrohte Strafe abschwächen, die Lage der Exilierten einer neuen Wahrnehmung zuführen und das negative Urteil über das unter anderen Völkern lebende, heimatlose Volk neutralisieren, wenn nicht umkehren: Im Staunen, das die Fremden hervorrufen, ist auch Verwunderung, wenn nicht gar Bewunderung angelegt. Der Neologismus »Witzwetzung« ist dem Ausdruck »die Zunge wetzen« nachempfunden und dieser dem Schärfen von Messern, wobei – anders als in Luthers »Spott« – mörderische Gewaltsamkeit auf Seiten der Täter mitklingt. Bemerkenswert ist jedoch vor allem Bubers Übersetzung des hebräischen משל (*mashal*) als »Gleichnis«. Ohne die Bedeutung des abschreckenden Beispiels auszuschließen, den der biblische Fluch zweifellos impliziert, erlaubt Bubers Übersetzung von משל in den neutralen Terminus einer rhetorischen Sprach- bzw. Denkfigur die Erkundung der Möglichkeiten und Grenzen einer figurativen Bezugnahme auf die Tradition und Geschichte des jüdischen Exils. Sie erschließt damit das Potential, diesem eine universelle Tragweite und Bedeutung zu verleihen.

Manche Bibelstellen, die das Exil thematisieren, laden eher zu metaphysisch-existentiellen, andere zu politischen Deutungen ein. Wenn diese beiden Dimensionen zuweilen auch miteinander verschränkt sind, so ergeben sich dennoch fundamentale Unterschiede in der Valenz ihrer Bedeutungsebenen.[28] Als universelle *conditio humana* der Entfremdung des Menschen von der Natur, vom Mitmenschen und von Gott nach der Vertreibung aus dem Paradies ist das Exil universell; es ist, bis auf Weiteres – bis zur Ankunft des Messiah –, die unentrinnbare Regel des Daseins. Anders erscheint das biblische Exil im politischen Sinn: Dort wird, wie im Deuteronomium, das verfluchte und vertriebene Volk zur Ausnahme unter anderen, eingesessenen, beheimateten Völkern. Es wird, je nach der historischen, politischen und gesellschaftlichen Disposition des Betrachters, zum Inbegriff des umherirrenden, exponierten Fremdlings oder, positiv gewendet wie vielfach im philosophischen und theoretischen Diskurs der letzten Jahrzehnte, um den es hier gehen soll, zum richtungsweisenden, nachahmungswürdigen Exempel.

Die positive Auffassung jüdischen Exils ist keineswegs nur eine Erscheinung der Moderne. In der Nachfolge der Vertreibung von der Iberischen Halbinsel erweitert und vertieft sich – quasi als Trost – in

28 Arnold Eisen: Exile, in: Contemporary Jewish Religious Thought, S. 220-1.

der lurianischen Kabbala die metaphysische Auffassung des Exils. Die Gefäße der Welt als solche wurden zerschlagen, Gott selbst ist mit seinem Volk ins Exil gewandert, das »Schicksal Israels«, so Gershom Scholem, wurde in all seiner schrecklichen Wirklichkeit »im tiefsten Grunde ein Symbol des wahren Standes allen Seins, ja sogar [...] des göttlichen Seins«.[29] Die Lage des jüdischen Volks im Exil entspricht in diesem für die spätere Moderne einflussreichen Denken der Lage der aus dem Paradies vertriebenen Menschheit und steht symbolisch der Illusion all jener entgegen, die meinen, sich auf Erden eine Heimat schaffen und gar territorialen Besitz beanspruchen zu können. Ob negativ als Inbegriff einer verwerflichen Wurzellosigkeit oder positiv als Träger der Einsicht in die existentielle Unbehaustheit des Menschen auf Erden wird jüdisches Exil über Jahrhunderte hinweg zum Gleichnis, als das es Bubers Übersetzung zufolge schon im Deuteronomium bestimmt war.

Als Gleichnis wurde jüdisches Exil zum literarischen Motiv, zur philosophischen Denkfigur, zum Politikum. Als Verkörperung einer verwerflichen Wurzellosigkeit erscheint es in der judenfeindlichen Rede vom »Verjuden«. Wie Steven Aschheim, der die Geschichte dieses Begriffs nachgezeichnet hat, zeigt, stützte sich die Warnung vor einer Angleichung an und Kontaminierung durch die heimatlosen Juden auf metaphorische Konstruktionen. Schon seit den Anfängen christlicher Theologie, so Aschheim, »hat der Jude nicht nur die Verschiedenheit verkörpert, sondern ist zu einer Metapher für Häresie überhaupt geworden, zu einem Symbol der Subversion, egal ob deren Akteure selbst jüdisch waren«.[30] Hat in diesem Kontext die Metaphorisierung jüdischer Andersheit teil an der judenfeindlichen Rede, so wurde sie unter entgegengesetzten Vorzeichen gerade als Möglichkeit der Umkehrung oder Unterwanderung dieser Haltung funktionalisiert. Formen dieser Inversion bzw. Subversion sind bei vielen jüdischen Autoren der Moderne von Franz Rosenzweig über Walter Benjamin und Hannah Arendt bis Leon Feuchtwanger und Siegfried Kracauer zu finden. So zürnt Rosenzweig jenen Völkern, die »mehr am Land hängen als an ihrem Eigenleben als Volk«.[31] Im Unterschied zu diesen wird

29 Gershom Scholem: Kabbala und Mythos, in: Zur Kabbala und ihrer Symbolik, S. 156.

30 Steven Aschheim: Culture and Catastrophe: German and Jewish Confrontations with National Socialism and Other Crises, S. 47, orig.: »[...] the Jew not only embodied dissent, he also became a metaphor for heresy itself, symbol of subversion whether or not its agents were themselves Jewish«.

31 Franz Rosenzweig: Der Stern der Erlösung, S. 333.

> zum Volke das Volk [der Juden] … in einem Exil, dem egyptischen wie nachher dem in Babel …Und die Heimat, in die sich das Leben eines Weltvolks einwohnt und einpflügt, – dem ewigen Volk wird sie nie in solchem Sinne eigen … es behält steht die Ungebundenheit eines Fahrenden und ist seinem Lande ein getreuerer Ritter wenn es … draußen weilt und sich nach der verlassenen Heimat zurücksehnt … er selbst ist nur ein Fremdling und Beisaß in seinem Lande.[32]

Während allerdings Rosenzweig die territoriale Verhaftung für eine Affirmation der Blutgemeinschaft eintauscht, wird bei anderen – so etwa Arendt – mit der Verwurzelung im Boden auch die Volksgemeinschaft in Frage gestellt. Was dabei vom Jüdischen bleibt – nicht nur Arendt, sondern auch Benjamin und sogar gewissermaßen Freud beantworten dies mit einem ebenso unumstößlichen wie unerklärten »Wesentlichen«, mit einer Behauptung von dessen Selbstverständlichkeit. Nichtsdestoweniger wird jüdisches Exil, das sie alle erlebt und erlitten haben, in ihrem Denken in der einen oder anderen Form als kritische Alternative zum territorialen Nationalismus eingesetzt.

Das kritische Potential dieses Gestus ist jedoch besonders in der Nachkriegszeit offensichtlich. In der Nachfolge der nationalsozialistischen Verbrechen lag es tatsächlich für viele Denker der Moderne nahe, den jüdischen Mythos der ewigen Wanderschaft und des Exils und die darin begründete Privilegierung einer geistigen Verwurzelung im Gesetz, im Wort, im Buchstaben als Alternative zu nationalen oder geographischen Wurzeln zu reaktivieren und das alte Politikum unter umgekehrtem Vorzeichen aufzugreifen: das Exil-Judentum als Sand im Getriebe der Nationalismen verschiedenster Provenienz. Jene, die sich dabei auf die jahrhundertealte Tradition und Geschichte des jüdischen Exils berufen, wollen dabei zum einen die feindliche Sicht auf das wurzellose, jüdische Volk umkehren und zum anderen in der jüdischen Exiltradition eine universell gültige Alternative zur Blut-und Boden-Ideologie und darüber hinaus zu jeglicher nationalistischen Identitätspolitik, ja zu jeder Fixierung einer kollektiven, aber auch individuellen Identität überhaupt propagieren. Die Gleichzeitigkeit dieser Anliegen sieht sich allerdings mit zwei Fragen konfrontiert. Wie kann gerade jüdisches Exil als positive, ja exemplarische Exterritorialität herangezogen werden, ohne dabei die jüdische Leidensgeschichte – die immer auch eine Geschichte des Leidens *am* Exil

32 Ebd.

ist – auszublenden? Und wie kann die Wertvorstellung des Außer-sich-Seins, des Nicht-Identischen im Rückgriff auf eine partikulare Identität konzipiert werden, ohne dabei – von jüdischer Seite – in einen nationalen Selbstbestätigungsdiskurs, oder – von nichtjüdischer Seite – in eine vereinnahmende Fremdbestimmung zu verfallen?

In den Schriften von Sartre und Blanchot bis Edward Said und Judith Butler über Hannah Arendt, George Steiner, Bernard-Henri Lévy, Emmanuel Levinas, Jean-François Lyotard, Philippe Lacoue-Labarthe, Jean-Luc Nancy und nicht zuletzt Derrida selbst, wie auch in literaturwissenschaftlichen Analysen[33] findet sich dieses Motiv in vielfachen Variationen und Modalitäten. Diese reichen von der Auffassung eines konkreten, real existierenden jüdischen Volks, das diese Wurzellosigkeit aufgrund seiner Geschichte und Tradition als universelle Botschaft zu *vermitteln* hat oder – bereits ein wesentlicher Unterschied – diese Botschaft *verkörpert*, bis zu metaphorischen Bezügen auf jüdische Wurzellosigkeit, in der konkrete Erscheinungen des Jüdischen geradezu als Hindernis oder Gegensatz zur Identitätsauflösung stehen, die in der Denkfigur anvisiert wird. Unterschiedliche Situationen – wer wo und wann spricht – und unterschiedliche Grade der Metaphorisierung – von Modell und Beispiel zu Symbol und Metapher – führen zu grundsätzlich unterschiedlichen Vorstellungen. So handelt es sich um einen fundamental anderen Gestus, ob jüdisches Exil von Nichtjuden als nachahmungswürdiges Modell einer politischen Haltung gepriesen oder als fremdbestimmtes und ahistorisches Mythologem zum Symbol gemacht wird, ob es als Umkehrung von Opfer in Vorbild zum Zwecke einer wiedergutmachenden Rehabilitation genutzt oder als Metapher zur Projektionsfläche eigener Befindlichkeiten verwendet wird. Ebenso ist es von jüdischer Seite nicht das Gleiche, ob es als tröstliche Sinngebung einer leidvollen geschichtlichen Erfahrung konzipiert oder in einem identitätspolitischen Rahmen als Aufwertung der eigenen Tradition eingesetzt wird. Die Denkfigur einer Universalisierung des jüdischen Exils ist ein prekärer Diskurs: Er droht entweder – von jüdischer Seite – in eine fragwürdige Selbstaffirmation der eigenen kollektiven Identität zu verfallen oder – von nichtjüdischer Seite – in die usurpierende An-

33 Vgl. z.B. Bernd Witte: Jüdische Tradition und literarische Moderne. Heine, Buber, Kafka, Benjamin; Anne Kuhlmann: Das Exil als Heimat. Über jüdische Schreibweisen und Metaphern, S. 198-213, hier 198. Siehe auch Andreas B. Kilcher: ›Volk des Buches‹. Zur kulturpolitischen Aktualisierung eines alten Topos in der jüdischen Moderne, S. 43-58.

eignung einer partikularen Tradition, die dieser im gleichen Atemzug ihre kulturelle und geschichtliche Partikularität versagt.

Das Musterbeispiel einer fragwürdigen Universalisierung jüdischen Exils von Seiten eines jüdischen Denkers nach 1945 ist zweifellos George Steiner. In einem Elie Wiesel gewidmeten Artikel mit dem Titel »Eine Art Überlebender« schreibt er:

> Die angebliche Wurzellosigkeit der Juden, ihr »Kosmopolitentum« womit sie von Hitler, Stalin, [...] öffentlich gebrandmarkt worden sind, ist ein von der Geschichte aufgezwungener Zustand. [...] So unbequem aber dieser Zustand im äußersten Falle ist, bleibt er doch nicht ohne weitere Bedeutung, wenn wir ihn akzeptieren. [...] Jeder Massenantrieb in der modernen Politik, jede totalitäre Absicht lebt vom Nationalismus, dem Narkotikum des Hassens [...]. *Hier könnte der Jude* – oder zumindest einige Juden –, auch wenn es seinem gequälten Willen, seiner Müdigkeit zuwider ist, *eine exemplarische Rolle spielen, nämlich beweisen, daß solange die Bäume Wurzeln haben, die Menschen Beine haben und einer des andern Gast ist* [Hvh. V.L.]. Selbst eine *Great Society* ist eine begrenzte, vorübergehende Angelegenheit, verglichen mit dem freien Spiel des Geistes und der anarchischen Disziplin seiner Träume.[34]

In einer polemischen Auseinandersetzung mit Steiner hat Moshe Idel, der wichtigste lebende Kabbala-Forscher, der allgemein als (allerdings abtrünniger) Nachfolger Gershom Scholems betrachtet wird, Steiners Haltung der Ungeschichtlichkeit und einer verfälschenden Sicht auf die jüdische Tradition und Geschichte bezichtigt, die ihm zufolge im Grunde die gesamte Verwendung der modernen Denkfigur des jüdischen Exils betrifft. Idel beschuldigt Steiners Vorstellung eines »jüdischen Geistes« des Essentialismus und der illegitimen Metaphorisierung, seinen Rückgriff auf den Topos der Juden als »›Volk des Buches‹« der falschen Verklärung (Alte Welten, 108), die jüdischem Leben, das in gleichem Maße auf Ritus und Gemeinschaftlichkeit beruhe, keineswegs gerecht werde und lediglich als Konstrukt moderner Intellektueller fortwirke, die jeglichen Bezug zum lebenden Judentum vermissen lassen. Ebenso harsch ist seine Kritik an Steiners Idee des jüdischen Exils: »Es dürfte nur wenige Juden gegeben haben«, so Idel, »welche die ständige Wanderschaft für mehr als einen

34 George Steiner: Eine Art Überlebender, in: ders.: Sprache und Schweigen. Essays über Sprache, Literatur und das Unmenschliche, S. 29-30.

schlichten Fluch hielten, der an das unstete Schweifen von Kain gemahnte. Etwas anderes zu behaupten ist, von historischem Standpunkt aus, schiere Verdrehung oder Anachronismus« (Alte Welten, 108). Doch diese Kritik, so berechtigt sie historisch auch sein mag, impliziert eine generelle Zurückweisung jeglichen Fortschreibens der jüdischen Tradition unter den Bedingungen, Ansprüchen und Wertvorstellungen der Moderne und mündet letztlich in einen Rückzug in einen geschlossenen jüdischen Partikularismus. Anstelle einer Überprüfung der historischen Authentizität ihres Anspruchs soll Steiners Aussage hier auf ihren eigenen Gestus hin geprüft werden.

Steiners Rhetorik ist verführerisch. Als geschichtlich gewordener Entwurzelter vertritt für ihn der Jude in seiner Sonderstellung eine universalistische – und scheinbar universelle – Ethik. Diese explizit gegen Heideggers »Rhetorik des Wohnens« und der Beheimatung[35] gerichtete Ethik müsste sich allerdings auch die Vorstellung des Juden als exemplarischer Nation der Wurzellosen versagen, an der er sehr wohl festhält. Steiner war sich des Problems offensichtlich bewusst, als er die Relativierung – »zumindest einige Juden« – einfügte: Wenn nicht der Jude als solcher, sondern nur »einige Juden« die Funktion der Wurzellosigkeit verkörpern, so bleibt offen, was die Berufung auf Juden dann noch bedeutet, ob diese Rolle frei gewählt und verteidigt sein muss oder ob ihnen diese eben *als Juden*, im Namen einer unhinterfragten Zugehörigkeit zum jüdischen Volk oder seiner überlieferten Tradition zufällt. In Steiners Ausführung gehen ferner eine gewaltsame historische Entwurzelung – eher *eradication* –, auf die er selbst hinweist, und die schöne Wurzellosigkeit des freischwebenden Intellekts nahtlos ineinander über, Geschichte löst sich in Mythos auf. Fraglich werden dadurch auch die Tragweite und Aussagekraft von Steiners Polemik: Seine Verwischung des Unterschieds zwischen Zwangsexil und Kosmopolitismus wie auch die selbstbestätigende Idee einer exemplarischen Rolle des eigenen Volks entkräften sein Gegenwort zum nationalistischen Gift unserer Zeit.

Bernard-Henri Lévy, ein anderer Verfechter jüdischer Exil-Identität, beruft sich nicht wie Steiner auf den Mythos des wandernden Juden, sondern direkter auf die biblische Tradition und deren universelle Botschaft:

35 Steiner: *Überlebender*, S. 263. Siehe Martin Heidegger: ›...dichterisch wohnet der Mensch ...‹, S. 57-71.

> Man erfasst nichts von der Größe der biblischen Botschaft, wenn man Privileg, Chauvinismus, Nationalismus in einer Auserwähltheit zu erkennen glaubt, deren erste Sorge es ist, das Subjekt aus seiner zeitlosen Lokalität, seinen archaischen Geographien, diesen wilden und spontanen Verwurzelungen zu entreißen, die immer und unvermeidlich Ursprung von Grausamkeit sind.[36]

Wie Steiner verfängt Lévy sich im Paradox, weiterhin im Namen eines Volks und dessen überlieferten Selbstverständnisses die Ideologie des Völkischen unterwandern zu wollen. Zwar geht es ihnen nicht um geographische Wurzeln, doch bleibt ihre Argumentation einer Denkweise verhaftet, die im Namen einer partikularen mythischen, biblischen oder transhistorischen Überlieferung allgemeine Verhaltensweisen für die Menschheit entwirft, die einer solchen Zuschreibung prinzipiell entgegenstehen.

Komplexer, weil gleichzeitig weitreichender und widersprüchlicher als bei Steiner und Lévy, ist die Denkfigur des jüdischen Exils bei Emmanuel Levinas. Sein gesamtes Werk ist auf eine Ethik der Entwurzelung ausgerichtet. Das Kernstück seiner Philosophie, die Konstituierung ethischer Subjektivität in der Exponiertheit an das Gesicht des Anderen deutet Levinas im Sinne eines exilischen Modells: *la face de l'autre* zwingt das Subjekt aus seiner Selbstbefangenheit hinaus und sprengt jede Vorstellung von Autonomie. In seinen philosophischen Schriften verbleibt Levinas bei der Beschreibung dieser Subjektivitätsauffassung in Abstraktionen der Exteriorität. In seinen sogenannten konfessionellen oder jüdischen Schriften hingegen – vor allem in *Difficile liberté* – entspricht diese universelle Struktur der biblischen Botschaft Abrahams, der im Gegensatz zu Odysseus nicht heimkehrt, sondern dem Ruf Gottes – des absolut Anderen – Gehör verleiht und auszieht aus dem eigenen ins fremde Land. Levinas verleiht der Analogie zwischen der Struktur der Subjektivität und dem jüdischen Gründungsmythos in Abrahams Auszug aus seinem Vaterland in seinem Essay »Heidegger, Gagarin und wir« ausdrücklich kollektive Züge. Die Botschaft des Judentums steht hier explizit gegen Heideggers Begriff des Wohnens, den dieser als Antwort auf die Geworfenheit des Menschen vorstellt. Levinas' Lob jüdischer Ent-

36 »On n'entendra rien non plus à la grandeur du message biblique si on voit privilège, chauvinisme, nationalisme, dans une Élection dont le premier souci est d'arracher le sujet de ses localités sans âge, ces géographies archaïques, ces enracinements sauvages et spontanés qui sont toujours et inévitablement source de cruauté.« Bernard-Henri Lévy: Le Testament de Dieu, S. 160.

wurzelung, für die er Begriffe wie Exil und Exteriorität austauschbar einsetzt, richten sich gegen Heideggers Verhaftung an den Ort, die er dessen Heidentum zuschreibt. Eine Loslösung aus dieser Gebundenheit an den Ort ist für Levinas die Grundbedingung jeder Ethik und Politik: »Das Eingepflanztsein in eine Landschaft, die Verbundenheit mit dem *Ort*, ohne den das Universum bedeutungslos würde und kaum existierte – eben dies ist die Spaltung der Menschheit in Einheimische und Fremde.«[37] Die universelle Botschaft des Judentums liegt für Levinas in der Negation dieser Verwurzelung und spielt auch in seine Unterscheidung zwischen Judentum und Christentum hinein: Jenseits ihrer heidnischen Residuen vertritt die christliche Doktrin eine falsche Auffassung der jüdischen Treue zum Buchstaben. Diese gilt nicht einer Unterwerfung des Geistes, sondern einer Entwurzelung vom Boden. Wenn Levinas diese Gegenposition zur Verwurzelung als die eigentliche Botschaft des Judentums identifiziert, liegt damit der Widerspruch zwischen der universalistischen Ausrichtung seiner philosophischen Schriften und seiner Privilegierung der jüdischen Denktradition offen zu Tage. Mit Nachdruck unterscheidet er die in der Abraham-Geschichte suggerierte Idee des jüdischen Exils von Heideggers Begriff der Geworfenheit: Im Gegensatz zu dessen Verhaftung in einer Auffassung von der Schicksalshaftigkeit des Daseins übernimmt Abraham in seiner Antwort aus freien Stücken die Verantwortung für seinen Auszug aus seinem Vaterland. So unterscheidet Levinas, anders als Steiner, grundlegend die freiwillige Entwurzelung, die er bejaht, vom historischen Zwangsexil. Wie Steiner, und vielleicht noch fundamentaler als bei diesem, gerät bei Levinas die Denkfigur des jüdischen Exils zur nationalen Selbstbestätigung.

Erscheint bei Levinas, ähnlich wie bei Steiner und Lévy, die Universalisierung des jüdischen Exils als widersprüchliche »nationale *Selbstaffirmation*« (im Sinne Derridas), so nimmt es bei Denkern wie Sartre, Blanchot und Lyotard Züge einer fragwürdigen Aneignung eines Philosophems an, das sich gerade der Aufgabe des Eigenen verschrieben hat. Die positive Inversion des alten Stereotyps des wurzellosen Juden kommt bei Sartre vor allem in seiner Bestimmung des Bewusstseins als »Für-sich« zum Ausdruck, das immer schon von einer Selbstdistanz gezeichnet ist und das Sartre in expliziter Berufung auf jüdisches Exil als »diasporique« beschreibt.[38] Sartre hat bekanntlich in *Réflexions sur la question juive* das Judesein als

37 Ebd., S. 175.
38 Vgl. Jean Paul Sartre: L'Être et le Néant, S. 138.

Eigenschaft bestimmt, die dem Juden von einer judenfeindlichen Außensicht zugeschrieben wird, und hat damit dem Judentum jegliche Autonomie bzw. Tradition, Schrifttum und Selbstbestimmung abgesprochen – eine Haltung, die er Jahre später zurückgenommen hat. Gleichwohl hatte er an der Inversion des jüdischen Exils zu einem universellen Seinsmodus maßgeblich Anteil. Von einer metaphorischen Aneignung kann bei ihm allerdings kaum gesprochen werden, insofern er keine Identifizierung mit dem Judentum bzw. keine jüdische Identität impliziert, sondern lediglich eine strukturelle Analogie entwirft.

Anders Blanchot, der vor allem unter dem Einfluss seines Freundes Levinas eine komplexe Verstrickung zwischen seiner Bestimmung der Literatur und dem Judentum inszeniert. Der Jude ist dabei nicht länger, wie bei Steiner, Arendt oder Levinas, der Träger einer Botschaft für die Menschheit, sondern ausdrücklich eine Metapher, in der seine aktive Beteiligung, wenn nicht seine Präsenz überhaupt verschwindet: In einem impliziten Dialog mit Levinas verschiebt Blanchot kaum merklich, aber umso signifikanter, dessen Auffassung einer universell gültigen, vom Judentum verkündeten »Ethik der Wurzellosigkeit« und transformiert sie in eine Poetik der Wanderschaft, die er metaphorisch mit jüdischem Exil assoziiert.[39] Dieses steht für Blanchot, wie auch für Levinas, im Gegensatz zu einer von Heidegger vertretenen heidnischen Fixierung auf den Ort. Während Levinas aus einer ethischen Perspektive gegen Heidegger anschreibt, geschieht dies bei Blanchot im Namen der Literatur. Sie bedient sich nach ihm jener Sprache, die sich jeglichem Gebrauch widersetzt. Sie ist ohne Fundament und Telos und ihre Wege sind Umwege ohne Ziel und Zweck und daher, so Blanchot, mit der Metapher des jüdischen, in der Wüste umherirrenden Volks zu beschreiben. In einem kritischen Kommentar zu dieser Gleichsetzung weist Levinas darauf hin, dass die Juden in der Wüste auch den Gottesbund eingehen und zum Volk werden. Diese Kritik kann allerdings Blanchots metaphorischer Konstruktion wenig anhaben: In seiner Theorie der literarischen Sprache ist die figurative Rede keiner äußeren Realität verpflichtet. Sie ist gerade insofern authentischer als die begriffliche Sprache der Philosophie, weil sie ihr referentielles Scheitern eingesteht. Die Metapher muss sich keiner historischen Wirklichkeit gegenüber verantworten, denn sie ist ein performativer und destabilisierender Akt. Kaum überraschend ist daher auch, dass Blanchot die Ethik der Entwurzelung, die

39 Vgl. Maurice Blanchot: L'espace littéraire, S. 91-2.

Levinas dem Judentum zuschreibt, »nomadisch« nennt und dabei das Leiden am Exil, das die jüdische Geschichte durchzieht, ausblendet:

> Wenn das Judentum dazu bestimmt ist, eine Bedeutung für uns anzunehmen, dann liegt diese darin zu zeigen, dass man immer bereit sein muss aufzubrechen, denn hinausgehen (nach draußen gehen) ist die Forderung, der man sich nicht entziehen kann, wenn man die Möglichkeit eines Bezugs zur Gerechtigkeit aufrechterhalten will. Die Forderung, sich loszulösen, die Bejahung der nomadischen Wahrheit.[40]

Das Judentum wird bei ihm zur reinen Metapher der Negation jeglicher Identität und Zugehörigkeit, zur »Forderung der Fremdheit« (*exigence de l'étrangeté*), zur Exteriorität des Sprechens, das sich, so Blanchot, in der Vorsilbe »ex« der Worte »exil, exode, existence, extériorité, étrangeté« entfaltet.[41] Die gleitende Verschiebung dieser Begriffe ist selbst ein performativer Akt, der die Grundlagen der referentiellen Sprache unterwandert. Die Metapher an sich ist wie der exilierte Jude: ein störender Fremder, ein Eindringling in einen fremden Kontext. Sie ist »*impropre*« im Sinne von un-*eigen*tlich, also selbst verirrt, und die Ordnung der Identitäten verwirrend: der Jude als Metapher, die Metapher als Jude. In diesem Zirkelschluss droht allerdings die von Blanchot propagierte Exteriorität selbst verloren zu gehen.

Als Metapher des Nicht-Identischen findet jüdisches Exil seine Apotheose in Lyotards *Heidegger et les »juifs«*. In seiner Unterscheidung zwischen »juifs« mit und ohne Anführungszeichen trennt er die Denkfigur der exilischen Nicht-Identität säuberlich von den historischen Juden. So spricht er vom »Schicksal dieses Nicht-Volks von Überlebenden. Juden und Nichtjuden, deren Zusammensein keiner Authentizität einer ursprünglichen Wurzel verdankt, sondern der Schuld einer unendlichen Anamnese.«[42] Juden, die sich als solche bezeichnen, sind für ihn demnach schlechte »juifs«, insofern sie eine Identität für sich beanspruchen oder ihr Gebot des Eingedenkens

40 Maurice Blanchot: L'entretien infini, S. 195. »Si le judaïsme est destiné à prendre un sens pour nous, c'est bien en montrant qu'il faut, en tout temps, être prêt à se mettre en route, parce que sortir (aller au dehors) est l'exigence à laquelle l'on ne peut se soustraire si l'on veut maintenir la possibilité d'un rapport de justice. Exigence d'arrachement, affirmation de la vérité nomade.«

41 Ebd., S. 18.

42 Jean-François Lyotard: Heidegger et les »juifs«, S. 152.

nicht, wie gute »juifs« dies tun sollten, im Bewusstsein einer sublimen Unsagbarkeit erfüllen, sondern im referentiellen oder narrativen Rückgriff auf ihre partikulare Geschichte. Auch hier gehen Geschichte und Mythos ineinander über.[43] Lyotard hat dieses Vorgehen später selbst zurückgenommen und der Eile und Dringlichkeit zugeschrieben, die ihn angesichts der Heidegger-Affäre zu diesem Text veranlasst hat. In seinen späteren Schriften wendet er sich in seiner Metaphorisierung des Juden dem Topos des »Volks des Buchs« zu. In der unendlichen, der ewigen Wanderschaft des Exils angeglichenen, weil nie ankommenden Lektüre, die in der jüdischen Exegese der heiligen Schriften schon angelegt war, rehabilitiert er die »realen Juden« und ihre Tradition. Deren historische Exilerfahrung gerät aber auch hier außer Sicht.

Auf einen ersten Blick ist dies bei Derrida ähnlich. Und doch ereignet sich in seiner Auseinandersetzung mit dem Judentum als Denkfigur der Wurzellosigkeit etwas anderes. Weit davon entfernt, die konkrete historische Erfahrung zum Verschwinden zu bringen, konfrontiert Derrida den Anspruch jüdischer Exemplarität mit seiner eigenen Situation und seinem eigenen Schreiben: Er verflicht seine theoretischen Überlegungen mit persönlichen Erinnerungen an seine Kindheit in Algier und seine frühen Erfahrungen antisemitischer Diskriminierung, die er als autobiographischen Ursprung seiner Kritik an jeglichen »nationalen Affirmationen« und der »Versuchung der Exemplarität« beschreibt. Das Zusammenspiel seiner Durchkreuzung der Metapher, die er als Aporie ausweist, und der realitätsbezogenen Erzählung der eigenen Erfahrung ermöglicht ein Denken, das das Jüdische als geschlossene Identitätskonstruktion verweigert und gleichzeitig dessen Geschichte des Leidens am Exil eingedenk bleibt.

Ähnliches findet sich bei Paul Celan. Wie Derrida die Metapher in der Aporie zum Implodieren bringt und in den Abgrund des eigenen Strudels stürzt, so wendet sich auch Celan gegen ihre vernichtende Wirkung auf die Wahrnehmung der Singularität der Phänomene. In einem Brief an Peter Szondi schreibt er: »[A]uch dieser ganze Metaphern-Trend kommt aus dieser Richtung; man überträgt, um … fort- und abzutragen, man verbildlicht, was man nicht wahr-

43 Blanchot hat Lyotards Stellungnahme bis auf einen Punkt befürwortet: Er reagiert kritisch gegen die Anführungszeichen um »juif«, denn um als sich-selbst-durchstreichende Trope fungieren zu können, darf keine Unterscheidung zwischen reellen und metaphorischen *Juifs* gemacht werden, da sonst ein referentieller Rest bleiben würde. Vgl. Sarah Hammerschlag: The Figural Jew. Politics and Identity in Postwar French Thought, S. 196.

haben, wahrnehmen will.«[44] Man könnte diese Aussage im Sinne von Boyarins Kritik am Verlust des Konkreten in der Metaphorisierung des Jüdischen lesen, doch ganz anders als der Historiker streicht Celan wie Derrida die Tropen und Metaphern auf eine Weise durch, die sie noch in ihrer Negation auf eine universelle Bedeutung hin öffnet und dabei gleichzeitig die Singularität der Erfahrung bewahrt. In seinem am 9. April 1966 (in der Pessach-Woche) geschriebenen und 1968 als letztes Gedicht des Zyklus »Eingedunkelt« publizierten Gedicht »Mit uns« vergegenwärtigt Celan jüdisches Exil durchaus im Sinne der anderen hier besprochenen Autoren. Wie bei allen oben erwähnten Denkern der Nachkriegszeit wird es auch bei ihm zum Gegenwort der mit Heidegger assoziierten Vorstellungen von Verwurzelung und Beheimatung und darüber hinaus der nationalsozialistischen Blut-und-Boden-Ideologie. Auch im Gedicht wird die Alternative zu dieser Bodenständigkeit mit Schrift und Buchstabe assoziiert. Doch findet darin weder Verklärung statt, noch Selbstbestätigung. Der Vereinnahmung werden die Wege versperrt, und das Gedicht selbst wird zum unumstößlichen Widerstand gegen das Vergessen des Leidens, des Leidens am Exil.

Mit uns, den
Umhergeworfenen, dennoch
Fahrenden:

Der eine
unversehrte,
nicht usurpierbare,
aufständische
Gram.[45]

In einem kurzen, zweiteiligen Satz ohne Verb spricht Celan als »wir« und sagt, was mit ihm und jenen, mit denen er ist, »mit-ist«. Das im ersten Vers anklingende »Mitsein« Heideggers wird erst im zweiten Vers, in dem das Wir bestimmt wird, vernehmbar: Das Wir sind die »Umhergeworfenen, dennoch«. Es sind und sind auch nicht die heideggerschen Geworfenen, die als Dasein in die Welt Geworfenen. Es sind vielmehr die »Umher-«, die von einem Ort zum anderen Geworfenen, die Vertriebenen und Verjagten. Und es sind vor allem jene,

44 Paul Celan; Peter Szondi: Briefwechsel, S. 40.
45 Paul Celan: Die Gedichte, S. 268.

die »dennoch«, die trotzdem nicht Heimat suchen, nicht wohnen, um sich der Geworfenheit zu erwehren. Es sind jene, die dieser Tröstung im »dennoch« trotzen, die das Passivum des schicksalhaft Geworfen- wie des geschichtlich Umhergeworfen-Seins in eine selbstbestimmte Handlung umkehren: Es sind die Fahrenden. Es könnten dies die Zirkuskünstler Rilkes sein, die Artisten und Vagabunden, die Ortlosen und Unsteten, die melancholisch Umhertreibenden. Aber Celans Fahrende gewinnen ihre Bedeutung aus dem »dennoch«: Anders als Rilkes Fahrende sind die von Celan die Vertriebenen und Verjagten, die trotz der Leiderfahrung des Umhergeworfen-Seins dennoch der Versuchung der Beheimatung widerstehen, die ihr in ihrem selbstbestimmten Fahren als Widerstand widerstehen. Es sind – denkt man an die Entstehungszeit des Gedichts in der Pessach-Woche – vielleicht, aber nicht notwendigerweise die Juden, die die Fahrt in die Wüste antreten, in der sie zum Volk werden und geloben, der leidvollen Erfahrung in Ägypten zu gedenken. Aus dem Eingedenken an das Leiden im Exil erhebt sich der Wille zum Widerstand, der genährt ist von dem, was beharrlich, unvermindert und unumstößlich feststeht:

> Der eine
> unversehrte,
> nicht usurpierbare,
> aufständische
> Gram.

Es ist der eine unüberwindbare, Trauer und Zorn verbindende, rebellische Gram, der diese Fahrenden verbindet und sie begleitet. Er steht nicht metaphorisch für sie ein, bestimmt keine Identität, sondern ist *mit* ihnen. Er ist nicht zu gebrauchen und nicht zu vereinnahmen, er steht aufrecht inmitten aller Bewegungen. Im zwei Jahre später entstandenen Gedicht »Niemals, stehender Gram« steht der Gram ebenfalls aufrecht, nicht stolz, nicht triumphierend, aber standhaft. Dort heißt es am Schluss:

> und kein Mimetiker, noch so gelettert,
> schrieb je ein Wort auf,
> das rebelliert.[46]

46 Ebd, S. 526.

Der Gram ist in diesem Gedicht der Einwand gegen die »Mimetiker«, die Freunde der Metapher, die »noch so gelettert[en]«, die Gebildeten, die Bebildernden, die keines Widerstands, keines Stehens und Entgegenstehens fähig sind. Der in »Mit uns« beschworene Gram ist aufständisch und steht wie der Buchstabe dieses Gedichts, das aufrechte Gram und Grammaton, die griechische Letter, vereint in der konkreten und singulären Wirklichkeit des Gedichts, das offen ist für alle Mitfahrenden, die ihn teilen.

Coda: Der neue Antijudaismus

In den letzten Jahren hat der Diskurs über das jüdische Exil, in dessen Zentrum die Frage um die Juden und den Ort steht, im Kontext aktueller Entwicklungen im kontinentalen Denken einen immer politischeren Ton angenommen. Heutige Denker führen affirmativ die Exemplarität des jüdischen Exils im Zusammenhang einer Kritik des Zionismus an. Innerhalb dieses Diskurses wird die Kritik an Juden, die sich als jüdisch identifizieren und der Universalisierung des metaphorischen »Juden« widerstehen, radikalisiert. Gleichzeitig wird die Metapher im Zeichen der zeitgenössischen politischen Situation konkret aufgeladen: Die Idee des Exils als Kern des Judentums wird gegen dessen angebliche aktuelle zionistische Verfälschung ausgespielt. Diese Argumentationslinie erscheint bei vielen Denkern, die ansonsten abweichende politische Perspektiven vertreten, beispielsweise bei Judith Butler, Giorgio Agamben oder Alain Badiou.[47]

In ihrem Buch *Parting Ways* schreibt Butler, die sonst jegliche essentialistische Identitätskonstruktionen ablehnt, den Juden als solchen eine Neigung zur Exilexistenz zu. In »Who owns Kafka?«, ihrem Artikel zum Erbschaftsprozess des Nachlasses von Max Brod, der auch Manuskripte Kafkas enthält, behauptet sie Ähnliches: »The exilic is proper to Judaism and even to Jewishness.«[48] Butler setzt diese Eigenschaft mit Kafkas Schreibweise in Verbindung, die sie eine »Poetik des Nicht-Ankommens« (*poetics of non-arrival*) nennt. Dieses Nicht-Ankommen hält sie der zionistischen Selbstwahrnehmung eines An- und Heimkommens der Juden im Land Israel entgegen: »What I hope to show is that a poetics of non-arrival pervaded [Kafka's] work and affects, if not afflicts his love letters, his parables

47 Vgl. Gianni Vattimo und Michael Marder: Deconstructing Zionism.
48 Judith Butler: Who Owns Kafka?

about journeys, and his explicit reflections on both Zionism and the German language«.[49] Butler charakterisiert Kafkas Schreiben überzeugend als unendlichen Aufschub. Aber sie präsentiert nicht nur ihre eigene politische Interpretation und seinen Schreibmodus sowie dessen angebliche Unvereinbarkeit mit dem Zionismus (als ultimative »Ankunft«) als unbestreitbar, sie kommt auch selbst an einer fixen und unveränderlichen Position an. Indem sie sich selbst »positioniert«, widerspricht Butler ihrem eigenen Ideal von Kafkas »Poetik des Nicht-Ankommens«.

Galt es also ursprünglich nur, die feindliche Sicht auf das »parasitäre« jüdische Volk umzukehren und die jüdische Exiltradition zum universell gültigen Modell gegen Blut-und-Boden-Ideologien zu erheben, so ging diese Denkfigur zunehmend seltsame Bündnisse ein. In den Schriften einiger prominenter Philosophen von heute wie Giorgio Agamben, Gianni Vattimo, Slavoj Žižek und Alain Badiou geht sie eine überraschende Allianz mit vermeintlich längst vergessenen, aus christlichen Substitutionstheorien stammenden, nunmehr jedoch explizit atheistisch gewendeten Vorstellungen vom Judentum ein. Der neue Held ist dabei der Apostel Paulus, der von diesen Denkern jeweils als Befreier vom jüdischen Religionsgesetz, als Offenbarer des lebendigen Geistes im Kampf gegen den toten Buchstaben und als Erfinder des wahren Universalismus gefeiert wird.[50] Antisemitismus sollte das, was diese Denker betreiben, nicht genannt werden. Der Antijudaismus,[51] um den es hier geht, ist gleichzeitig älter und neuer, und er ist unheimlicher, weil er im Namen einer vorgeblichen Menschheitsumarmung und einer anarchischen Befreiung vom Gesetz heute im Umfeld von Philosophie, Literaturwissenschaft und Kulturtheorie das real existierende Judentum zum Verschwinden bringt. Zwei Fallbeispiele sollen zur Illustration dieser Erscheinung dienen.

In einem kurzen Text mit dem Titel »Ostern in Ägypten« in seiner Essaysammlung *Die Erzählung und das Feuer* interpretiert der italienische Philosoph Giorgio Agamben eine Zeile aus einem Brief von Paul Celan an Max Frisch und Ingeborg Bachmann vom 15. April 1959. Darin entschuldigt sich Celan, auf die Einladung der Freunde, sie in der Schweiz zu besuchen, nicht eingehen zu können. Seine

49 Ebd., S. 4.
50 Vgl. Christian Strecker, Joachim Valentin (Hg.): Paulus unter den Philosophen.
51 Zum Begriff »Antijudaismus« siehe David Nierenberg: Anti-Judaism. The Western Tradition.

Absage begründet Celan damit, dass er zu den jüdischen Ostern nach London fahren werde, um dort das Pessach-Fest zu feiern, das des Auszugs aus Ägypten gedenkt, wie er es einer »alten Tante« versprochen habe: »[N]un werde ich, obgleich ich mich keineswegs erinnere, jemals aus Ägypten ausgezogen zu sein, dieses Fest feiern, in England, bei meinen Verwandten, die, wenn sie auch kein ungesäuertes Brot mehr essen, dieses Fest begehen«.[52] Eingenommen von Celans »paradoxer Situation innerhalb des Judentums« kommentiert Agamben:

> Als Jude lebt Celan noch in Ägypten, so als ob der Auszug der Juden unter Moses' Führung, dessen das jüdische Osterfest feierlich gedenkt, noch nicht, jedenfalls ohne ihn stattgefunden hat. Das ist weit mehr als sich zur *galut*, zum Exil und zur Diaspora zu bekennen, die die Juden für gewöhnlich mit der zweiten Zerstörung des Tempels beginnen lassen. Celan nimmt sich vom Exodus aus, verortet sich in einem Judentum ohne Moses und ohne Gesetz. Er ist in Ägypten geblieben, ob als Gefangener, Freier oder Sklave, bleibt offen, gewiss ist nur, dass er kein anderes Zuhause kennt als Ägypten. Ich glaube nicht, dass es möglich ist, sich ein Judentum vorzustellen, das dem zionistischen Ideal fremder ist.[53]

Agambens Bewunderung für Celans vermeintliche Stellung zum Judentum beschränkt dieses allerdings auf die Zeit vor dessen Entstehung als die Volks- und Religionsgemeinschaft, die es wesentlich ist. Im Geiste des Paulus hebt er damit das am Sinai offenbarte mosaische Gesetz und das dort entstandene »alte« Gottesbündnis nicht nur auf, sondern lässt es gar nicht erst aufkommen. Dass er für seinen Antizionismus bereit ist, die Unterscheidung zwischen Sklaverei, Gefangenschaft und Freiheit aufzugeben – eine Unterscheidung, die mit dem Exodus immerhin den Auszug aus Ägypten bis in die *Negro Spirituals* hinein zu einer transkulturellen Referenz von Freiheit gemacht hat –, ist bedenklich. Vor allem wenn Celans Satz in Celans eigenem Kontext gelesen wird. Der Ausspruch: »Obwohl ich mich keineswegs daran erinnere, jemals aus Ägypten ausgezogen zu sein« könnte eine von zwei Bedeutungen haben: Er könnte lediglich den Kernsatz des Pessach-Rituals wiedergeben, das darauf abzielt, nicht die Erinnerung an ein Ereignis in der Vergangenheit nachzubilden,

52 Brief von Paul Celan an Max Frisch, Paris, 18.4.1959; in: Ingeborg Bachmann, Paul Celan: Herzzeit. Der Briefwechsel, S. 302.

53 Agamben, Die Erzählung und das Feuer, loc. 726.

sondern explizit die Befreiung von der ägyptischen Sklaverei performativ wieder zu erleben, *als ob* man selbst dort gewesen wäre. Oder Celan könnte sein Gefühl zum Ausdruck bringen, dass die Erfahrung der Befreiung für ihn nie eingetreten ist. Wenn sich Celan vom Exodus ausnimmt, so wohl kaum, um sich »in einem Judentum ohne Moses und ohne Gesetz« zu verorten. Als traumatisiertes Opfer des Holocaust blieb er selbst in einem permanenten Zustand der Unfreiheit. In beiden Fällen steht »Ägypten« bei Celan für eine Zeit und einen Ort des Leidens. Agamben hätte Celan etwas Besseres wünschen können, als dort zu verharren.

Wie Agamben, nur in schrilleren Tönen, vereint der französische Philosoph Alain Badiou einen neuen Antizionismus mit einem alten Antijudaismus in säkularem Gewand. Auch sein Schirmherr ist Paulus, den er im Titel seines Buches zum Thema den »Erfinder des Universalismus« nennt.[54] In seiner Polemik gegen den jüdischen Partikularismus fordert Badiou das Ende des Sonderstatus, der ihm zufolge aufgrund der Naziherrschaft dem Wort »Jude« zuteilwird.[55] Im gleichen Zuge stellt er, wie Agamben, das real existierende Judentum in Frage, nur geht er nicht hinter dessen Anfänge zurück, sondern über diese hinaus. Im Namen eines »kommenden Judentums« opfert er alles, was dieses bislang konstituiert: seine Geschichte, sein Volkstum und, vielleicht am Überraschendsten, seine Schrifttradition. Im Kontext eines Philosophenstreits mit Eric Marty,[56] der Badiou des Antisemitismus bezichtigt hatte, schreibt dieser:

> In diesem Zusammenhang ist es wichtig, die folgende Frage zu stellen: Was ist der Wunsch der kleinlichen Fraktion [von Badious Feinden], die der selbsternannte Besitzer des Wortes ›Jude‹ und seiner Verwendungen ist? Was erhofft sie sich zu erreichen, wenn sie, unterstützt durch die Trias der Shoah, des Staates Israel und der talmudischen Tradition – das SIT, das es charakterisiert, jeden der öffentlichen Verachtung aussetzt, der behauptet, man könne diesem Wort einen universellen and egalitären Sinn verleihen?[57]

Als griffige Abkürzung klingt SIT wie das Markenzeichen eines neuen Feindbilds. »Man müsste dahin kommen – ich weiß wie

54 Alain Badiou: Saint Paul. La fondation de l'universalisme.
55 Alain Badiou: Circonstances 3. Portées du mot »juif«.
56 Vgl. Eric Marty: Une querelle avec Alain Badiou, philosophe.
57 Alain Badiou in *Le monde*, 2.2.2006. Siehe auch: https://www.lacan.com/badword.htm.

schwierig dies ist –, den Holocaust zu vergessen«, so Alain Badiou 2005 in einem Interview, in dem er diese Aussage in den Kontext des israelisch-palästinensischen Konflikts stellt. Mit seiner Erwähnung des Talmud spielt Badiou nicht mehr die Verbundenheit mit einem Land gegen die Fixierung auf den Buchstaben und das Buch aus, sondern verurteilt im gleichen Atemzug auch das »Volk des Buchs«. In seiner Polemik gegen einen jüdischen Staat[58] ruft Badiou dazu auf, nicht nur diesen Staat, sondern das Wort »Jude« – (*le mot juif*) aufgrund seines Partikularitätsanspruchs abzuschaffen. Der Jude ist für ihn also nicht länger, wie etwa bei seinen Vorgängern Blanchot oder Lyotard, das Symbol des Nicht-Identischen und auch nicht mehr der Entterritorialisierte *par excellence*, sondern der Name eines neuen, noch zu schaffenden Orts. Dieser Ort ist das »neue Palästina«, das, so Badiou, nicht nur eine lokale Situation darstellt, sondern ein Symbol der ganzen Menschheit ist. Ganz im Sinne des Paulus, den Badiou den exemplarischen Juden, den »juif entre les juifs« nennt, soll der Jude für einen jüdisch verorteten Universalismus stehen, in dem es »weder Juden noch Griechen« gibt. Die Folgen dieses Postulats sind unerbittlich: Das gute Judentum ist ohne historische, nationale, ethnische oder religiöse Spezifizität. In diesem Sinne liegt die Schlussfolgerung auf der Hand: »Wenn wir einen neuen Ort schaffen müssen, dann ist dies, weil wir einen neuen Juden schaffen müssen.«[59] Damit wäre – wohl mit den besten Absichten – nicht nur die Frage des jüdischen Exils, des jüdischen Eingedenkens oder der jüdischen Schrifttradition gelöst, sondern, endlich und endgültig, die Judenfrage überhaupt.

58 Hierzu äußert sich Badiou im Kontext seiner Kommentare zu Udi Alonis Film *Local Angels*.

59 Badiou, Polemics, 207; Circonstances 3, 86.

Beflügelte Worte, verwundete Stimmen. Hartman über Midrasch und Zeugenschaft

> Emotional und intellektuell stimme ich mit Emerson überein, aber empirisch und geistig bin ich dem Punkt näher, an dem Midrasch und Kafka sich überschneiden.[60]

Elemente der jüdischen Tradition inspirieren auch im späten zwanzigsten Jahrhundert Sichtweisen auf die Moderne. In den Schriften Geoffrey Hartmans, eines amerikanischen Literaturwissenschaftlers deutsch-jüdischen Ursprungs, verweisen sie zudem auf die Rolle, die Literatur darin spielen kann, die Spannung zwischen dem Judentum und anderen Formen westlichen Denkens aufrechtzuerhalten. In seinem wegweisenden Essay »Der Midrasch als Gesetz und Literatur« (*Midrash as Law and Literature*), aus dem das obige Motto stammt, situiert sich Geoffrey Hartman zwischen der romantischen Vision einer kosmischen, auf Dichtung und Natur beruhenden Einheit und der Diskontinuität und Fragmentierung, die den gemeinsamen Grund der jüdischen Kommentarpraxis und der modernistischen Literatur bilden. Die Spannung zwischen diesen beiden Polen liegt einigen von Hartmans bedeutendsten Schriften zugrunde. Nur in seinen Gedichten lässt Hartman der Sehnsucht nach Einheit und Ganzheit gelegentlich freien Lauf:

> The heart pleads one cry.
> Not this or that
> Not more or less
> But all. All.
>
> Das Herz fleht mit einzigem Schrei.
> Nicht dies oder jenes
> Nicht mehr oder weniger
> Sondern alles. Alles.[61]

60 »Emotionally and intellectually, I am with Emerson, but empirically and spiritually I'm closer to the point where Midrash and Kafka intersect.« Geoffrey Hartman: *The Third Pillar: Essays in Judaic Studies*, S. 86. Im Text als »Third Pillar« mit Seitenangabe zitiert.

61 Geoffrey Hartman: *The Eighth Day: Poems Old and New*, S. 11.

In dieser ersten von Hartmans »Fünf Elegien« (*Five Elegies*), veröffentlicht in *Der achte Tag* (*The Eighth Day*) im Jahr 2013, erschallt ein metaphysischer Urschrei, ein Sehnen nach Totalität und Einheit, das in der Struktur, dem Sinn und dem Klang der Verse zum Ausdruck kommt. Der Chiasmus, der »ein Schrei« im ersten Vers mit dem abschließenden monosyllabischen »*All*« vereint, umfasst das »dies oder jenes«, das »mehr oder weniger« und damit die Vielfalt differenzierter, fragmentarischer und unvollständiger Phänomene in einer erstickenden Umarmung. Das Gedicht ist keine Hymne, sondern eine Elegie. Weit davon entfernt, die Existenz einer solchen kosmischen Einheit zu behaupten, beschwört das Gedicht sie mit Worten herauf, die unausgesprochen ihre Abwesenheit beklagen. Der Schrei »Alles« am Schluss, an sich schon ein majestätischer Satz, ist nichts als ein monumentales Echo, das im Leeren verhallt. Er folgt den dichtesten Beschreibungen des Preises, den man für dieses Absolute bezahlen muss: den Abschied von »diesem oder jenem«, die Absage an das, was konkret, begrenzt und auf das menschliche Maß von »mehr oder weniger« zugeschnitten ist. Diese Negation alles Spezifischen verabschiedet – mit »diesem« und »jenem«, mit »mehr« und »weniger« – zugleich auch das »oder«, das nicht nur eine Trennung, eine Unsicherheit und ein Zögern bedeutet, sondern auch die Möglichkeit einer Alternative, eine Fluchtmöglichkeit aus der Einschließung.

Diese romantische Sichtweise gehört zu den frühesten und vorrangigen Topoi in Hartmans literaturwissenschaftlichen Studien. Selbst wenn sein Interesse sich später anderen Forschungsbereichen zuwendet, bleibt diese Sichtweise als Kontrastfolie oder Prüfstein ein Gegenstand seiner Sehnsucht. Über Jahrzehnte hinweg hinterlässt sie ihre Spuren in seinen kritischen und theoretischen Schriften und widersteht ständig wechselnden Angriffen: Modernismus, Dekonstruktion und das Interesse für die Literatur des Traumas rücken das Fragmentarische und das Zufällige, das Nicht-Synthetisierbare und das Zerrissene in den Vordergrund. Im Unterschied zu vielen seiner Mitstreiter in der Blütezeit der Literaturtheorie verschreibt sich Hartman nie ganz der Differenz, dem Aufschub und der endlosen Zerstreuung des Sinns.

Die schwierigste Herausforderung für seine Zusammenschau von romantischer Sehnsucht und Dekonstruktion dürfte wohl Hartmans Begegnung mit Texten des Judentums sein. Als »Jäger des verlorenen Schatzes«[62] sucht er den Schätzen, die von uralten anti-jüdischen

62 »[R]aider of the lost arc« (Third Pillar, 85).

Feinden vergraben wurden, ihren Wert wiederzugeben. »Sich durch die Mauer stehlend wie ein Dieb in der Nacht« (Third Pillar, 85) betritt er das Gelände, das von jüdisch-orthodoxen Wachen beschützt wird, die alle Eindringlinge abwehren. Der Schatz, den er erobert und uns überliefert, besteht in den raffinierten, von ihm angewandten Strategien, mit denen er diesen abenteuerlichen Überfall gleichzeitig an mehreren Fronten durchführt. Die zentralen Herausforderungen bei dieser seiner Rettungsaktion liegen im Bereich des Begrifflichen.

In »Midrasch als Gesetz und Literatur« (Third Pillar, 85-101) kontrastiert Hartman jüdische Schriften – die hebräische Bibel, den Talmud und den Midrasch-Kommentar – mit verschiedenen Begriffen von Einheit, Kontinuität und Totalität sowie mit Traditionen, die auf einen derartigen Begriff von Ganzheit zurückgehen. Er befasst sich mit der griechischen Tradition, insbesondere der aristotelischen Poetik der Einheit, sowie mit der Exegese der Kirchenväter, die alle Widersprüche der Texte und alle losen Enden unter eine einzige und kohärente Vorausdeutung auf das Reich Christi subsumiert, aber vor allem mit der romantischen Vision des Kosmos als einer in sich ruhenden Ganzheit, des »*All*«, das in Hartmans Elegie angerufen wird.

In seinem Essay über den Midrasch ist diese Vision durch Ralph Waldo Emerson vertreten, den Autor der berühmten Zeile: »Ich bin nichts; ich sehe alles«.[63] Ein Zitat aus Emersons Tagebuch bietet Hartman den Anknüpfungspunkt für seine Gegenüberstellung von romantischer Ganzheit und jüdischer Fragmentierung: »Weg mit diesem jüdischen Lumpensack mit Stoffresten und Quasten von Brokat, Samt und Tuch aus Gold; lasst mich einige Yards oder Meilen nützlichen Bindfadens spinnen, ein Knäuel, das mich zu einer königlichen Wahrheit hinführt.«[64] Bestürzt über diese herabwürdigende Bemerkung über die Juden, ist Hartman zwischen der Loyalität zum romantischen Dichter und der Verteidigung jüdischer Texte hin- und hergerissen. Emersons Einheit von Allem, hauptsächlich der Menschen, der Natur und der Dichtung, bildet einen Gegensatz zu der endlosen Häufung exegetischer Möglichkeiten und möglicher begehbarer Wege, von denen keiner zu einem zwingend notwendigen Endziel führt. Die konfliktgeladene Treue Hartmans mag seinen ambivalenten Ansatz bei seiner Widerlegung Emersons erklären. Er argumentiert einerseits, dass es an Lumpensäcken, Plunder, an »diesem

63 Ralph Waldo Emerson: Nature and Selected Essays, S. 39.
64 Ralph Waldo Emerson: The Heart of Emerson's Journals, zitiert in Third Pillar, S. 86.

oder jenem« nichts auszusetzen gibt, andererseits, dass Lumpensäcke in Wirklichkeit die raffiniertesten Gewebe sind, die eine ganz eigene Bindekraft besitzen. Diese eher widersprüchlichen Behauptungen führen zu tiefgreifenden Einsichten darüber, wie geschlossene Totalität und fragmentarische Unendlichkeit, »Alles« und »dies oder jenes«, in Beziehung gesetzt werden können, ohne sie miteinander zu versöhnen.

Die Anspielung auf den »jüdischen Lumpensack«, so beginnt Hartman seine Verteidigung von jüdischen Texten und Kommentaren, braucht nicht unbedingt »eine Beleidigung zu sein«. In der Tat weist die Tora keine formale Einheit auf, wie sie nach Aristoteles zu definieren wäre, noch streben Midrasch und Gemara die gezielte Exegese der Kirchenväter an, die mit ihrer unzweideutigen, allumfassenden Interpretation alle Ungereimtheiten und Widersprüche auflöst. Der jüdische Kommentator, der *darshan*, sucht »die negativen Züge des Textes (Inkohärenz, Ellipsen, das Missverhältnis zwischen geschichtlichen Tatsachen und religiöser Erwartung) zu retten« (Third Pillar, 90) und sie auf eine Linie mit bestehenden religiösen Werten zu bringen. Er unterlässt es jedoch, sich auf eine höhere, von Gott bestimmte Einheit zu berufen und betrachtet die Unstimmigkeiten und Lücken als getreue Wiedergaben *menschlicher* Komplexität. Auch rabbinische Kommentare, die auf einer Kombinatorik von Buchstaben und Zahlen beruhen – eine Praxis, die sie durch die Heiligkeit der hebräischen Sprache rechtfertigen –, werden als hermeneutische Entdeckungen geschätzt und nicht als Beweise für eine einzelne, transzendente Wahrheit gewertet. Folglich ist die »Unendlichkeit des Sinns« (Third Pillar, 97), die der rabbinische Midrasch suggeriert, der Kontingenz des Alltags näher als einem mystischen Verständnis der Sprache als Emanation des göttlichen Namens. Darüber hinaus betrachtet Hartman das Fragmentarische des Midrasch-Kommentars sowohl als das sprachliche Korrelat eines metaphysischen Zustands – der Vertreibung aus dem Paradies oder des kabbalistischen »Zerbrechens der Gefäße« – als auch eines historischen Traumas: der Zerstörung des Tempels in Jerusalem. Fingierte Einheit oder Harmonie wäre eine beschönigende Lüge oder, schlimmer noch, Verrat am jüdischen Gedächtnis.

Hartman folgt jedoch zudem einer anderen Logik, die auf dem Nachweis beharrt, dass die Tora und ihr Kommentar in der Tat eine Einheit bilden, wenn auch eine andere als die der altgriechischen Poetik, die der christlichen substitutionstheologischen Allegorese oder vor allem die des romantischen »*All*«. Im Gegensatz zur aristotelischen Einheit eines klassischen Kunstwerkes fehlt der Tora die Einheit von Ort und Zeit. Sie lädt deshalb zur Kommentierung, zur nichttotalisierenden Exegese ein, oder mehr noch: Sie heißt sie willkommen. Tora und Midrasch bilden zusammen eine erneuerbare, performative Einheit eines Absoluten – der »buchstabengetreuen« Schrift – und die der schöpferischen Freiheit der Interpretation. Die Hermeneutik des Midrasch bietet Raum umherzuschweifen, dennoch wird sie nicht Opfer frei stehender Willkür, bewahrt sie doch den heiligen Urtext.

Mit aufmunternder, von Wortspielen und Paronomasien durchsetzter Formulierungskunst spricht Hartman vom Midrasch als von einer Literatur, die an das heilige Wort gekettet sei, aber dennoch diesseitiger sei als andere seiner zeitgenössischen bibelbezogenen Gattungen. Indem der Midrasch es ablehne, »die heiligen Texte als eine geheimnisvolle Leere« (Third Pillar, 92) zu behandeln, übersetze er die Heilige Schrift in eine »Sprache der Alltagsworte, die den menschlichen Möglichkeiten gemäß ist« (Third Pillar, 94).

Dieser zugleich erhabene und profane Aspekt des Midrasch kennzeichnet auch Hartmans Betrachtungen über Zeugenschaft nach der Shoah. Tatsächlich weisen die Schriften Hartmans aus zwei scheinbar nicht verwandten Bereichen – der jüdischen Texttradition und der Erinnerung an den Holocaust – eine ähnliche Spannung auf. Diese Spannung liegt seiner Idee des Judentums und deren Beziehung zur Literatur und zum Kommentar zugrunde. Sie kann mit Hartmans Bezeichnung des »Punkt[s], an dem sich Midrasch und Kafka überschneiden«, begrifflich gefasst werden. Ein Fragment aus Kafkas Tagebüchern, das vollständig in Kapitel 8 zitiert wurde, veranschaulicht diesen Verbindungspunkt:

> [V]om zurückgekehrten Scheintoten und vom zurückgekehrten Moses kann man viel lernen, aber das Entscheidende kann man von ihnen nicht erfahren, denn sie selber haben [es] nicht erfahren. Und hätten sie es erfahren, so wären sie nicht mehr zurückgekommen. Aber wir wollen es auch gar nicht erfahren.[65]

Kafka stellt eine Analogie zwischen der furchtbarsten und der erhebendsten Erfahrung her – der Konfrontation mit dem Tod und der Begegnung von Angesicht zu Angesicht mit Gott – und reflektiert über die Beziehung zwischen diesen Erfahrungen und dem gewöhnlichen

65 Franz Kafka: Nachgelassene Schriften und Fragmente II, S. 141.

Leben. In Kafkas Text führen beide Begegnungen mit dem Absoluten beim Individuum keineswegs näher zum Wahren oder Wesentlichen, sondern, anstatt sich der Totalität zu ergeben, paradoxerweise zu einem stärkeren Bedürfnis, sich dem Alltäglichen zuzuwenden. So vertiefen diese extremen Erfahrungen die Sorge für die gewöhnliche Welt. Zudem generieren sie, selbst wenn man weder die eine noch die andere dieser Begegnungen bis zum Letzten erfahren kann, wertvolle Erzählungen. Es gibt also eine unausgesprochene Verbindung zwischen diesem »Wertvollen« – Geschichten oder Texte – und einer intensiveren Sorge für das gemeinsame, alltägliche Leben.

Hartmans Reflexionen über die Zeugnisse derjenigen, die dem Tod in der Shoah entkommen sind, und die Schriften der Offenbarung der jüdischen Tradition weisen ein ähnliches Muster auf. In beiden Fällen unterstreicht sein Verfahren die Spannung zwischen einerseits der Attraktion zu einem unsagbaren Absoluten, das sich der Darstellbarkeit entzieht, das Alltägliche erschüttert und dem menschlichen Verstehen unzugänglich bleibt und andererseits einem humanisierenden Impuls, der sich auf das Intelligible, das Gemäßigte und das Konkrete richtet und der die unreine Vielfalt des alltäglichen Lebens annimmt. Für Hartman wie für Kafka kehren sowohl der Überlebende, der beinahe dem Tod begegnet war, wie auch Moses, der beinahe Gott begegnet war, vom Abgrund wie von den Himmelshöhen mit wertvollen Erzählungen zurück, um über ihre Begegnung mit einem anderen Reich zu sprechen. Hartman zufolge kann aber diese Andersheit nicht vollständig erreicht werden – es bleibt als Sublimes unverfügbar, und man sollte der Versuchung widerstehen, darin einzudringen. Stattdessen würden die aus der Erfahrung mit dem Außergewöhnlichen gewonnenen Worte – seien sie Zeugnis des Traumas oder Heilige Schrift, lebendige Stimme des Zeugen oder göttliches Gebot – uns als hörbare oder geschriebene Texte überliefert. Ähnlich wie in Kafkas Tagebuchaufzeichnung schreibt Hartman ihren Wert nicht so sehr ihrem Ursprung in einer jenseitigen Welt als ihrer Wirkung auf die kleinen Dinge der alltäglichen Existenz zu. In diesem Sinne sind diese Texte selbst Vermittler der Begegnung zwischen dem unnennbaren Absoluten und dem menschlichen Bereich. Die Stoßrichtung der »jüdischen« Schriften Hartmans zeigt sich in der Rolle, die Textualität und Kommentar in der Überlieferung dieser Erfahrungen spielen: Sie sind mehr als nur Mittel der Tradierung, sie konstituieren vielmehr komplexe Wiederinszenierungen dessen, was erfahren wurde. Wiederholt zieht Hartman in seinen Schriften sowohl über Zeugenschaft wie über die Heilige Schrift die Metapher des »Kampfs« heran.

Zeugenschaft und der Kampf mit dem Trauma

In einem Schlüsselsatz aus »Zeugenschaft und Authentizität«, einem Kapitel aus seinem Buch *Scars of the Spirit*, spricht Hartman über den Kampf zwischen Zeugenschaft und Trauma.[66] Sein Essay inszeniert diesen Antagonismus in der Gegenüberstellung von zwei Auffassungen von Sprache, Rede und Diskurs im Schatten der Shoah. Die eine begreift den Holocaust als ein Trauma, das die menschlichen Fähigkeiten, die Ereignisse des Grauens zu registrieren, gesprengt hat und macht damit jegliche Nacherzählung oder Darstellung des Geschehenen unmöglich bzw. illegitim: Nur ein abgründiges Schweigen ist dem unsagbaren Grauen angemessen. Die andere räumt zwar die Grenzen und Unzulänglichkeiten der Rede ein, dem Grauen der Geschehnisse gerecht zu werden, plädiert aber dennoch für die Restitution der individuellen Stimmen und die Aufzeichnung der Einzelheiten der Ereignisse, vor allem durch die Bewahrung der spezifischen Erinnerungen der Überlebenden. Hartman strukturiert seinen Essay entlang einer Reihe von Gegensätzen zwischen diesen beiden Auffassungen. Er beginnt damit, dass er Victor Klemperers Tagebücher lobt, in denen dieser »eine Vielfalt von zutreffenden Einzelheiten« aufgezeichnet habe, »die den Albtraum vermitteln« (Scars, 85). Dann wendet er sich dem bekannten Spruch Primo Levis zu, dass die einzig wahren Zeugen diejenigen sind, die nicht mehr Zeugnis ablegen können,[67] diejenigen, die, wie in Kafkas Text über den Scheintod, in Wirklichkeit nicht mehr zurückkehren können: »die Untergegangenen, die Toten« (Scars, 86). Hartmans Erörterung eröffnet diese Dichotomie, indem er Jean-François Lyotards und, ausführlicher, Giorgio Agambens Antworten auf Levi, denen von Dori Laub, einem Psychiater, der als Kind die Shoah überlebte, gegenüberstellt. Hartman weist die Verortung authentischer Zeugenschaft in abgründigem Schweigen und extremer Passivität ab. In seiner Auseinandersetzung mit Lyotard argumentiert Hartman, dass dieser Denker eines postmodernen Erhabenen, das sich der Darstellung und der kommunikativen Rede entzieht, zu Unrecht seine Vision eines *différend* – eines inkommensurablen und daher nicht zu schlichtenden Widerstreits – auf die Zeugenschaft der Shoah überträgt. Ebenso verwirft Hartman die Vorstellungen Agambens, dem Denker des liminalen Indifferenzpunkts, der

66 Geoffrey Hartman: Scars of the Spirit. Im Text als »Scars« mit Seitenangabe zitiert.

67 Primo Levi: The Drowned and the Saved, S. 70.

den »Muselmann« der Konzentrationslager und dessen völlig passive und stumme Existenz an der Schwelle zwischen Menschlichem und Unmenschlichem als den »eigentlichen Zeugen« (*integral witness*) betrachtet. Diese Auffassung, behauptet Hartman, vernachlässige und entwerte die Zeugenschaft der Überlebenden und ersetze eine empirische Erkundung ihrer Erfahrungen durch eine nur scheinbar beredte Stummheit. Hartman schließt sich Laub an, der, obwohl auch er die Wirkung des Traumas erkennt, die »beschädigte oder tief begrabene Fähigkeit zu sprechen« (Scars, 88) wiederherstellen und die existierenden Zeugnisse hörbar machen möchte. Allerdings distanziert sich Hartman von Laubs Ansicht, dass das Menschliche auf die kommunikative Sprache beschränkt sei: Auch das Schweigen ist beredt, doch nicht ausreichend, um Zeugnis abzulegen und die Erinnerung an die Vergangenheit für die Zukunft zu bewahren.

Wie Kafka, der in seinen letzten Zeilen von »Über den Scheintod« dem Absoluten den Rücken kehrt – denn »wir wollen«, so versichert er, »es gar nicht erfahren« –, schlägt sich auch Hartman ausdrücklich auf die Seite des aktuellen, des spezifischen, des gesprochenen Zeugnisses. Obwohl das aktuelle Zeugnis des Überlebenden durch den Gebrauch der gewöhnlichen Rede notwendigerweise häufig inkohärent und fragmentarisch, also »unrein« ist und sowohl dem faktischen Irrtum als auch der Banalisierung zu unterliegen droht, verweigert sich Hartman der totalisierenden Geste, die Authentizität in der Leere, im Schweigen, in der Abwesenheit anzusiedeln, die den Kern des Traumas ausmachen. Dementsprechend charakterisiert er den für die Zeugenschaft des Überlebenden geeigneten Adressaten als einen fürsorglichen und sensiblen Gesprächspartner anstelle eines »gebannten« (Scars, 88) Zuhörers, der durch die Gewalt dessen, was er oder sie hört, überwältigt wird.

Bei seinem Versuch, an dieser Intensität auch dann noch festzuhalten, wenn er diejenigen kritisiert, die die aktuellen Zeugnisse zugunsten einer abstrakten Bevorzugung des Zusammenbruchs der Rede abwerten, begreift Hartman das Zeugnis selbst als einen Konflikt zwischen alltäglicher Rede und ehrfürchtigem und erhabenem Schweigen. Die Möglichkeit, die Verstörung *in* der Rede – eher als das Zerreißen *der* Sprache oder ihre Grenzen als solche – *in vivo* einzufangen, macht Video-Aufzeichnungen zu dem von Hartman bevorzugten Medium der Erinnerung an die Shoah. Diese Aufzeichnungen, behauptet Hartman, »erfassen das Ringen mit dem Trauma oder dem Verlust, das den Überlebenden kennzeichnet« (Scars, 96). Dabei macht er geltend, dass dieses Ringen auf den Zuhörer übertragen werde. Wie in der eindrucksvollsten Kunst und Dichtung nach der Shoah ist die Stimme des Zeugens, wie gebrochen, »unzuverlässig, selbsttäuschend, elliptisch und gelegentlich irrtümlich« auch immer sie ist, dennoch – und man könnte hinzufügen, gerade wegen dieser Mängel – »eminent interpretierbar« (Scars, 88). Diese hermeneutische Wende verhindert sowohl die Gleichgültigkeit im Hinblick auf das Spezifische, die sich aus den auf Trauma und Schweigen ausgerichteten theoretischen Abstraktionen ergibt, wie auch die in der Darstellung liegende Gefahr, über den Bruch hinwegzutäuschen. In das Vokabular von Kommentar und Interpretation gefasst, wird, so Hartman, das Zeugnis zum Text. Zugleich wird damit das Risiko, dass sich der Zuhörer mit dem Überlebenden identifiziert – eine Gefahr, die in Aufzeichnungen von Gesprächen mit Zeugen von der Illusion der Präsenz und der Unmittelbarkeit herrührt –, in die Herausforderung verwandelt, den Bund mit dem einzugehen, was Hartman »einen Verbund der Zeugenschaft« (Scars, 88) nennt. In dieser Verbindung spiegelt sich die verwundete Stimme des Zeugen, sein Kampf zwischen Schweigen und Rede, im Kampf des Zuhörers zwischen einem selbstvergessenen Gebannt-Sein von dem, was er hört, und der dem anderen zugewandten, fürsorglichen Aufmerksamkeit.

Auf den ersten Blick scheint Hartmans Haltung der Zeugenschaft gegenüber nicht spezifisch jüdisch zu sein. Seine Annäherung an diese verwundeten Stimmen und seine Annäherung an die Worte der altjüdischen Tradition konvergieren jedoch darin, dass er auf der Interpretierbarkeit der Zeugnisse, auf Nähe und Intimität statt auf Identifikation einerseits oder Distanz andererseits, auf der Einschreibung des Absoluten ins Alltägliche statt dem unsagbar Erhabenen und auf der Beschreibung eines Kampfes gegen ein entmenschlichendes Schweigen beharrt.

Midrasch und das Ringen mit dem Engel

»Beflügelte Worte« (*winged words*, Third Pillar, 112) ist Geoffrey Hartmans Synonym für Engel, und Engel sind es, mit denen der Mensch ringt. Hartman nennt Engel »Hermenunculi« (Third Pillar, 112), ein Neologismus, der sowohl Ehrfurcht als auch Lächeln hervorruft sowie zur Interpretation einlädt: Er evoziert *homunculi*, menschliche, von Alchemisten geschaffene Wesen. Als Träger des hermeneutischen Aktes sind Hermenunculi zweifellos von Menschen gemacht, aber sie spielen auch auf den Götterboten Hermes an. Dieses sowohl witzige als inspirierte Wort erfasst das Ringen zwischen dem Alltäglichen und dem Absoluten, das Hartmans Schriften über den Midrasch durchdringt. Im ersten Kapitel von *The Third Pillar*, »Das Ringen um den Text«, definiert Hartman die Bedingungen dieser Auseinandersetzung als einen Kampf zwischen der göttlichen Stimme – ihrer Einheit, Totalität und Absolutheit – und der menschlichen Rede, einen Kampf, den er im Midrasch-Kommentar beispielhaft inszeniert sieht. Die Parallelen zwischen diesem Kampf und dem zwischen Zeugenschaft und Trauma sind auffallend, allerdings mit dem bemerkenswerten Unterschied, dass das Andere, das in die menschliche Welt einzubrechen droht, im Falle des Midrasch nicht aus dem Abgrund menschlicher Erfahrung kommt, sondern von göttlichen Höhen. Dennoch ist es keine geringere Bedrohung für den Menschen. Die entfesselten Kräfte aus diesen Höhen sind zu überwältigend, als dass sie für den Menschen und seine irdischen Belange Raum lassen würden. Das Ringen mit diesen Mächten ist nicht auf einen Sieg aus, der die Vernichtung des anderen mit sich brächte. Vielmehr ist es ein Ringen um Worte, um eine Antwort in menschlicher Sprache auf die Stimme von oben. Es ist ein Ringen um Worte, die das Risiko vermindern könnten, von einer zu starken, zu gegenwärtigen, zu majestätischen Kraft getroffen zu werden, die so blendend und betäubend ist, dass sie die Textur weltlicher Erfahrung sprengt. Sicherlich erscheinen diese erhabenen Kräfte – ein ekstatisches Hinaufschweben zu höheren Gefilden oder, auf passivere Art, die Öffnung für und das Sich-Unterwerfen unter einen göttlichen Ruf – überaus anziehend und verlockend. Die Manifestationen dieser Kräfte, wie etwa die *bat kol,* die himmlische Stimme, und ihre Wirkungen auf das ihr verfallene Individuum, die Ekstase und Trance, die in einer Sprache ohne Bedeutung und bar der Struktur eines interpretierbaren Zeichens zum Ausdruck kommen, erheben und erleuchten diejenigen, die sie erfahren, wie ein Blitz oder ein *coup de foudre* (Third Pillar, 133). Ihre Intensität berauscht und bewirkt Entrückung und Selbstvergessenheit. Sie bringt auch die Gefahr mit sich, den Menschen, der sie hört, zu lähmen und zum Schweigen zu bringen.

Der Midrasch, der subtil und lebendig auf die Worte der Heiligen Schrift antwortet, lenkt die Kräfte dieses göttlichen Rufs dadurch ab, dass er nach einer Interpretation verlangt. Damit zähmt er ekstatische Höhenflüge in Richtung des übermächtigen Anderen. Der Midrasch bietet eine alternative Antwort auf die Herausforderung der absoluten Andersheit, die von der Erfahrung einer übernatürlichen Erschütterung zu einer ethischen Alterität führt, die den Leser sowohl »unterrichtet« als auch »erweckt« (Third Pillar, 145) und ihn im Zusammenspiel von beidem im Bereich des Menschlichen verankert. Hartmans Schriften über den Midrasch bieten jedoch auch eine Gegenbewegung zu diesem vermenschlichenden Anspruch: Sie beschreiben die hermeneutische Aufmerksamkeit als eine Quelle von Kreativität, die in gewöhnlichen Worten »die Gegenwart eines heiligen Namens oder eines Alphabets« (Third Pillar, 94) enthüllt und dabei die Exegese in eine Form des Gebets verwandelt. Diese doppelt gerichtete Bewegung verleiht der jüdischen *via hermeneutica* ein außergewöhnliches Potential der Wahrung intellektueller, ästhetischer und ethischer Intensität, ohne den totalisierenden Gefahren des Ekstatischen und des Erhabenen zu verfallen. Diese Dualität ist in allen Schriften Hartmans über den Midrasch gegenwärtig und lädt zu einem Vergleich mit seinem Zugang zur Zeugenschaft ein.

Wie bei Hartmans Ansichten über die Zeugenschaft kommt das Schwanken zwischen diesen beiden Polen – dem Erhabenen und dem Prosaischen – auf der Seite des Menschlichen zur Ruhe. Hartman behauptet, dass der Midrasch, indem er Grauen, Furcht und Zittern sowie der erschütternden Plötzlichkeit einer radikalen Transformation entgegenwirkt, sich auf einen Wortschatz der Intimität, Vertrautheit und Nähe beruft, der sowohl übermäßige Distanz als auch symbiotische Verschmelzung verhindert. Wie die Zeugenschaft die gänzliche Identifizierung mit dem Überlebenden als Zeugen verhindern muss, so weist auch der Leser der Heiligen Schrift bei der Lektüre des Midrasch das Verlangen nach Vereinigung ab – diesmal mit dem Göttlichen, das im Judentum das völlige Verschmelzen des Menschen mit Gott verbietet.

Hartmans Misstrauen gegenüber dem Bann beim Wahrnehmen der Zeugenschaft entspricht in seinen Schriften über den Midrasch seinem Misstrauen dem »Leser gegenüber, der der Magie oder dem literarischen Zauber verfällt« (Third Pillar, 108). So wie ein fürsorglicher Gesprächspartner dazu angehalten ist, die Leerstellen des Zeugnisses zu interpretieren, anstatt sie zu sakralisieren, wird der Leser des Midrasch dazu ermutigt, einen interpretativen statt eines überschwänglichen Zugangs zu wählen. Der »Verbund der Zeugenschaft« zwischen dem Überlebenden und dem Zuhörer findet sein Äquivalent in Hartmans Schriften über den Midrasch: Es ist ein »Verhältnis in der Art eines Bundes« (Third Pillar, 88), das Gott und Menschen aufeinander bezieht. Hartman ist gegenüber der Anrufung eines *mysterium tremendum* bei der Definition von Geistigkeit ebenso misstrauisch wie in Bezug darauf, in der Zeugenschaft dem absoluten Schweigen des Traumas ein Monopol auf Authentizität zuzuschreiben. Wie als Echo auf seine Betonung der Interpretierbarkeit des Zeugnisses äußert er seine Sympathie mit dem Prozess, durch den im Midrasch die anfängliche Erschütterung durch die Offenbarung zu »Fragen und Problemen« (Third Pillar, 145) führt, die das Leben des Menschen betreffen.

Zugleich enthüllt ein Vergleich zwischen den Schriften Hartmans über die Zeugenschaft und jene über den Midrasch einen bedeutsamen Unterschied in der Methode, wie die Spannung zwischen dem Absoluten und der Vermenschlichung in diesen beiden Bereichen zu handhaben ist. In seinen Reflexionen über die Erinnerungen Überlebender konzentriert sich Hartman darauf, wie das Absolute des traumatischen Schweigens in die Rede der Überlebenden Einlass findet. Er vollzieht eine dialektische Integration des unsagbaren Absoluten mit der alltäglichen Sprache. Als deren Ergebnis werden die Lücken und Risse – die Spuren des abgründigen Grauens – in der Rede und durch sie aufbewahrt. Zuweilen beschreiben seine Schriften über den Midrasch eine ähnliche Dynamik, so wenn er festhält, dass die Hermeneutik des Midrasch eine Einheit schafft, die den heiligen Urtext bewahrt, ihn aber in eine menschliche Ordnung einfügt. Häufiger aber findet in den Schriften Hartmans zum Midrasch keine solche Synthese statt: Der Sog des Absoluten ist zwar eingedämmt, doch er erhebt sich dennoch in höhere Sphären.

Statt die zwei entgegengesetzten Anziehungskräfte in seinen Schriften über den Midrasch synthetisierend aufzuheben, bringt Hartman das Irdische und das Himmlische in ständigen Nebeneinanderstellungen, Simultaneitäten und Doppelbewegungen ohne definitiven Abschluss zusammen, wobei er nicht vor Paradoxien oder Widersprüchen zurückschreckt. In seinen Formulierungen benutzt er häufig Oxymora: ein »großartiges Flickwerk« (Third Pillar, 86), eine »konservative Form der Gesetzesüberschreitung« (Third Pillar, 109). Auch spricht er wiederholt von einem »Gleichgewicht von Fremdheit und Ähnlichkeit« (Third Pillar, 90) oder von einer erhabenen Stimme, die gleichwohl »eine sehr menschliche Geschichte« (Third Pillar, 90) erzählt. Der Erfindungsreichtum des Midrasch füllt die Lücken, um eine höhere Einheit zu schaffen, bewirkt jedoch gleichzeitig eine auf das Irdische der Menschenwelt gerichtete Korrektur.

Hartman sieht eine gleichzeitige Ausrichtung auf Göttliches und Menschliches in der doppelten Bedeutung des hebräischen Wortes *Ruach*, das sowohl den Geist Gottes wie den Wind bezeichnet. »*Ruach*«, schreibt Hartman, »büßt nie seine Eigenschaft als ein *tre-*

mendum ein, doch als sprechende und verständliche Stimme bewegt es sich in Richtung eines Pathos, das *zugleich* menschlich und erhaben ist« (Third Pillar, 140). Oft bestätigt der Inhalt von Hartmans Argument, in dem sich das Ringen zwischen dem Irdischen und dem Himmlischen abspielt, die Vorherrschaft des Alltäglichen, während seine Ausdrucksform eine andere Sprache spricht, die den prosaischen Inhalt des Gedachten untergräbt. Die Verführung durch die Schönheit des Dichterischen, die – siehe Kant – nie gänzlich vom Erhabenen getrennt werden kann, übt vielleicht eine überwältigende Anziehungskraft auf Hartmans ästhetische Sensibilität aus. Er kann sie weder völlig vernachlässigen, noch kann er sie zu einem dialektischen Abschluss bringen. Wenn sie ihn am meisten fesselt, ist die Prosa Hartmans oft auf eine Weise dichterisch, dass sie zu seinem bereitwilligen Eingehen auf das Alltägliche, das Gemäßigte, das Zahme und das Gewöhnliche in Widerspruch gerät, das sie zu bejahen vorgibt.

Hartman zufolge symbolisieren Engel, die »die Einbildungskraft zu gefährlichen außerweltlichen Flügen« (Third Pillar, 111) verlocken, die äußerste Versuchung, sich vom Irdischen ab- und zum Erhabenen und Göttlichen hinzuwenden. Der Kommentar und die midraschische Exegese nehmen das Ringen mit diesen Engeln auf und halten diejenigen, die »ekstatische Gläubige zu manischen und letztlich selbstzerstörerischen Handlungen verführen, innerhalb der Bindungen des Textes« (Third Pillar, 113).

Hartman, der sich immer wieder auf die Geschichte Jakobs bezieht, widmet ein Kapitel in *The Third Pillar* einem Midrasch, der Jakobs Kampf mit dem Engel kommentiert. In ihm besprechen zwei Rabbiner den Abschnitt der Bibel, in dem der Engel, nachdem er Jakob verwundet hat, ohne ihn zu überwinden, ihn um Freilassung bittet: »Laß' mich gehen, denn der Tag bricht an« (Third Pillar, 124). Mögliche Bedeutungen dieser Bitte debattierend, vermutet einer der Rabbiner, dass Gott jeden Tag neue Engel erschafft, die ein Loblied singen und dann für ewig dahingehen. In Hartmans eigenem Midrasch-Kommentar müssen die Engel allerdings sterben, weil sie ihr Lob in der Fülle der Gegenwart Gottes singen: »Wenn die Engel auch für den Gesang erschaffen werden, so sterben sie auch am Gesang, an ihrer ekstatischen Lobpreisung. Ihr einziger Augenblick des Gesangs ist auch ihr Schwanengesang« (Third Pillar, 128). Engel als vergänglich vorzustellen, schreibt Hartman, »ist ein Warnsignal«, eine »Warnung an die rabbinische Einbildungskraft, die von Ekstasen verlockt wird, sie solle zum Text zurückkehren und sich nicht in

Gedanken über Leben und Tod in Gott verlieren« (Third Pillar, 128). Am Ende dieser Geschichte und ihres Kommentars, am Ende von Hartmans Text, ist der Engel vermenschlicht, und Jakob, der den neuen Namen Israel erhält, wird vom Göttlichen berührt. Das Ringen erzeugt den Namen eines Stammes, der beflügelt und verwundet ist.

Klee 1920 32.

Epilog: Neue Engel

> Es gibt ein Bild von Klee, das Angelus Novus heißt. Ein Engel ist darauf dargestellt, der aussieht, als wäre er im Begriff, sich von etwas zu entfernen, worauf er starrt. Seine Augen sind aufgerissen, sein Mund steht offen und seine Flügel sind ausgespannt. Der Engel der Geschichte muß so aussehen. Er hat das Antlitz der Vergangenheit zugewendet. Wo eine Kette von Begebenheiten vor *uns* erscheint, da sieht *er* eine einzige Katastrophe, die unablässig Trümmer auf Trümmer häuft und sie ihm vor die Füße schleudert. Er möchte wohl verweilen, die Toten wecken und das Zerschlagene zusammenfügen. Aber ein Sturm weht vom Paradiese her, der sich in seinen Flügeln verfangen hat und so stark ist, daß der Engel sie nicht mehr schließen kann. Dieser Sturm treibt ihn unaufhaltsam in die Zukunft, der er den Rücken kehrt, während der Trümmerhaufen vor ihm zum Himmel wächst. Das, was wir den Fortschritt nennen, ist *dieser* Sturm.[1]

> [Kafka] gab die Wahrheit preis, um an der Tradierbarkeit, an dem hagadischen Element festzuhalten.[2]

Seine Flügel sind ausgespannt, er ist zum Flug bereit und schaut sehnsüchtig rückwärts. Man könnte meinen, Paul Klees »Angelus Novus« wolle an den Ort zurückkehren, den Walter Benjamin ihm mit seinem »Engel der Geschichte« zugewiesen hat. Doch der Ruhm, der diesen Engel zum meist zitierten Emblem deutsch-jüdischen Denkens gemacht hat[3] und ihm nun aus Unmengen theoretischer, literarischer und visueller Reproduktionen in die Flügel weht, versperrt ihm den Rückweg und drängt ihn unaufhaltsam vorwärts. In Benjamins Allegorie[4] legen der entsetzte Blick des Engels und sein Schweigen

1 Walter Benjamin: Über den Begriff der Geschichte, in: Walter Benjamin, Gesammelte Schriften I.2, S. 697-8.

2 Brief Walter Benjamins an Gershom Scholem vom 12. Juni 1938. Walter Benjamin: *Briefe*, S. 763.

3 Geoffrey Hartman bemerkt etwas sarkastisch, dass man Klees »Angelus Novus« »so oft reproduziert hat, dass das Bild rückwirkend zum Logo Benjamins geworden ist«. Geoffrey Hartman: Criticism in the Wilderness. The Study of Literature Today, S. 79.

4 Die meisten Kommentatoren, wie Stéphane Mosès und Irving Wohlfarth, bezeichnen Benjamins »Engel der Geschichte« als »Allegorie« (vgl. z. B. Stéphane Mosès: The Angel of History, S. 120; Irving Wohlfarth: Walter Benjamin's Image of Interpretation, S. 86). Für eine bemerkenswerte, jedoch bestreitbare

der Verzweiflung Zeugnis ab für die Opfer der Geschichte und alles, was deren Sieger zerstört und vergessen haben. Heute ist der Engel selbst in einen Siegeszug verstrickt, hat er doch unzählige Gedichte, Erzählungen, Kunstwerke, Theateraufführungen, Ausstellungen und Plakate sowie Dutzende von Buchumschlägen inspiriert, wird in den verschiedensten Zusammenhängen aufgerufen und zu den unterschiedlichsten, oft fragwürdigen Zwecken benutzt. Woher kommt er, und wohin geht er?

In den letzten Jahrzehnten wurde vielfach über die Genealogie des »Engels der Geschichte« spekuliert und auf eine bemerkenswerte Vielfalt von Ursprüngen zurückgeführt. Der Briefwechsel Benjamins mit Gershom Scholem über Klees *Angelus* sowie andere Texte Benjamins, in denen Engel vorkommen, wie etwa sein Essay über Karl Kraus[5] und die autobiographische Skizze »Agesilaus Santander«,[6] verweisen auf talmudische und kabbalistische Quellen. Spätere Kommentatoren wie Giorgio Agamben heben andere Ursprünge hervor, etwa die christliche, persische oder islamische Angelologie, oder auch präanimistische Mythen und surrealistische Literatur.[7] In gleicher Weise haben sich Sinn und Funktion des Engels in deutlich unterschiedliche Richtungen hin vervielfacht, die das Schicksal und Erbe des deutsch-jüdischen Denkens als solches widerspiegeln. Die Rezeption von Benjamins Allegorie beleuchtet die wechselnden Zugänge zu diesem Denken und die widerstandsfähigen, aber auch die gefährdeten Aspekte seines Vermächtnisses.

In den ursprünglichen Kontroversen über die Bedeutung von Benjamins »Engel der Geschichte« schwanken die Interpretationen zwischen einem theologischen und einem politischen Verständnis dieser Figur. Frühe Lektüren stellten sie als Echo talmudischer Er-

Kritik an dieser Bezeichnung in Bezug auf die jüdische Tradition siehe Sigrid Weigel: Angelus Novus. Engel der Geschichte und Bote des Glücks; siehe auch dies.: Walter Benjamin. Die Kreatur, das Heilige, die Bilder, S. 272-7.

5 Benjamins Essay über Karl Kraus schließt mit einem Bild des neuen Engels: »Vielleicht von jenen einer, welche, nach dem Talmud, neue jeden Augenblick in unzähligen Scharen, geschaffen werden, um, nachdem sie von Gott ihre Stimme erhoben haben, aufzuhören und in Nichts zu vergehen«. Walter Benjamin: Karl Kraus, in: Walter Benjamin: Gesammelte Schriften II.1, S. 367.

6 In diesem Text bezieht sich Benjamin ausdrücklich auf den kabbalistischen Glauben an einen persönlichen Engel, der ein geheimes Selbst vertritt. Siehe Walter Benjamin: Agesilaus Santander, in: Gershom Scholem: Walter Benjamin und sein Engel: Vierzehn Aufsätze und kleine Beiträge, S. 40-3.

7 Giorgio Agamben übt Kritik an Scholems Blindheit gegenüber anderen Bezügen, die Benjamins Allegorie möglicherweise zugrunde liegen (Giorgio Agamben: Benjamin und das Dämonische, in: Die Macht des Denkens S. 242.)

zählungen, als Propheten oder Zeugen der jüdischen Katastrophe oder als messianische Gestalt dar, die vergeblich die Toten erwecken und die Ganzheit der zerbrochenen Gefäße einer ursprünglichen Einheit wiederherstellen möchte.[8] Marxistische Kritiker widersprachen solchen theologischen oder mystischen Interpretationen und sahen den Engel als Verkörperung des ohnmächtigen materialistischen Historikers, der für die von der kapitalistischen Moderne verübten Gewalt und Zerstörung Zeugnis ablegt. Die überzeugendsten Interpretationen der Allegorie Benjamins, die durch den unmittelbaren Kontext, d.h. seine kurz vor seinem Tod im Jahr 1940 geschriebenen Thesen »Über den Begriff der Geschichte« bestätigt werden, führen diese beiden Zugänge zusammen. Diese Lektüren sehen den Engel als messianisch-revolutionäre Figur, die aus der jüdischen Tradition herstammt und einen modernistischen Bruch mit dem Historizismus und dessen Glauben an Kontinuität und Fortschritt vermittelt.[9]

Im Kontext eines dekonstruktivistischen Vorgehens, das Dichotomien und geschlossene hermeneutische Rahmen untergräbt, verwarf eine zweite Phase der Interpretationen von Benjamins Allegorie jeglichen Versuch, eine wahre Bedeutung des Engels zu identifizieren oder die Figur in eine spezifische Tradition einzubetten. Diese Lektüren nehmen stattdessen Benjamins Verhältnis zur Tradition sowie den positiven und produktiven Aspekt der schweigenden Erstarrung des Engels in den Blick und interpretieren diese Unterbrechung der Kontinuität als Ermöglichung neuer und potentiell unendlicher Bedeutungen. Diese Kritiker porträtieren den Engel nicht als eine

8 Scholem: Walter Benjamin und sein Engel, S. 35.

9 Im Verlauf seiner Rezeption hat der Engel phantasiereiche Interpretationen mit unterschiedlicher Plausibilität inspiriert. So meint etwa Geoffrey Hartman, dass die papierdünnen Haarlocken Schriftrollen der Tora darstellen (Hartman: Criticism in the Wilderness, S. 79). Nach Otto Karl Werckmeister wurde der Wunsch des Engels, die Toten zu wecken, durch Benjamins Lektüre des Romans *Moravagine* von Blaise Cendrars inspiriert. In dem Roman zeichnet ein Filmregisseur die Zerstörung von Paris auf, wie sie von den Engeln über dem Portal von Notre Dame verkündet wird, und spult sie dann zurück: die zerstörten Gebäude werden auf diese Weise wieder ganz und die Toten stehen wieder auf. (Otto Karl Werckmeister: Walter Benjamins Angel of History, or the Transfiguration of the Revolutionary into the Historian, S. 242). Indem er das Gefälle zwischen Klees *Angelus Novus* und Benjamins »Engel der Geschichte« kritisiert, bezeichnet Carl Djerassi Benjamins Kommentar zum Gemälde »einfältig und absurd« (naively absurd). Carl Djerassi: Walter Benjamins Engel und Hitler. Siehe auch Johann Conrad Eberlein: Angelus Novus. Paul Klees Bild und Walter Benjamins Deutung, S. 32-6. Sowohl Djerassi als auch Eberlein interpretieren Klees Engel als eine Darstellung Hitlers.

Figur, die mit starrem Blick in die Vergangenheit schaut, sondern als Visionär, der über den Rahmen des Gemäldes hinausblickt und die kontextuellen Grenzen von Benjamins Allegorie transzendiert. So schreibt etwa Ariella Azoulay, dass dem Betrachter von Klees Bild wie auch dem Leser von Benjamins Text nicht »die passive Rolle zukommt, ein abgeschlossenes, heiliges Relikt zu retten und zu erhalten«, sondern vielmehr »die aktive Rolle des Zerstörers, des Apostaten, des Vernichters«.[10] Es gehe demnach nicht darum, den Ursprung und Status des Bildes zu rekonstruieren, sondern vielmehr, »das Bild neu zu erzählen«. Durchaus im Sinne Benjamins sollen aus der Zerstörung des ursprünglichen Kontextes »unzählige neue Engel hervorgehen«.[11]

Neue Engel sind in der Tat erschienen. Nach der dekonstruktivistischen Auflösung des hermeneutischen Horizonts von Benjamins Allegorie berufen sich neuere Lektüren des »Engels der Geschichte« wieder auf konkrete und lokal eingegrenzte Zusammenhänge. Einige dieser Interpretationen beziehen sich auf den Zionismus oder, genauer, auf den israelisch-palästinensischen Konflikt. Als Antwort auf den von diesem Konflikt handelnden Film *Local Angel*[12] des israelischen Regisseurs Udi Aloni, der von Benjamins »Engel der Geschichte« inspiriert wurde, führen Slavoj Žižek und Alain Badiou im Begleitbuch zum Film die theologische und die politische Dimension der Allegorie Benjamins an. Žižeks und Badious Verweise auf diese Bereiche und die zwischen ihnen bestehende Konstellation lassen jedoch keine Ähnlichkeit mit früheren politisch-theologischen Lektüren von Benjamins »Engel der Geschichte« erkennen. Dies betrifft insbesondere ihre Hinweise auf das Judentum, das jetzt im Licht der »paulinischen Wende« erscheint.

In seinem kurzen Text mit dem Titel »Was will der Jude?« lobt Žižek Alonis Film dafür, dass er eine theologische Dimension in seine politische Aussage einbringt. Žižek, der sich ausdrücklich als Leninisten und als »dialektischen Materialisten der alten Garde« identifiziert, sieht in dem, was er die »Judeo-Christliche Tradition«

10 Ariella Azoulay*: Hayoh hayah paʿam: ṣiylwm bʿiqbwt Walṭer Binyamiyn [Es war einmal: Photographie nach Walter Benjamin]*, zitiert nach einer noch unveröffentlichten, von der Autorin persönlich zugesandten Übersetzung aus dem Englischen.

11 Ebd. Die theoretischen Reflexionen Azoulays führen ihre eigene bemerkenswerte Anwendung des Engels Benjamins im Zusammenhang ihrer Kritik am Zionismus ein.

12 Udi Aloni: *Local Angel. Theological Political Fragments* (DVD und Buch).

nennt, ein großes politisches Potential, wobei er als deren »tiefste Einsicht« die »Idee eines schwachen Gottes« bezeichnet.[13] Der jüdische Bestandteil dieser gedoppelten Tradition verschwindet einige Zeilen später, wenn Žižek sich direkt auf Benjamins Allegorie beruft: »Letztlich«, schreibt er, »besteht meine Wendung darin, dass dieser berühmte Engel Benjamins, auf den sich der Titel des Films bezieht, Christus selber ist.«[14] In ähnlicher Weise verweist auch Badiou kaum auf die jüdische Tradition, wenn er Alonis Film kommentiert. Wie Žižek rühmt er die politische Agenda des Films und dessen Idee eines Gottes, der »nicht ein Gott der Herrlichkeit und der Kraft, sondern ein schwacher, leidender Gott ist«.[15] »Ist es möglich«, schreibt er schwärmend, »gleichzeitig einen starken [palästinensischen] Protest und Aufstand und andererseits einen Gott der Schwäche, des Mitleids und des Mitgefühls, also etwas wie einen christlichen Gott, zu haben?«[16] Einige Zeilen später nennt er diesen Gott »den Gott, der nicht der Gott eines Volkes, sondern der Gott aller« ist. Badiou schließt damit, dass er die Vision von Alonis *Local Angel*, soweit sie den israelisch-palästinensischen Konflikt betrifft, »zwischen vier messianischen Gestalten« situiert: »Walter Benjamin, Gershom Scholem, Shabbetai Zvi und dem Heiligen Paulus«.[17] Es ist zweifelhaft, ob auch nur eine der unmittelbar an diesem Konflikt beteiligten Parteien freiwillig dieses Quartett von Schutzheiligen bereitwillig anrufen würde, um ihren Kampf zu segnen.

In ihrem Kommentar, der den Engel der Geschichte ebenfalls im Rahmen des israelisch-palästinensischen Konflikts behandelt, entwickelt Judith Butler eine komplexe, grundsätzliche Kritik. Gegen den Zionismus im Namen eines »anderen Judentums«[18] argumentierend, widmet sie einige Seiten dem Engel Benjamins, wobei sie sich fragt, »ob Benjamin uns helfen [könne], zum Beispiel über den Krieg in Süd-Libanon im Sommer 2006 oder den Krieg im Gazastreifen 2008-2009 nachzudenken«.[19] In einem Abschnitt mit dem Titel »Stürme« – eine Anspielung auf den Sturm in Benjamins Text – untersucht sie

13 Slavoj Žižek: What Does a Jew Want?, in: Udi Aloni: Local Angel (Begleitbuch) S. 27.
14 Ebd.
15 Alain Badiou: Angel for a New Place, in: Udi Aloni: *Local Angel*, S. 22. Ein Wiederabdruck von Badious Text befindet sich in: Alain Badiou: *Polemics*, S. 202-7.
16 Ebd.
17 Ebd., S. 23.
18 Judith Butler: Parting Ways: Jewishness and the Critique of Zionism, S. 75.
19 Ebd., S. 92.

den Charakter dieses zerstörerischen Winds und fragt, in welchem Sinne möglicherweise »der Sturm vom Paradies her weht? Schickt das Paradies eine Botschaft? Wenn ja, ist sie von der Art, wie wir sie in Kafkas ›kaiserlicher Botschaft‹ finden, die niemals ganz ankommt, weil der Bote durch eine unendlich dichte und undurchdringliche Architektur verhindert wird? Und wenn etwas zerstört wird, ist es dann nicht der Fortschritt selbst?«[20]

Es ist verständlich, dass Butler als progressive Denkerin die Fortschrittskritik in Benjamins Allegorie beklagt. In ihrer Abwehr dieser Kritik und deren Absage an jegliche Vorwärtsbewegung – die Unfähigkeit oder der Unwille des Engels, nach vorne zu schauen – befindet sie sich allerdings in überraschender Gesellschaft, wenn auch am entgegengesetzten Ende. Auch der zionistische Kabbala-Forscher Moshe Idel, der die deutsch-jüdischen Denker trostlos und melancholisch nennt und ihnen eine Fixierung auf die Vergangenheit und im Fall von Kafka und Benjamin das Fehlen jeglicher Teilnahme an der vielversprechenden Zukunft der Juden in Palästina vorwirft, kritisiert den rückwärtsgewandten Blick des »Engels der Geschichte«. Im Gegensatz zu Butler nimmt Idel jedoch Benjamin selbst in Haftung und hält ihm vor, dass seine »Interpretation von Paul Klees Bild *Angelus Novus* eine Metapher« sei »für das Wesen der Geschichte [als] grundsätzlich negativ«, dass sie »etwas mit dem Tod« zu tun habe und nicht »der Zukunft entgegen« (Alte Welten, 170) sehe. Es darf bezweifelt werden, ob die Hoffnungen des Engels mit Idels Bild der Zukunft übereinstimmen.

Was hat es tatsächlich mit dem zerstörerischen Sturm, der überraschenderweise »vom Paradies her« weht, auf sich? Butlers Verwunderung in Anbetracht dieses Paradoxons ist in gewisser Hinsicht gerechtfertigt. Sie löst es, indem sie die Zerstörung selbst als potentiellen Vorboten der Erlösung sieht, eine Ansicht, die in gewissem Maß von Stellen in Benjamins Schriften wie seinen Ausführungen zum »destruktiven Charakter« bestätigt wird. Es ist jedoch eher unwahrscheinlich, dass Benjamins als »Fortschritt« benannter Sturm irgendwelche positiven Züge aufweist oder dass der Trümmerhaufen, den der Engel mit Entsetzen und Verzweiflung betrachtet, lediglich als Kollateralschaden betrachtet werden kann, der sich aus der Wiederherstellung einer Fortschrittsbewegung ergäbe. Wahrscheinlicher

20 »[I]s the storm blowing from Paradise? Is paradise sending a message? If so, is it the kind we find in Kafka, the imperial message that never quite does arrive since the messenger is thwarted by an infinitely compressed and impenetrable architecture? If something is being destroyed, is it perhaps the forward movement itself?« Ebd., S. 94.

ist es, dass der Sturm im Paradies seinen Ursprung hat, weil der Fortschritt der Menschheit in der Tat anfänglich ein hoffnungsvolles Versprechen für deren Zukunft enthielt, das allerdings durch den tatsächlichen Gang der Geschichte vereitelt wurde.

Butlers Vorschlag, dass der Sturm in Benjamins Allegorie mit Kafkas »kaiserlicher Botschaft« vergleichbar sei, ist in der Tat anregend, aber man fragt sich, was dieser destruktive Sturm mit Kafkas scheiterndem Boten gemeinsam hat. Anders als die vom sterbenden Kaiser entsandte Botschaft kommt Benjamins Sturm an seinen Bestimmungsort, fährt er doch dem Engel mit solcher Gewalt in die Flügel, dass er sie nicht mehr zusammenfalten kann. Wenn es eine Parallele zwischen den beiden Texten gibt, dann besteht sie eher zwischen dem Gebaren des zurückschauenden Engels bei Benjamin und der am Fenster auf die Botschaft des Kaisers wartenden Gestalt bei Kafka. Beide sind der Vergangenheit zugewandt, aber weder der eine noch der andere kann sie fassen: Die wahre Botschaft und die ursprüngliche Ganzheit bleiben für immer außer Reichweite. Kafkas »Bodensatz« in der »Mitte der Welt« und Benjamins »Trümmerhaufen« zu Füßen des Engels verweisen auf die Überreste einer fehlgegangenen Geschichte. Der Schutt, den die geschichtlichen Katastrophen verursacht haben, versperrt den Weg zwischen Benjamins Engel und dem Paradies, zwischen Kafkas Mann am Fenster und dem Palast des Kaisers. In der Moderne hat sich die Ganzheit in verstreute Bruchstücke verwandelt und aus der Wahrheit ist lediglich ein Gerücht geworden. Aber Gerüchte von wahren Dingen bestehen dennoch fort, und der rückwärtsgewandte Blick in den Texten Kafkas und Benjamins deutet an, dass sie noch Funken und Splitter suchten, die von einem nunmehr unzugänglichen Ursprung herrühren. Für die deutsch-jüdischen Denker, die in diesem Buch zur Diskussion standen, sind die Überreste der göttlichen Botschaft – ihre Sprache, ihr Gesetz und ihre Verheißung einer messianischen Erlösung – Teile der Trümmer aus der Vergangenheit, die in dieser späten Phase der Geschichte nicht länger als Wahrheit tradiert werden können. Doch durch die wahren Gerüchte der Literatur – Benjamins Allegorie, Kafkas Parabel – kann es sein, dass diese Botschaft, wenn der Abend kommt, erträumt wird. Der Abend der jüdischen Dimension modernistischen Denkens kann sehr wohl schon gekommen sein. Im Judentum beginnt jedoch mit jedem Sonnenuntergang ein neuer Tag und, wie Benjamin uns in Erinnerung ruft, ist es Juden nicht erlaubt, der Zukunft nachzuforschen.[21]

21 Benjamin: Über den Begriff der Geschichte, S. 704.

Dank

In den Seiten dieses Buches sind viele kostbare Momente festgehalten, die ich in Gespräch und Diskussion mit anderen erlebt habe. Das erfüllt mich mit großer Freude und Dankbarkeit.

Der Umschlag zeigt das Werk der amerikanischen Künstlerin Rebecca H. Quaytman mit dem Titel חקק *Chapter 29*. Es bezieht sich auf Paul Klees »Angelus Novus« und damit auf die wahrscheinlich bekannteste Ikone des deutsch-jüdischen Denkens, Walter Benjamins »Engel der Geschichte«. Der Hintergrund von Klees »Angelus« ist in Quaytmans Werk noch erkennbar, doch der Engel selbst ist verschwunden. Das Bild appelliert an unser visuelles Gedächtnis, das die Engelsfigur auf die leere Stelle projiziert, und lädt uns gleichzeitig dazu ein, das Verschwinden des Engels zu rekonstruieren und zu deuten. Wie der Flug der Eule der Minerva könnte der abwesende Engel auf eine prekäre Erscheinung hinweisen, nämlich darauf, dass eine Lebensform – in Hegels Worten eine »Gestalt des Lebens« – im Begriff ist, sich zu verflüchtigen. Dieses Buch handelt denn auch von einer prekären Erscheinung, nämlich dem prekären Erbe des deutsch-jüdischen Denkens. Ich möchte Rebecca H. Quaytman für die großzügige Erlaubnis danken, ihr Werk zu reproduzieren, und Sylvia Liska und Daniel Heller-Roazen dafür, dass sie mich mit ihr in Kontakt gebracht haben. Als ich das Bild im Herbst 2015 zum ersten Mal bei einer Ausstellung der Quaytman-Arbeiten im Tel Aviv Museum of Art sah, wusste ich, dass ich an das Ende einer Reise gekommen war. Das vorliegende Buch ist mein Reisebericht.

Zahlreiche Kollegen und Freunde begleiteten mich auf diesem Weg. Ihre Inspiration und Ermutigung haben mir wesentlich dabei geholfen, mich einigen der intellektuellen Fragen und existentiellen Dilemmas zu stellen, die in die wissenschaftliche Textur dieses Buches eingegangen sind. Ich danke all jenen, die ihre Einsichten mit mir geteilt und verschiedene Teile und Aspekte des Buches mit ihren Ratschlägen bereichert haben: Steven und Hannah Aschheim, Aleida Assmann, Leora Batnitzky, Michal Ben-Naftali, Alfred Bodenheimer, Richard I. Cohen, Yves Cohn, Arthur Cools, Stanley Corngold, Georges Didi-Huberman, Sergey Dolgopolsky, Theodor Dunkelgrün, Amir Eshel, Mark Gelber, Eva Geulen, Eckart Goebel, Mosche Halbertal, Sarah Hammerschlag, Eric Hoppenot, Moshe Idel, Sidra DeKoven Ezrahi, Karina Korecky, Eva Meyer, Nancy K. Miller,

John Neubauer (gest. 2015), Ilana Pardes, Amnon Raz-Krakotzkin, Elchanan Reiner, Alvin Rosenfeld, David B. Ruderman, Eli Schoenfeld, Paula Schwebel, Yvette Schwerdt, Galili Shahar, Bernd Witte und Irving Wohlfarth. Die Freundschaft Geoffrey Hartmans (gest. 2016), eines der großen Literaturkritiker unserer Zeit, gab mir im Frühstadium dieses Buches Orientierung und Rat. Mein besonderer Dank gilt Ashraf Noor für seine Übersetzungen einiger ursprünglich auf Englisch geschriebener Kapitel und für wichtige Gespräche. Niemand hat für das Entstehen des deutschen Buches so viel getan wie Stephanie Graf. Ich bin ihr zutiefst dankbar für ihre klugen Ratschläge und ihre enthusiastische und genaue Bearbeitung des Manuskripts. Sehr herzlich danke ich auch Florian Welling für die besonders freundliche und hilfsbereite Aufnahme und Betreuung des Buches im Wallstein Verlag. Nathalie, Jacques, Tamara und Daphne und ihre Kinder sind die Freude meines Lebens, das ich seit mehr als vier Jahrzehnten in tiefer Verbundenheit mit Charly teile. Ihm ist dieses Buch gewidmet.

Literatur

[Alle deutschsprachigen Zitate, die nicht auf eine deutsche Ausgabe verweisen, sind von der Autorin selbst übersetzt]

Adorno, Theodor W.: Rede über Lyrik und Gesellschaft, in: ders.: Noten zur Literatur, Frankfurt a.M. 1974, S. 49-68.
—: Minima Moralia. Reflexionen aus dem beschädigten Leben, Frankfurt a.M. 2001.
Agamben, Giorgio: Ausnahmezustand, Frankfurt a.M. 2004.
—: Bartleby oder Kontingenz. Gefolgt von: Die absolute Immanenz, Berlin 1998.
—: Der Mensch ohne Inhalt, Berlin 2012.
—: Der Messias und der Souverän, in: Die Macht des Denkens. Gesammelte Essays, Frankfurt a.M. 2005.
—: Die Erzählung und das Feuer, hg. von Bertrand Badiou et. al., Frankfurt a.M. 2017.
—: Die Sprache und der Tod. Ein Seminar über den Ort der Negativität, Frankfurt a.M. 2007.
—: Homo Sacer. Die souveräne Macht und das nackte Leben, Frankfurt a.M. 2002.
—: Idea della Prosa, Milano 1985.
—: Idea of Prose, New York 1995.
—: Idee der Prosa, Frankfurt a.M. 1987.
—: Il Linguaggio e la morte, Turin 1982.
—: Kindheit und Geschichte, Frankfurt a.M. 2005.
—: L'angelo malinconico. Nuovi argomenti no. 9, 1970, S. 153-165.
—: L'uomo senza contenuto, Milano 1970.
—: Potentialities. Collected Essays in Philosophy, übersetzt von Daniel Heller-Roazen, Stanford 1999.
—: Profanierungen, Frankfurt a.M. 2005.
—: Die Zeit, die bleibt. Ein Kommentar zum Römerbrief, Frankfurt a.M. 2006.
—: Walter Benjamin und das Dämonische, in: ders.: Die Macht des Denkens. Gesammelte Essays, Frankfurt a.M. 2013.
—: Walter Benjamin: Tempo – Storia – Linguaggio, hg. von Lucio Belloi und Lorenzina Lotti, Roma 1983.
Allemann, Beda: Fragen an die judaistische Kafka-Deutung, in: Kafka und das Judentum, hg. von Karl Erich Grötzinger, Stéphane Mosès und Hans Dieter Zimmermann, Frankfurt a.M. 1987.
Aloni, Udi: Local Angel. Theological Political Fragments, London 1999 (DVD und Buch).
Alter, Robert: Necessary Angels. Tradition and Modernity in Kafka, Benjamin and Scholem, Cambridge 1991.
Anders, Günther: Kafka Pro und Contra, München 1951.
Arendt, Hannah: Benjamin, Brecht. Zwei Essays, München 1971.

—: Eichmann in Jerusalem. Ein Bericht von der Banalität des Bösen, München 2011.
—: On Revolution London 1991.
—: Rahel Varnhagen. Lebensgeschichte einer deutschen Jüdin aus der Romantik, München 1959.
—: State of Exception, übersetzt von Kevin Attell, Chicago 2005.
—: The Gap between Past and Future, in: dies.: Between Past and Future, New York 1968, S. 3-15.
—: The Jew as Pariah: Jewish Identity and Politics in the Modern Age, hg. von Ron H. Feldman. New York 1978.
—: The Jewish Writings, hg. von Jerome Kohn und Ron H. Feldman, New York 2007.
—: The Human Condition, Chicago 1998 [1958].
—: Walter Benjamin (III). Der Perlentaucher, in: Merkur, Nr. 240, April 1968, online: https://www.merkur-zeitschrift.de/hannah-arendt-walter-benjamin-iii/ (letzter Zugriff 28.3.2021).
—: Vom Leben des Geistes. München 2006.
—: Zwischen Vergangenheit und Zukunft. Übungen im politischen Denken I, München 1994.
—; Gershom Scholem: Der Briefwechsel, Frankfurt a.M. 2010.
—; Karl Jaspers: Briefwechsel 1926-1969, hg. von Lotte Köhler und Hans Saner, München/Zürich 1985, S. 228-32 (Nr. 134).
Asad, Talal: Agency and Pain. An Exploration, in: Journal of Culture and Religion 1, 1, 2000: S. 29-60.
Aschheim, Steven: Beyond the Border: The German-Jewish Legacy Abroad, Princeton 2007.
—: Culture and Catastrophe: German and Jewish Confrontations with National Socialism and Other Crises, New York 1996.
Azoulay, Ariella: *Hayoh hayah paʿam: ṣiylwm bʿiqbwt Walṭer Binyamiyn* [Es war einmal: Photographie nach Walter Benjamin], Ramat-Gan 2006 (Hebräisch).
Babylonian Talmud: Tractate Baba Bathra, vol. 2, übersetzt von Israel W. Slotki, London 1976.
Bachmann, Ingeborg: Malina, Frankfurt a.M. 2004.
—: Das schreibende Ich, in: Frankfurter Vorlesungen. Probleme zeitgenössischer Dichtung, München 1980, S. 41-61.
—; Paul Celan: Herzzeit. Briefwechsel, Frankfurt a.M. 2008.
Badiou, Alain: Circonstances 3: Portées du mot »juif«, Paris 2005.
—: Polemics, übersetzt von Steve Corcoran, London 2006.
—: Saint Paul: Foundation of Universalism, übersetzt von Ray Brassier, Stanford 2003.
Baker, Jason: Introduction, in: Franz Kafka: The Metamorphosis and Other Stories, New York 2003.
Benhabib, Seyla: Arendt's Reluctant Modernism, Lanham 2003.
—: The Pariah and Her Shadow. Hannah Arendt's Biography of Rahel Varnhagen, in: Political Theory 23, 1, 1995, S. 5-24.
Benjamin, Walter: Benjamin über Kafka, hg. von Hermann Schweppenhäuser, Frankfurt a.M. 1992.

—: Briefe, hg. von Theodor W. Adorno und Gershom Scholem, Frankfurt a.M. 1978.
—: Briefe 2, hg. von Gershom Scholem und Theodor W. Adorno, Frankfurt a.M. 1966.
—: Der Erzähler, in: Gesammelte Schriften II.,2, hg. von Rolf Tiedemann und Hermann Schweppenhäuser, Frankfurt a.M. 1991.
—: Die Aufgabe des Übersetzers, in: ders.: Gesammelte Schriften Bd. IV.1, hg. von Rolf Tiedemann und Hermann Schweppenhäuser, Frankfurt a.M. 1972.
—: Einbahnstraße, in: Gesammelte Schriften IV.1, hg. von Rolf Tiedemann und Hermann Schweppenhäuser, Frankfurt a.M. 1991.
—: Franz Kafka. Zur zehnten Wiederkehr seines Todestages, in: Gesammelte Schriften II. 2, hg. von Rolf Tiedemann und Hermann Schweppenhäuser, Frankfurt a.M. 1991.
—: Gesammelte Briefe in 6 Bänden, hg. von Christoph Gödde und Henri Lonitz, Frankfurt a.M. 2016.
—: Illuminations. Essays and Reflections, übersetzt von Harry Zohn, New York 1968.
—: Œuvres choisies, 2 Bände., übers. von Maurice de Gandillac, Paris 1971.
—: Sämtliche Briefe, Bd. 1, Frankfurt a.M. 2000.
—: Theologisch-politisches Fragment, in: ders., Gesammelte Schriften, Bd. II.,1, hg. von Rolf Tiedemann und Hermann Schweppenhäuser, Frankfurt a.M. 1991.
—: Über Sprache überhaupt und über die Sprache des Menschen, in: ders.: Gesammelte Schriften Bd. II.1, hg. von Rolf Tiedemann und Hermann Schweppenhäuser, Frankfurt a.M.: 1972.
—; Scholem, Gershom: Briefwechsel, hg. von Gershom Scholem, Frankfurt a.M. 1980.
Bernstein, Richard. J.: Hannah Arendt and the Jewish Question, Cambridge 1996.
Biale, David: Gershom Scholem. Kabbalah and Counterhistory, Cambridge 1979.
Birnbaum, Pierre: Sur la corde raide. Parcours juifs entre exile et citoyenneté, Paris 2002.
Birns, Nicolas: Theory after Theory: An Intellectual History of Literary Theory from 1950 to the Early Twenty-First Century, Buffalo 2010.
Blanchot, Maurice: Das Unzerstörbare: Ein unendliches Gespräch über Sprache, Literatur und Existenz, übers. von Hans-Joachim Metzger, München/Wien 1991.
—: L'entretien infini, Paris 1969.
—: L'espace littéraire, Paris 1955.
—: Notes, in: Eric Hoppenot: Maurice Blanchot et la tradition juive. Paris 2015, S. 461-3.
—: Rupture du temps: révolution, in: ders.: Ecrits Politiques 1958-1993, Paris 2008.
—: Zeitenbruch: Revolution, in: Politische Schriften: 1958-1993, übers. von Marcus Coelen, Zürich/Berlin 2007.
—: Übersetzen, in: Die Freundschaft, übers. von Ulrich Kunzmann, Uli Menke u.a., Berlin 2011.
Blanton, Ward; de Vries, Hent: Paul and the Philosophers, New York 2013.

Bollack, Jean: Poetik der Fremdheit, Wien 2000.

Boyarin, Daniel und Jonathan: Diaspora: Generation and the Ground of Jewish Identity, in: Critical Inquiry, Summer, 1993, 19, 4, S. 693-725.

Boyarin, Jonathan: Thinking in Jewish, Chicago 1996.

Buber, Martin: Darko shel mikra [Wege der Bibel: Hebräisch], Jerusalem 1964.

—: Warum und wie wir die Schrift übersetzten, in: Martin Buber Werkausgabe: Schriften zur Bibelübersetzung, hg. v. Ran HaCohen, Gütersloh 2012.

—; Rosenzweig, Franz: Die Schrift. Die fünf Bücher der Weisung. 5. Buch, Berlin 1927.

Brod, Max: Über Franz Kafka, Frankfurt a. M. 1974.

Butler, Judith: Parting Ways: Jewishness and the Critique of Zionism, New York 2013.

—: Who Owns Kafka?, in: London Review of Books 33, 5, 2011, S. 3-8.

Caputo, John D.; Alcoff, Linda M.: St. Paul among the Philosophers, Bloomington 2009.

Celan, Paul: Die Gedichte, hg. von Barbara Wiedemann, Frankfurt a. M. 2003.

—: Der Meridian. Endfassung, Vorstufen, Materialien; in: ders.: Tübinger Ausgabe, Suhrkamp, Frankfurt a. M. 1999.

—; Ilana Shmueli: Briefwechsel, hg. Thomas Sparr, Frankfurt a. M. 2004.

—; Peter Szondi: Briefwechsel, Frankfurt a. M. 2005.

Cohen, Hermann: Deutschtum und Judentum, Gießen 1915.

Corngold, Stanley: Lambent Traces. Franz Kafka, Princeton 2004.

Derrida, Jacques: Abraham l'autre, in: Judéités. Questions pour Jacques Derrida, hg. von Joseph Cohen und Raphael Zagury-Orly, Paris 2003.

—: Before the Law, in: Acts of Literature, hg. von Derek Attridge, London 1992, S. 183-220.

—: Dem Archiv verschrieben. Eine Freudsche Impression, Berlin 1997.

—: Interpretations at war. Kant, der Jude, der Deutsche, in: Das Vergessen(e). Anamnesen des Undarstellbaren, hg. von E. Weber und G. C. Tholen, Wien 1997.

—: Marx' Gespenster. Der Staat der Schuld, die Trauerarbeit und die neue Internationale, übersetzt von Susanne Lüdemann, Berlin 1995.

—: Marx & Sons, Frankfurt a. M. 2004.

—: Préjugés. Devant la loi, in: ders.: La faculté de juger, Paris 1985.

—: Schibboleth. Für Paul Celan, übersetzt von Wolfgang Sebastian Baur, Wien 2012.

—: ›Zeugnis, Gabe‹. Jüdisches Denken in Frankreich, hg. von Elisabeth Weber, Frankfurt a. M. 1994.

Djerassi, Carl: Walter Benjamin's Angel and Hitler, in: The New York Review of Books, 25. September 2014. http://www.nybooks.com/articles/2014/09/25/walter-benjamins-angel-hitler/ (letzter Zugriff 28.3.2021).

Eberlein, Johann Conrad: Angelus Novus. Paul Klees Bild und Walter Benjamins Deutung, Freiburg/Berlin 2006.

Eisen, Arnold: Exile, in: Contemporary Jewish Religious Thought, hg. von Arthur A. Cohen und Paul Mendes-Flohr, New York 1988.

Emerson, Ralph Waldo: Nature, in: ders.: Nature and Selected Essays, hg. von Lazar Ziff, New York 1982.

–: The Heart of Emerson's Journals, hg. von Bliss Perry, New York 1958.
Fenves, Peter: Die Unterlassung der Übersetzung, in: Übersetzen: Walter Benjamin, hg. von Christiaan L. Hart-Nibbrig, Frankfurt a.M. 2001, S. 159-73.
Ferber, Ilit; Schwebel, Paula: Lament in Jewish Thought: Philosophical, Theological and Literary Perspectives, Berlin 2014.
Ferrer, Daniel: Logiques du brouillon. Modèles pour une critique génétique, Paris 2011.
Finkelde, Dominik: Politische Eschatologie nach Paulus. Badiou, Agamben, Žižek, Santner, Wien 2007.
Fisch, Harold: New Stories for Old. Biblical Patterns in the Novel, Houndmills/Basingstoke/Hampshire/London 1998.
Freud, Sigmund: Ansprache an die Mitglieder des Vereins B'nai B'rith, in: ders.: Gesammelte Werke, Bd. 17, hg. von Anna Freud u.a., London 1941 [1926].
Frye, Northrope: The Great Code. The Bible and Literature, London 1982.
Gadamer, Hans-Georg: Wahrheit und Methode, Tübingen 1960.
Gasché, Rodolphe: The Stelliferous Fold. Toward a Virtual Law of Literature's Self-Formation, New York 2011.
Geulen, Eva: Gründung und Gesetzgebung bei Badiou, Agamben und Arendt, in: Hannah Arendt und Giorgio Agamben. Parallelen, Perspektiven, Kontroversen, hg. von dies.; Kai Kauffmann; Georg Mein, Münster 2008.
–: Über den Bezug, in: Messianismus und Politik. Kabbalah, Benjamin, Agamben, Würzburg 2007.
Glatzer, Nahum: The Dimensions of Job. A Study and Selected Readings, New York 1969.
Glazova, Anna: Franz Kafka: Oszillierende Negationen, o.O. 2008, http://www.kafka.org/index.php/icqlist/index.php?id=194,229,0,0,1,0 (letzter Zugriff 28.3.2021).
Glen, Patrick J.: Franz Kafka, Lawrence Joseph, and the Possibilities of Jurisprudential Literature, in: Southern California Interdisciplinary Law Journal 21, 1, 2011, S. 47-94.
Hahn, Barbara: Antworten Sie Mir. Rahel Levin Varnhagens Briefwechsel, Basel 1990.
Halbertal, Moshe: At the Threshold of Forgiveness: A Study of Law and Narrative in the Talmud, in: Jewish Review of Books 7, 2011, S. 33-4.
–: Concealment and Revelation: Esotericism in Jewish Thought and Its Philosophical Implications, Princeton 2007.
Hamacher, Werner: Entferntes Verstehen, Frankfurt a.M. 1998.
Hamburger, Käte: Rahel und Goethe, in: Rahel Varnhagen: Gesammelte Werke, hg. von Konrad Feilchenfeldt, Uwe Schweikert und Rahel E. Steiner, München 1983, S. 179-204.
Hammerschlag, Sarah: Bad Jews, Authentic Jews, Figural Jews, in: Judaism, Liberalism and Political Theology, hg. von Randi Rakover und Martin Kavka, Bloomington 2014, S. 220-40.
–: The Figural Jew. Politics and Identity in Postwar French Thought, Chicago/London 2010.
Handelman, Susan A.: Fragments of Redemption: Jewish Thought and Literary Theory in Benjamin, Scholem and Levinas, Bloomington 1991.

Harink, Douglas (Hg.): Paul, Philosophy, and the Theopolitical Vision. Critical Engagements with Agamben, Badiou, Žižek, and Others, Eugene 2010.
Hartman, Geoffrey: Criticism in the Wilderness. The Study of Literature Today, New Haven 1980.
—: Five Elegies, in: ders.: The Eighth Day. Poems Old and New, Lubbock 2013.
—: Scars of the Spirit, New York 2002.
—: The Eighth Day: Poems Old and New, Lubbock 2013.
—: The Third Pillar: Essays in Judaic Studies, Philadelphia 2011.
Heidegger, Martin: »...dichterisch wohnet der Mensch ...«, in: Akzente 1, 1954, S. 57-71.
—: Parmenides, hg. von Manfred Frings, Frankfurt a.M. 1992.
—: Platon: Sophistes, Gesamtausgabe Bd. 19, hg. von Ingeborg Schüßler, Frankfurt a.M. 1992.
Heller, Agnes: Hannah Arendt on Tradition and New Beginnings, in: Hannah Arendt in Jerusalem, hg. von Steven Aschheim, Berkeley 2001, S. 19-33.
Hertz, Deborah: How Jews Became Germans. The History of Conversion and Assimilation in Berlin, New Haven 2007.
Hollander, Dana: Exemplarity and Chosenness: Rosenzweig and Derrida on the Nation of Philosophy, Stanford 2008.
Hoppenot, Eric: Maurice Blanchot et la tradition juive, Paris 2015.
Idel, Moshe: Alte Welten, neue Bilder. Jüdische Mystik und die Gedankenwelt des 20. Jahrhunderts, übersetzt von Eva-Maria Thimme, Frankfurt. a.M. 2012.
Ivanović, Christine: All Poets Are Jews. Paul Celan's Readings of Marina Tsvetayeva, in: Glossen 6, 1999. http://www2.dickinson.edu/glossen/heft6/celan.html (letzter Zugriff 4.8.2021).
Jacobson, Eric: Ahavat Israel. Nationhood, the Pariah and the Intellectual, in: Creation and Recreation in Jewish Thought, hg. von Rachel Elior und Peter Schäfer, Tübingen 2005, S. 401-15.
Kafka, Franz: Briefe an Milena, Frankfurt a.M. 1954.
—: ›Das Dritte Oktavheft‹, in: ders.: Nachgelassene Schriften und Fragmente II, Frankfurt a.M. 2002.
—: ›Eine kaiserliche Botschaft‹, in: ders.: Drucke zu Lebzeiten, Frankfurt a.M. 2002, S. 262-3.
—: Der Process, Frankfurt a.M. 2002.
—: Erzählungen, Frankfurt a.M.1996.
—: Nachgelassene Schriften und Fragmente, Frankfurt a.M. 2002.
—: Tagebücher. Kritische Ausgabe, Frankfurt a.M. 2002.
Karr, Ruven: Ménage à trois: Die Liebesbeziehung als biographischer Ausgangspunkt des dialogischen Totengedenkens, in: Ingeborg Bachmann und Paul Celan. Historisch-poetische Korrelationen, hg. von Gernot Wimmer, Berlin 2014, S. 171-91.
Kartiganer, Donald M.: Job and Joseph K.: Myth in Kafka's ›The Trial‹, in: Modern Fiction Studies 8, 1962, S. 31-43.
Kierkegaard, Søren: Religion der Tat: Sein Werk in Auswahl, Hamburg, 2013 [1948].
Kilcher, Andreas B.: ›Volk des Buches‹. Zur kulturpolitischen Aktualisierung

eines alten Topos in der jüdischen Moderne, in: Münchner Beiträge zur jüdischen Geschichte und Kultur, 2, 2009, S. 43-58.

Klein, Rony: Une rencontre inattendue entre la pensée française contemporaine et le Juif. Le cas de Jean-François Lyotard, in: Controverses 11, 2009, S. 302-16.

Koselleck, Reinhart: ›Neuzeit‹. Zur Semantik moderner Bewegungsbegriffe, in: ders.: Vergangene Zukunft. Zur Semantik geschichtlicher Zeiten, Frankfurt. M. 1979, S. 300-48.

Kuhlmann, Anne: Das Exil als Heimat. Über jüdische Schreibweisen und Metaphern, in: Exile im 20. Jahrhundert, Exilforschung. Ein internationales Jahrbuch 17, hg. von Claus-Dieter Krohn, Erwin Rotermund, Lutz Winckler und Wulf Koepke, München 1999.

LaCapra, Dominick: Approaching Limit Events. Siting Agamben, in: Witnessing the Disaster, hg. von Michael Bernard-Donals und Richard Glejzer, Madison 2003.

Lacoue-Labarthe, Philippe; Nancy, Jean-Luc: From Where Is Psychoanalysis Possible?, übersetzt von Brian Holmes, in: JEP—European Journal of Psychoanalysis 17, 2003, S. 3-20. http://www.psychomedia.it/jep/number17/labartenancy.htm (letzter Zugriff 15.11.2020).

Larrimore, Mark: The Book of ›Job‹. A Biography, Princeton 2013.

Lasine, Stuart: The Trials of Job and Kafka's Josef K., in: The German Quarterly 63, 2, 1990, S. 187-98.

Levi, Primo: The Drowned and the Saved, New York 1986.

Levinas, Emmanuel: Schwierige Freiheit. Versuch über das Judentum, übersetzt von Eva Moldenhauer, Frankfurt. a. M. 1992.

Lévy, Bernard-Henri: Le Testament de Dieu, Paris 1979.

Liska, Vivian: Die Reproduzierbarkeit des Angelus Novus im Augenblick der Gefahr. Walter Benjamins Engel der Geschichte in Israel, in: Gedächtnisstrategien und Medien im interkulturellen Dialog, hg. von Bernd Witte, Würzburg 2011, S. 283-89.

—: Der Messias in der Schriftmaschine. Giorgio Agambens Lektüre von Kafkas ›In der Strafkolonie‹, in: Heilige vs. Unheilige Schrift, hg. von A. Martin Hainz, Wien 2010.

—: Fremde Gemeinschaft. Deutsch-jüdische Literatur der Moderne, Göttingen 2011.

—: Giorgio Agambens leerer Messianismus, Wien 2008.

—: Kafka's Other Job, in: The Book of Job. Aesthetics, Ethics and Hermeneutics (Perspectives on Jewish texts and Contexts), hg. von Leora Batnitzky und Ilana Pardes, Berlin 2015, S. 121-43.

—: On Getting it Right. Moshe Idel's ›Old Worlds, New Mirrors‹, in: The Jewish Quarterly Review 102, 2, 2012, S. 297-302.

—: When Kafka Says We. Uncommon Communities in German-Jewish Literature, Bloomington 2009.

—; North, Paul: On Halt!, in: ON INTERRUPTIONS, Performance Research 26, 3, hg. von Jan Kühne und Freddie Rokem. Erscheint voraussichtlich im Oktober 2021.

Litowitz, Douglas E.: Franz Kafka's Outsider Jurisprudence, in: Law & Social

Inquiry 27, 1, 2002, S. 103–37. http://research.uvu.edu/albrecht-crane/3090/requirements_files/Litowitz.pdf (letzter Zugriff 19.3.2021).
Lyotard, Jean-François: Heidegger et les »juifs«, Paris 1988.
Marty, Eric: Saint Paul among the Moderns: Symbolic Universal or Mimetic Universal? History and Metahistory, in: Radical French Thought and the Return of the ›Jewish Question‹. Bloomington 2015, S. 80-96.
—: Une querelle avec Alain Badiou, philosophe, Paris 2007.
Melamed, Yitzhak: Salomon Maimon and the Failure of Modern Jewish Philosophy. http://www.theapj.com/wp-content/uploads/2013/03/Melamed-on-Maimon.doc (letzter Zugriff 2.4.2021).
Meschonnic, Henri: Pour la Poétique II. Épistémologie de l'écriture, poétique de la traduction, Paris 1973.
Mesnard, Philippe; Kahan, Claudine: Giorgio Agamben. A l'épreuve d'Auschwitz, Paris 2001.
Mosès, Stéphane: Der Engel der Geschichte. Rosenzweig, Benjamin, Scholem, Frankfurt a.M. 1994.
—: Le fil de la tradition est-il rompu? Sur deux formes de modernité religieuse, in: Laïcité et religions, Revue des deux mondes (Spezialausgabe), April 2002, S. 102-14.
Neiman, Susan: Theodicy in Jerusalem. Hannah Arendt in Jerusalem, hg. von Steven Aschheim, Los Angeles 2001, S. 65-9.
Nierenberg, David: Anti-Judaism. The Western Tradition, New York 2013.
Nouss, Alexis: La réception de l'essai sur la traduction dans le domaine français. In: Walter Benjamin: traductions critiques/Walter Benjamin's Essay on Translation: Critical Translations, hg. von Alexis Nouss. Spezialausgabe von TTR: traduction, terminologie, rédaction 10, nr. 2 (1997), S. 71-85.
Rabinbach, Anson: The Shadow of Catastrophe. German Intellectuals between Apocalypse and Enlightenment, Berkeley/Los Angeles/London 2000.
Rose, Gillian: Judaism and Modernity. Philosophical Essays, New York 2017.
Rosenzweig, Franz: Der Stern der Erlösung, Frankfurt a.M. 1988 [1921].
Ruderman, David B.: Introduction, in: Jahrbuch des Simon-Dubnow-Instituts/Simon Dubnow Institute Yearbook, Schwerpunkt/Special Issue: Early Modern Culture and Haskalah, hg. von Dan Diner, München 2007, S. 17-21.
Sartre, Jean Paul: L'Être et le Néant, Paris 1943.
—: Réflexions sur la question juive, Paris 1946.
Schäfer, Peter: Gershom Scholem und die Wissenschaft des Judentums, in: Gershom Scholem. Zwischen den Disziplinen, hg. von Peter Schäfer und Gary Smith, Frankfurt a.M. 1995, S. 122-56.
Schatz, Andrea: Peoples Pure of Speech. The Religious, the Secular, and Jewish Beginnings of Modernity, in: Jahrbuch des Simon-Dubnow-Instituts/Simon Dubnow Institute Yearbook, Schwerpunkt/Special Issue: Early Modern Culture and Haskalah, hg. von Dan Diner, München 2007, S. 169-87.
Schmitt, Carl: Politische Theologie. Vier Kapitel zur Lehre von der Souveränität, Berlin 2021.
Scholem, Gershom: 95 Thesen über Judentum und Zionismus, in: Gershom Scholem. Zwischen den Disziplinen, hg. von Peter Schäfer und Gary Smith, Frankfurt a.M. 1995, S. 287-95.

—: Briefe, Bd. 1, 1914-1947, München 1994.
—: Erlösung durch Sünde, hg. von Michael Brocke, Frankfurt a.M. 1992.
—: Judaica 2, Frankfurt a.M. 1970.
—: Judaica 6, Frankfurt a.M. 1997.
—: Kabbala und Mythos, in: Zur Kabbala und ihrer Symbolik, Frankfurt a.M. 1973 [1960].
—: Major Trends in Jewish Mysticism, New York 1995 [1945].
—: Tagebücher 1917-1923, hg. von Karlfried Gründer, Herbert Kopp-Osterbrink und Friedrich Niewöhner, Frankfurt a.M. 2000.
—: The Messianic Idea in Judaism, New York 1971.
—: Walter Benjamin und sein Engel, in: Walter Benjamin und sein Engel. Vierzehn Aufsätze und kleine Beiträge, hg. von Rolf Tiedemann, Frankfurt a.M. 1983, S. 35-72.
Schonfeld, Eli: Am-ha'aretz: The Law of the Singular. Kafka's Hidden Knowledge, in: Kafka and the Universal, hg. von Arthur Cools und Vivian Liska, Berlin 2016.
Schreiner, Susan E.: Where Shall Wisdom Be Found? Calvin's Exegesis of Job from Medieval and Modern Perspectives, Chicago 1994.
Schulte, Christoph: Der Messias der Utopie, in: Die Wehen des Messias. Zeitwenden in der jüdischen Geschichte, Berlin/Wien 2001.
Schwerhoff, Gerd: Frühe Neuzeit. Zum Profil einer Epoche, Dresden 2001. https://tu-dresden.de/gsw/phil/ige/fnz/ressourcen/dateien/startseite/fnz_profil?lang=en (letzter Zugriff 21.3.2021).
Siegelberg, Mira: Arendt's Legacy Usurped. In Defense of the (Limited) Nation State, in: Columbia Current, 2005, S. 33-41.
Simmel, Georg: The Sociology of Secrecy and of Secret Societies, in: American Journal of Sociology 11, 4, 1906, S. 441-98.
Smith, Graham M.: Reading Kafka's Trial Politically. Justice. Law. Power, in: Contemporary Political Theory, 7, 2008, S. 8-30.
Starn, Randolph: The Early Modern Muddle, in: Journal of Early Modern History 6, 3, 2002, S. 296-307.
Steiner, George: Heidegger's Silence, in: George Steiner. A Reader, Harmondsworth 1984, S. 258-65.
—: Eine Art Überlebender, in: ders.: Sprache und Schweigen. Essays über Sprache, Literatur und das Unmenschliche, Frankfurt a.M. 1969, S. 13-32.
Strecker, Christian; Valentin, Joachim (Hg.): Paulus unter den Philosophen, Stuttgart 2013.
Susman, Margarete: Das Buch Hiob und das Schicksal des jüdischen Volkes, Zürich 1946.
—: Das Hiob-Problem bei Kafka, in: dies.: Das Nah- und Fernsein des Fremden. Essays und Briefe, hg. von Ingeborg Nordmann, Frankfurt a.M. 1992, S. 183-203.
Sutcliffe, Adam: Imagining Amsterdam. The Dutch Golden Age and the Origins of Jewish Modernity, in: Jahrbuch des Simon-Dubnow-Instituts/Simon Dubnow Institute Yearbook, Schwerpunkt Early Modern Culture and Haskalah, hg. von Dan Diner, München 2007, S. 79-97.
Taubes, Jacob: Die politische Theologie des Paulus, München 2003.

Tewarson, Heidi T.: Rahel Levin Varnhagen: The Life and Work of a German-Jewish Intellectual, Lincoln 1998.

Todorov, Tzvetan: La Poétique de la prose, Paris 1971.

Twellmann, Marcus: Lex, nicht Nomos. Hannah Arendts Kontraktualismus, in: Hannah Arendt und Giorgio Agamben: Parallelen, Perspektiven, Kontroversen, hg. von Eva Geulen, Kai Kauffmann, Georg Mein, Münster 2008, S. 75-100.

Vattimo, Gianni; Michael Marder: Deconstructing Zionism. A Critique of Political Metaphysics, New York/London 2014.

Waldstein, Edith: Identity as Conflict and Conversation in Rahel Varnhagen (1771-1833), in: Out of Line. Ausgefallen, hg. von Ruth-Ellen B. Joeres und Marianne Burkhard, Amsterdam 1989, S. 95-113.

Walser, Martin: Beschreibung einer Form. Versuch über Kafka, Frankfurt a.M. 1999.

Weigel, Sigrid: Angelus Novus. Engel der Geschichte und Bote des Glücks, in: ›Drehmomente‹. Philosophische Reflexionen für Sybille Krämer, Berlin 2011, http://www.cms.fu-berlin.de/geisteswissenschaften/v/drehmomente/content/1-Weigel/ (letzter Zugriff 28.3.2021).

—: Gershom Scholems Gedichte und seine Dichtungstheorie. Klage, Adressierung, Gabe und das Problem einer Sprache in unserer Zeit, in: Gershom Scholem. Literatur und Rhetorik, hg. von Stéphane Mosès und Sigrid Weigel, Köln 2000, S. 16-47.

—: Walter Benjamin. Die Kreatur, das Heilige, die Bilder, Frankfurt a.M. 2008.

Weissberg, Liliane: Schreiben als Selbstentwurf: Zu den Schriften Rahel Varnhagens und Dorothea Schlegels, in: Zeitschrift für Religions- und Geistesgeschichte 47, 4, 1995, S. 231-53.

—: Stepping Out. The Writing of Difference in Rahel Varnhagen's Letters, in: New German Critique, 53,1991, S. 149-62.

Werckmeister, Otto Karl: Walter Benjamin's Angel of History, or the Transfiguration of the Revolutionary into the Historian, in: Critical Inquiry 22, 2, 1996, S. 239-67.

Wiedemann, Barbara: ›du willst das Opfer sein‹. Bachmanns Blick auf Celan in ihrem nicht abgesandten Brief vom Herbst 1961, in: Ingeborg Bachmann und Paul Celan. Historisch-poetische Korrelationen, hg. von Gernot Wimmer, Berlin 2014, S. 42-70.

Witte, Bernd: Jüdische Tradition und literarische Moderne: Heine, Buber, Kafka, Benjamin, München 2007.

Wohlfarth, Irving: Krise der Erzählung, Krise der Erzähltheorie. Überlegungen zu Lukács, Benjamin und Jauss, in: Erzählung und Erzählforschung im 20. Jahrhundert, hg. von Rolf Kloepfer und Gisela Janetzke-Dillner, Stuttgart 1981, S. 269-88.

—: Das Medium der Übersetzung, in: Übersetzen: Walter Benjamin, hg. von Christiaan L. Hart-Nibbrig, Frankfurt a.M. 2001, S. 80-130.

—: Nihilistischer Messianismus. Zu Walter Benjamins ›Theologisch-politischem Fragment‹, in: ›Jüdische‹ und ›christliche‹ Sprachfigurationen im 20. Jahrhundert (= Studien zu Judentum und Christentum), hg. von Ashraf Noor und Josef Wohlmuth, Paderborn 2002, S. 141-214.

—: On the Messianic Structure of Walter Benjamin's Last Reflections, in: Glyph 3, Johns Hopkins Textual Studies 3, Baltimore 1978, S. 148-212.
—: Walter Benjamin's Image of Interpretation, in: New German Critique 17, 1979, Special Walter Benjamin Issue, S. 70-98.
Yerushalmi, Yosef Hayim: Freud's Moses. Judaism Terminable and Interminable, New Haven 1993.
Young-Bruehl, Elisabeth: Hannah Arendt. For the Love of the World, New Haven 1982.
Ziolkowski, Theodore: The Mirror of Justice. Literary Reflections of Legal Crisis, Princeton 1997.
Žižek, Slavoj: Looking Awry. An Introduction to Jacques Lacan through Popular Culture, Cambridge 1992.
—: The Puppet and the Dwarf. The Perverse Core of Christianity, Cambridge 2003.